Gustav W. Heinemann
Wir müssen Demokraten sein

W0383466

Gustav W. Heinemann

Wir müssen Demokraten sein

Tagebuch der Studienjahre 1919–1922

Herausgegeben von
Brigitte und Helmut Gollwitzer

Mit einer Einführung von
Eberhard Jäckel

Chr. Kaiser Verlag

Der Ertrag dieses Buches wird der Gustav-Heinemann-Initiative e. V., einer Vereinigung zur Verteidigung und Förderung der Demokratie im Sinne Gustav Heinemanns, überwiesen.

CIP-Kurztitelaufnahme der Deutschen Bibliothek

Heinemann, Gustav W.:
Wir müssen Demokraten sein : Tagebuch d. Studienjahre 1919–1922 / Gustav W. Heinemann. Hrsg. von Brigitte und Helmut Gollwitzer. Mit e. Einf. von Eberhard Jäckel. – München : Kaiser, 1980.

ISBN 3-459-01264-1
© 1980 Chr. Kaiser Verlag München.
Alle Rechte vorbehalten, auch die des auszugsweisen Nachdrucks, der fotomechanischen Wiedergabe und der Übersetzung. – Einbandentwurf und Umschlag: Christa Manner. – Satz und Druck: Buch- und Offsetdruckerei Georg Wagner, Nördlingen. – Printed in Germany.

Die Politik bedeutet ein starkes langsames Bohren von harten Brettern mit Leidenschaft und Augenmaß zugleich.

(Max Weber, Politik als Beruf, 1919)

Vorwort

Politik, so sagt Max Weber am Ende seines bekannten Vortrags »Politik als Beruf«, ist »ein starkes langsames Bohren von harten Brettern«. Für Gustav Heinemann war das lebenslang ein Leitwort, an das er sich auch in den schwierigsten Perioden seiner Laufbahn hielt. Wie sehr er in politischen wie in weltanschaulichen Fragen schon in seiner Jugend ein hartnäckig bohrender Mensch war, zeigt dieses Tagebuch.

Er hat, nachdem er, von Münster kommend, zum Sommersemester 1919 die Universität Marburg als Student der Nationalökonomie und der Jurisprudenz bezogen hatte, bis zum Übergang in den Rechtsanwaltsberuf regelmäßig Tagebuch geführt. Diese Aufzeichnungen las er mit uns in seinem letzten Lebensjahr wieder und erfreute sich an den vielen Erinnerungen, die sie in ihm erweckten. Dabei kam uns zwischenhinein auch der Gedanke einer möglichen Veröffentlichung derjenigen Teile, für die ein allgemeines Interesse erwartet werden kann. Weil der erste Teil seines Tagebuchs besonders stark von der Teilnahme an den damaligen Zeitereignissen geprägt ist, haben wir ihn jetzt – ohne Kürzungen – für den Druck bearbeitet.

Gustav Walter Heinemann, am 23. Juli 1899 geboren in Schwelm und am 7. Juli 1976 in Essen gestorben, kam aus einem politisch und weltanschaulich lebhaft interessierten Elternhaus. Sein Vater, Otto Heinemann (1864–1944), zu dem der Sohn Gustav immer in vertrauensvoller Beziehung stand, hatte sich aus ärmlichen Verhältnissen zum Prokuristen in der Firma Krupp-Essen emporgearbeitet und war dort vor allem für die Fragen der Kranken- und Sozialversicherung zuständig. Besonders in der Familie der Mutter, Johanna, geb. Walter (1875–1962), war im Elternhaus die liberale Tradition von 1848/49 lebendig samt ihren republikanischen und antiklerikalen Zügen. Der Vater stand seit dem ersten Weltkrieg mehr dem nationalliberalen Strang dieser Tradition nahe. Vater und Sohn bejahten 1918/19 die neue Republik. Der Sohn Gustav, in seinen ersten zwei Semestern in Münster noch ganz mit dem Schutz dieser Republik gegen die Spartakisten beschäftigt, sieht sich in Marburg von einer rechts stehenden, die Republik verneinenden Mehrheit in der Professoren- und Studentenschaft umgeben. Er tritt sofort entschlossen auf die Seite der republikanischen Minderheit, schließt sich bald den Jugendorganisationen der Deutschen Demokratischen Partei an und sucht seinen Weg in ständiger und offener Auseinandersetzung mit sozialistischen Gedanken. Die spätere Entwicklung seiner Studienfreunde Wilhelm Röpke und Viktor Agartz bezeichnet die Pole, zwischen denen sich Heinemanns eigenes politisches Denken weiterbewegt.

Zugleich spiegelt sich in diesem Tagebuch sein weltanschauliches Ringen. Die Familie steht samt der befreundeten Familie Richter in Essen dem Monismus nahe. Für den Studenten Gustav Heinemann wird die Frage, ob sich Ethos allein aus Naturwissenschaft begründen lasse oder einer religiösen Begründung bedürfe, immer drängender. In den darauf sich beziehenden Tagebucheintragungen bahnt sich seine spätere Wendung zum christlichen Glauben an. Diese Wendung wird dann eine tiefe Änderung seiner Lebenszusammenhänge bewirken, wogegen seine politische Linie von der Marburger Zeit an grundsätzlich unverändert bleibt. »Wir müssen Demokraten sein« (S. 20) – das ist das Fazit seiner politischen Erkenntnisse damals und das bleibt es bis zu seinem Lebensende.

Nach dem kriegsbedingten Not-Abitur in Essen war Gustav Heinemann nur kurze Zeit Soldat gewesen, ohne Fronteinsatz. Nach der nationalökonomischen Promotion brachte er in kurzer Zeit auch das juristische Examen hinter sich, ebenso die Referendarzeit und ließ sich 1926 als Rechtsanwalt in der Heimatstadt Essen nieder; 1929 promovierte er noch zum Dr. jur. Zur näheren Unterrichtung über das Vaterhaus und das erste Drittel von Heinemanns Leben verweisen wir auf die im Anschluß an das Vorwort gegebenen Veröffentlichungen.

Die in diesem Tagebuch berührten Ereignisse jener Zeit werden durch die historische Einleitung verdeutlicht, für die wir Prof. Dr. Eberhard Jäckel danken, der durch seine Zusammenarbeit mit Gustav Heinemann, besonders auch bei der Gründung (1974) der »Erinnerungsstätte für die Freiheitsbewegungen in der deutschen Geschichte« in Rastatt, dafür als Erster in Frage kam. Darüber hinaus sollen die Anmerkungen dazu dienen, vor allem jüngeren Lesern eine erste Hilfe für die Identifizierung von Personen und Parteien zu bieten. In einigen wenigen Fällen mußten wir zu unserem Bedauern auf Angaben verzichten, weil unsere Nachforschungen, bei denen wir uns der dankenswerten Unterstützung von Herrn Pfarrer Walter Lotz und Herrn Hermann Bauer in Marburg sowie von Herrn Dr. Werner Krause vom Archiv für Soziale Demokratie der Friedrich Ebert-Stiftung in Bonn erfreuten, bisher kein Ergebnis brachten. Der Anhang enthält wichtige Ergänzungen, teils aus Briefen, teils aus autobiographischen Aufzeichnungen, die Gustav Heinemann selber Anfang der 60er Jahre niedergeschrieben hat.

Dem Leiter des Chr. Kaiser Verlags, Herrn Manfred Weber, und seinem Mitarbeiter Ulrich Kabitz danken wir für ihr Interesse an diesem Band und für dessen schöne Ausstattung.

Wir veröffentlichen dieses Tagebuch in der Überzeugung, daß es nicht nur einen wertvollen Einblick in das Werden Gustav W. Heinemanns gewährt, sondern ebenso in das Werden der ersten deutschen Republik, und daß es dadurch auch aktuelle Bedeutung für das heutige Ringen um Demokratie in unserem Lande hat.

Berlin, Herbst 1979

Brigitte Gollwitzer
Helmut Gollwitzer

Literatur zur Jugend- und Studentenzeit von Gustav W. Heinemann:

1. Otto Heinemann: Kronenorden Vierter Klasse, Düsseldorf 1969.
2. Joachim Braun: Der unbequeme Präsident, Karlsruhe 1972.
3. Carola Stern: in L 76, Nr. 2, 1976; wieder abgedruckt in: Zwei Christen in der Politik, München 1979.
4. Helmut Lindemann: Gustav Heinemann. Ein Leben für die Demokratie, München 1978.
5. Hermann Vinke: Gustav Heinemann, Hamburg 1979.

Inhalt

Gustav Heinemann und die Anfänge der Weimarer Republik

Geschichtliche Einführung von Eberhard Jäckel

Gustav Heinemann, der dritte Bundespräsident der zweiten deutschen Republik und erste Sozialdemokrat in diesem Amt, war ein Zeitgenosse der ersten, der Weimarer Republik. Schon deren Anfänge begleitete er, wie seine Tagebücher zeigen, mit wachem Bewußtsein und starker Anteilnahme. Er war gerade zwanzig Jahre alt geworden, als der erste Reichspräsident, der Sozialdemokrat Friedrich Ebert, am 11. August 1919 die Weimarer Reichsverfassung unterzeichnete. Der Tag war seitdem ein freilich zumeist eher lustlos begangener gesetzlicher Feiertag, und es spannt einen gewissen Bogen, daß Heinemann später als Bundespräsident erwogen hat, den Tag der Unterzeichnung des Bonner Grundgesetzes von 1949, den 23. Mai, zum Verfassungstag zu machen, der festlich ausgestaltet werden sollte.

Die Anfänge der Weimarer Republik waren überaus schwierig gewesen. Auf die militärische Niederlage im Ersten Weltkrieg war der Zusammenbruch des Staates gefolgt. Am 9. November 1918 hatte Kaiser Wilhelm II. abgedankt. Am selben Tage hatte sein letzter Reichskanzler, Prinz Max von Baden, Friedrich Ebert die Regierungsgewalt übertragen, und es war die Republik ausgerufen worden. Welche Gestalt sie annehmen, ob ein Rätestaat oder eine parlamentarische Demokratie errichtet werden sollte, war in jenen revolutionären Wochen heftig umstritten.

Das ergab sich vor allem aus der Spaltung der Arbeiterbewegung in verschiedene Richtungsgruppen. Die Mehrheit der Sozialdemokraten unter der Führung Eberts entschied sich für die parlamentarische Regierungsform und setzte es gegen vielerlei Widerstände durch, daß sobald wie möglich allgemeine Wahlen zu einer verfassunggebenden Versammlung stattfanden, an denen erstmals auch die Frauen teilnehmen konnten. Heinemann wußte genau, welcher Partei er am 19. Januar 1919 seine Stimme gegeben hätte. Doch obwohl das Wahlalter gesenkt worden war, fehlten ihm noch einige Monate an dem im damals geltenden Wahlrecht vorgeschriebenen Mindestalter von zwanzig Jahren.

Die gewählte Nationalversammlung trat am 6. Februar 1919 wegen der noch immer anhaltenden Unruhen in Berlin nicht in der Reichshauptstadt zusammen, sondern in der thüringischen Kleinstadt Weimar. Von ihr hat die erste deutsche Republik ihren Namen. Viele Aufgaben waren zu lösen. Es mußte eine Regierung gebildet, ein Staatsoberhaupt gewählt, Frieden geschlossen und eine Verfassung verabschiedet werden.

Die stärkste Fraktion in der Nationalversammlung stellten die Mehrheitssozialisten. Von den insgesamt 423 Sitzen hatten sie 165 inne. Damit waren sie zwar noch einmal erheblich stärker geworden als im letzten Reichstag von 1912, hatten aber entgegen manchen Erwartungen die absolute Mehrheit nicht erreicht und mußten folglich eine Koalitionsregierung bilden.

Ihr gewissermaßen natürlicher Verbündeter war die einzige andere wirklich republikanische Gruppierung, die neugegründete Deutsche Demokratische Partei (DDP). Sie war zum Teil aus der ehemaligen linksliberalen Fortschrittlichen Volkspartei hervorgegangen, hatte aber auch Zuzug aus radikaldemokratischen Kreisen erhalten. Ihre Anhänger gehörten vorwiegend zum Kleinbürgertum. An der Führung waren besonders viele ausgezeichnete Vertreter des Geisteslebens beteiligt wie der Theologe Ernst Troeltsch, die Soziologen Alfred und Max Weber und Friedrich Naumann, der dem Vorstand angehörte und im Juli, wenige Wochen vor seinem Tode, zum ersten Vorsitzenden gewählt werden sollte. Geschichtlich kann man sie als die Partei bezeichnen, die für die demokratischen Ziele der Revolutionen von 1848 und 1849 eintrat.

Dies war die Partei Gustav Heinemanns. Zusammen mit gleichgesinnten Freunden stritt er in Marburg für sie. Schon damals war ihm der Bezug zur Revolution durchaus bewußt. Für sie hatten, wie er am 30. Dezember 1919 in seinem Tagebuch vermerkte, die Brüder seines Urgroßvaters Walter gekämpft, von dem er übrigens seinen zweiten Vornamen hatte. Einer der beiden Brüder war 1849 bei der Verteidigung der badischen Revolution gegen die preußischen Interventionstruppen an Verletzungen, die er im Gefecht von Waghäusel erlitten hatte, in Rastatt gestorben, wo Heinemann als Bundespräsident 1974 die Erinnerungsstätte für die Freiheitsbewegungen in der deutschen Geschichte errichtete. Den im Tagebuch erwähnten Brief des anderen Bruders, der nach Amerika ausgewandert war, weil er »dort frei reden« konnte, trug Heinemann später immer bei sich. Rastatt war schon dem zwanzigjährigen Studenten zum Inbegriff von Einheit und Freiheit, von Republik und Demokratie geworden.

In den Wahlen von 1919 errang die DDP einen großen Erfolg und erhielt 75 Sitze in der Nationalversammlung. Um die Regierung auf eine breite Grundlage zu stellen, wurde als dritte Partei das Zentrum (zusammen mit der Bayerischen Volkspartei) beteiligt, das mit 90 Abgeordneten die zweitstärkste Fraktion bildete. Diese drei Parteien trugen die erste republikanische Regierung in Deutschland und gaben dem Lande eine neue Verfassung. Sie werden als Weimarer Koalition bezeichnet.

Am 23. Juni 1919 wurde der von allen Parteien und auch von Heinemann als überaus hart und ungerecht empfundene Friedensvertrag unter Protest angenommen und am 28. in Versailles, wo 1871 das Deutsche Reich ausgerufen worden war, unterzeichnet. Auch nach der Verabschiedung der Verfassung tagte die Nationalversammlung noch weiter, bis zum 30. September in Weimar, danach im Berliner Reichstag, und beschloß eine Reihe grundlegender Gesetze, darunter das im Tagebuch mehrfach erwähnte Betriebsrätegesetz vom 4. Februar 1920, das den Arbeitnehmern erstmals eine gewisse Mitbestimmung einräumte.

Während die Republik anfänglich mehr von der äußersten Linken bedroht gewesen war, zeigte sich bald, daß ihr weitaus gefährlicherer Feind auf der Rechten stand. Die bisherigen Führungsschichten, politisch jetzt vor allem in der Deutschnationalen Volkspartei (DNVP) zusammengeschlossen, hatten es zunächst ganz gerne gesehen, daß die Republikaner die Last der Beendigung des Krieges übernahmen, den Sieg der sozialen Revolution verhinderten, die überlieferte Staats- und Wirtschaftsordnung im wesentlichen beibehielten und die Einheit des Reiches bewahrten.

Doch kaum war die Republik einigermaßen gefestigt, eröffneten sie einen erbitterten Kampf gegen sie und ihre Vertreter. Das Tagebuch Heinemanns handelt viel von einigen solchen Vorfällen in der kleinen Universitätsstadt Marburg. Auf der Reichsebene wurde dabei die berüchtigte »Dolchstoßlegende« zu einer besonders heimtükkischen Waffe. Im November 1919 erklärte Generalfeldmarschall Paul von Hindenburg vor einem von der Nationalversammlung eingesetzten parlamentarischen Untersuchungsausschuß über die Ursachen der Niederlage, die deutsche Armee sei »von hinten erdolcht« worden. Wider eigenes besseres Wissen versuchte der frühere Chef der Obersten Heeresleitung damit, die Verantwortung für den militärischen Zusammenbruch auf die Heimat und insonderheit auf die Linksparteien abzuschieben.

In den ersten Monaten des Jahres 1920 konzentrierte sich der Kampf der Rechten auf den damaligen Reichsfinanzminister Matthias Erzberger, einen linken Zentrumspolitiker, der aus vielen Gründen besonders verhaßt war. Er hatte schon vor dem Kriege die kaiserliche Politik scharf kritisiert, hatte 1917 im Reichstag eine Friedensresolution durchgesetzt, 1918 das Waffenstillstandsabkommen mitunterzeichnet und dann die große Reichsfinanzreform verwirklicht, die das Reich von den Steuerbeiträgen der Länder unabhängig machte. Obwohl er nicht Jude war, benutzte die primitive Hetze den Klang seines Namens sogar zu antisemitischen Verleumdungen.

Der Wortführer seiner Gegner war sein Vorgänger im Finanzressort, der jetzt deutschnationale Karl Helfferich, der Erzberger dermaßen herausforderte, daß dieser ihn schließlich wegen Beleidigung verklagte. Der Prozeß, der am 19. Januar 1920 begann, putschte die Öffentlichkeit derart auf, daß es zu einem ersten Attentat auf Erzberger kam, bei dem er verwundet wurde. Obwohl Helfferich am Ende zu einer allerdings lächerlich geringen Geldstrafe verurteilt wurde, ging der gnadenlose Kampf gegen Erzberger weiter bis zu seiner Ermordung durch ehemalige Offiziere am 26. August 1921.

Die einstige Armee übernahm mehr und mehr die Führung im Kampf gegen die Republik. Anfangs hatte sie, vor allem auch in sogenannten Freikorps, die Regierung gegen Aufständische von links unterstützt, und die Weimarer Koalition und ihr erster Reichswehrminister, der Sozialdemokrat Gustav Noske, hatten keine andere Möglichkeit gesehen, als sich dieser bewaffneten Macht zum Schutz der Republik zu bedienen. Das war von vornherein eine zweischneidige Waffe gewesen. Nun gingen Teile der Armee zum Angriff auf die verfassungsmäßigen Organe über, verärgert übrigens auch durch

Massenentlassungen als Folge der Demilitarisierungsbestimmungen des Friedensvertrages, verhetzt durch die Dolchstoßlüge ihres früheren Chefs und andere Verleumdungen.

Am Tage nach dem Urteil im Erzberger-Prozeß, am 13. März 1920, putschten einige solche von der Auflösung bedrohten Einheiten gegen die Regierung, und diese mußte Berlin verlassen, weil die zuständigen Reichswehrverbände ihr den Schutz verweigerten. »Truppe schießt nicht auf Truppe«, erklärte der Chef des Truppenamtes im Reichswehrministerium, General Hans von Seeckt. In Berlin wurde ein früherer hoher Beamter, der jetzt deutschnationale Wolfgang Kapp, als neuer Reichskanzler eingesetzt.

Dies war der sogenannte Kapp-Putsch, der in Heinemanns Tagebuch wie in seinem Leben eine so große Bedeutung einnahm. Mit der Waffe in der Hand beteiligte er sich an der Verteidigung der Republik. Gewerkschaften und Parteien riefen einen Generalstreik aus. Aber nicht einmal die Berliner Behörden unterstützten die selbsternannte neue Regierung, und so brach der Putsch nach einigen Tagen jämmerlich zusammen. Der Rechtsruck indessen war unverkennbar und fast unaufhaltsam, denn als im Gegenzug an mehreren Orten Arbeiteraufstände ausbrachen, war die Reichswehr wieder zur Stelle und schlug sie nieder. Die Republik war von rechts zugleich bedroht und abhängig.

Im Mai 1920 ging Heinemann für das Sommersemester nach München. Dort erlebte er den Wahlkampf zum ersten Reichstag der Weimarer Republik, nachdem die Nationalversammlung aufgelöst worden war, und in diesem Zusammenhang sah er am 19. Mai Adolf Hitler. Es fällt auf, daß er in seinem Tagebuch den Namen nicht nennt. Aber die Rede in dieser Versammlung im Hofbräuhaus hielt der Parteigründer Anton Drexler; Hitler sprach nur als einer von mehreren in der Diskussion, und die NSDAP war noch eine bayerische Splitterpartei ohne erkennbare Erfolgsaussichten, nur, wie Heinemann bemerkte, »ein trauriges Bild der Geistesverfassung und politischen Unbildung unseres Volkes«.

Die Reichstagswahlen vom 6. Juni 1920 waren eine vernichtende Niederlage der Republikaner und läuteten eigentlich schon das Ende der Republik ein. Die Hetze hatte ihre Wirkung auf die Wähler nicht verfehlt. Während die Parteien der Weimarer Koalition im Januar 1919 76 Prozent der abgegebenen Stimmen erhalten hatten, sank ihr Anteil jetzt, nur anderthalb Jahre später, auf 44 Prozent. Sie hatten damit ihre Mehrheit verloren und sollten sie, wie wir heute wissen, niemals wiedererlangen. Die DDP war besonders schwer getroffen und verlor fast die Hälfte ihrer Mandate.

Die Folge war, daß seitdem Koalitionsregierungen mit weniger oder gar nicht republikanischen Parteien gebildet werden mußten, vor allem mit der rechtsliberalen Deutschen Volkspartei (DVP) unter Gustav Stresemann, und selbst dies waren zumeist Minderheitsregierungen, die daher in rascher Folge wechselten. Ernst Troeltsch sprach von der »Zertrümmerung der die neue Verfassung tragenden Mitte«. Deutschland war, wie ein damals aufgekommenes Wort besagte, eine Republik ohne Republikaner geworden. »Das Chaos ist da«, schrieb Heinemann in sein Tagebuch.

Im Vordergrund standen jetzt außenpolitische Fragen. Am 10. Januar 1920 war der Versailler Vertrag in Kraft getreten. Schon im Waffenstillstandsabkommen war Deutschland an Stelle der bis dahin üblichen Kriegskontributionen eine finanzielle Wiedergutmachung, eine »Reparation« der den Feindstaaten zugefügten Schäden auferlegt worden. Der Friedensvertrag hatte die Höhe dieser Zahlungen jedoch nicht beziffert. Folglich begann nun mit der Konferenz von Spa vom Juli 1920 eine lange Reihe von internationalen Verhandlungen, die sowohl die außenpolitischen Beziehungen wie den innenpolitischen Kampf der Weimarer Republik belasteten und vergifteten.

Schon 1919 hatte der britische Wirtschaftswissenschaftler John Maynard Keynes in einem Buch, das 1920 auch in deutscher Übersetzung erschien und von Heinemann sogleich zur Kenntnis genommen wurde, auf die verhängnisvollen wirtschaftlichen Folgen des Friedensvertrages hingewiesen. Was die deutsche Volkswirtschaft aber noch mehr belastete als die Reparationszahlungen, war die ungeheure Staatsverschuldung, die sich aus der unbekümmerten Art ergab, mit der das siegessichere Reich seine Kriegskosten bezahlt hatte. Die deutschen Politiker erlagen leicht der Versuchung, die vor allem dadurch eingetretene Geldentwertung nun als Folge der Reparationen darzustellen. Das entsprach nicht ganz der Wahrheit und trug als eine Art von finanzieller Dolchstoßlegende, diesmal von außen in den Rücken der deutschen Währung, zu der Unaufrichtigkeit bei, mit der in der Weimarer Republik die öffentliche Meinung vergiftet wurde.

Der Friedensvertrag sah ferner einige Gebietsabtretungen und zusätzlich in einer Reihe von Grenzgebieten Volksabstimmungen vor. Große Enttäuschung erregte der Fall Oberschlesiens, wo am 20. März 1921 abgestimmt wurde. Als 60 Prozent der Stimmen für Deutschland abgegeben worden waren, glaubte die Öffentlichkeit, das Gebiet verbleibe beim Reich, und auch Heinemann notierte sich: »Oberschlesien ist unser geblieben!« Man hatte aber übersehen oder übersehen wollen, daß die Alliierten sich im Friedensvertrag vorbehalten hatten, die Grenze nach der Volksabstimmung festzulegen, und so beschloß der Völkerbund am 20. Oktober 1921 die Teilung Oberschlesiens. Das Industriegebiet, in dem der polnische Stimmenanteil am stärksten gewesen war, fiel an Polen. Die leidenschaftliche Empörung der Deutschen spiegelt sich auch in Heinemanns Tagebuch wider.

Während der Kämpfe zwischen der Abstimmung und der Teilung war die Regierung zurückgetreten. Die DVP schied aus, die SPD trat wieder ein. Neuer Reichskanzler wurde der linke Zentrumspolitiker Joseph Wirth. In dieser Koalition war Walther Rathenau, der der DDP angehörte, erst Wiederaufbauminister und dann Außenminister. Wirth und Rathenau schlugen einen Weg ein, den man Erfüllungspolitik nannte. Sie wollten wenigstens versuchen, die alliierten Reparationsforderungen zu erfüllen, teils um dadurch deren Unerfüllbarkeit zu beweisen und teils um so die Siegermächte, etwa in der Oberschlesien-Frage, nachgiebiger zu stimmen.

Obwohl die Erfüllungspolitik nur den deutschen Interessen und der Wirklichkeit Rechnung trug und auch nicht ganz erfolglos blieb, führte sie im Innern zu einer maßlosen Steigerung der Hetze gegen republikanische Politiker, die nun um so bösartigere antisemitische Züge annahm, als Rathenau Jude war. Am 24. Juni 1922 wurde er von ehemaligen Offizieren ermordet. Dies war binnen eines Jahres der zweite Mord an einem Minister der Republik, und diesmal sprach Wirth im Reichstag, gegen Helfferich gewendet, die berühmten Worte: »Da steht der Feind, der sein Gift in die Wunden eines Volkes träufelt. Da steht der Feind – und darüber ist kein Zweifel: dieser Feind steht rechts!« Heinemann verzeichnete in ähnlicher Weise Wut, Empörung und Ekel.

Man kann den Eindruck gewinnen, Heinemann habe sich angeekelt von der Politik ab- und stärker philosophischen und persönlichen Problemen zugewandt. »Mein Interesse an der Parteipolitik«, hatte er schon am 12. April 1922 eingetragen, »ist seit geraumer Zeit nur noch ein sehr vermindertes oder verändertes.« Aber er blieb

Demokrat, nahe beim Sozialismus, blieb bei der republikanischen Mitte und widerstand der Versuchung, der so viele andere erlagen, zu den Extremen abzuwandern.

Dieser Zeitgenosse der ersten deutschen Republik war von Anfang an und blieb sein Leben lang ein Parteigänger der Demokratie, und die zweite deutsche Republik konnte glücklich sein, fünf Jahre hindurch einen Mann an ihrer Spitze zu haben, der nie in dem schwankend geworden war, was er schon am 31. Dezember 1919 so ausgedrückt hatte: »Wir müssen die Demokratie und die Republik aufnehmen in unser Fühlen und Denken; wir müssen Demokraten und Republikaner sein, oder wir werden nicht mehr sein!«

Tagebuch

1919–1922

1919

Oktober 1919

11. Friedrich Naumann[1] Gedächtnisfeier. Prof. D. Bousset[2]-Gießen spricht. Nachher noch um Mitternacht auf dem Schloß.
12. Ausflug nach Marsdorf-Amöneburg-Kirchhain.
13. (Sonntag) Prof. Schücking[3] auf der Durchreise vom Pazifistenkongreß (in Frankfurt) nach Berlin. Victor[4], Ernst[5] und ich besuchten ihn abends, um ihm von Marburger Zuständen zu erzählen. Er ist entrüstet und diktiert mir sofort einen langen Zeitungsartikel fürs B. T. [= Berliner Tageblatt, s. Anh. 1].
14. Ich hielt heute in der Staatswissenschaftl. Arbeitsgemeinschaft ein Referat über das Betriebsrätegesetz. Geh. Rat Troeltsch[6] unterstützt meine Ausführungen [s. Anh. 2].
16. Abends Mitglieder-Versammlung des Bundes für Dreigliederung des sozialen Organismus[7]. Ein Arbeiter spricht über: Warum findet es der Arbeiter für menschenunwürdig, seine Arbeitskraft verkaufen zu müssen?
18.–19. Ausflug nach Allendorf und Bromskirchen. Ernst spricht. Guter Erfolg.
20. Versammlung der demokratischen Jugendgruppe[8].
27. Demokrat. Studentengruppe. Beginn der Besprechung von Bismarcks Gedanken und Erinnerungen[9].
28. Dr. Wildgrube redet für die Deutsch-Nationalen[10] in den Stadtsälen.
30. Prof. Rade[11] spricht in einer demokrat. Versammlung.

November 1919

3. Mit Ernst bei Prof. Rade.
4. Röpke[12]: Sozialisierung der Landwirtschaft.
5. Bei Geh. Rat Natorp[13] Besprechung von Fichtes Geschlossener Handelsstaat[14].
6. Studentenparlament faßt Entschließung zu Lemmer-Traeger[15].
7. Personenverkehr vom 5.–15. eingestellt. – Sozialdemokrat.[16] Versammlung in den Stadtsälen. Altmaier-Frankfurt[17]. Ich bin Berichterstatter für die Hessische Landeszeitung.
8. Abends mit Ernst nach Kirchhain. Versammlung. Nachts im Schnee zu Fuß zurück.

9. (Sonntag) Bei Ernst Kaffeeklatsch.

10. Ich halte in der demokrat. Stud.gruppe ein Referat über den Verfassungskonflikt in Preußen.

11. Staatsw. Arb.gemeinschaft. Köppe[18]: Beziehungen zwischen Wehrverfassung und sozialen u. wirtschaftl. Verhältnissen.

12. Nachmittags mit Ernst bei Prof. Hermelink[19] zum Kaffee. – In der Zeitung ausführliche Entgegnung unserer Stud.Gruppe auf die Entschließungen des Studentenparlaments gegen Ernst. Abends um 6 Uhr noch bei Prof. Otto[20].

13. Heute morgen beim Rektor[21] gewesen. Verschiedene Beschwerden vorgebracht. – Ich habe Friedrich Naumanns Buch »Von Vaterland und Freiheit«[22] dieser Tage gelesen. Warum hat man nicht auf ihn gehört? Es wäre uns vieles erspart geblieben! Der Parlamentarismus war auch bei uns schon vor dem Kriege längst möglich und erreichbar. Aber es fehlte der Wille zur Macht. Ein Industrievolk ließ sich von Agrariern regieren. »Es herrscht die Rechte genauso lange, bis die Linke sich politisch so weit discipliniert und organisiert, daß sie eine politische Einheit wird.« – Auch was N. über die christl. Religion sagt, hat mir gut gefallen; desgl. über Völkerbund und Weltfrieden. – Schöne Ideale müssen reale Unterlagen haben! Die Erdenschwere der Interessen heftet sich ihnen an; muß es, wenn sie Wirklichkeit werden wollen! Es ist nun einmal so! –
Abends bei Borchardt. Marktgasse. Mitgliederversammlung der Dreigliederung des sozialen Organismus[23]. Im kleinen Kreis sehr interessante Aussprache. Ich war vor etwa 4 Wochen Mitglied geworden, weil ich gesehen hatte, daß man sich ernsthaft mit den sozialen Problemen unserer Tage auseinandersetzte. Ob ich die Ziele, die diese Bewegung verfolgt, anerkennen kann, weiß ich zunächst noch nicht. Ich muß sie erst weiter kennen lernen. Nach dem, was ich heute abend erfuhr, scheint nicht so sehr eine »Drei«gliederung als vielmehr eine »Zwei«gliederung gemeint zu sein: Verselbständigung des wirtschaftlichen u. des geistigen Lebens. In allen Konfliktsfällen entscheidet das allg. politische Parlament, das demnach übergeordnet sein muß. –
Diese Bestrebung der Errichtung von Fachparlamenten u. dergl. ist heute schon oft aufgetaucht. Was ist der Kern davon u. wieweit schneiden sich diese verschiedenen Bestrebungen?

14. Wieder beim Rektor gewesen. Beschwerde über Beschmieren und Abreißen unserer Anschläge. – Vorladung zum Universitätsrichter bekommen. – Abends in der Freistudentenschaft[24]. Oskar Wilde. – Der Zeitungskampf geht weiter. Ein Eingesandt folgt dem anderen.

15. Von Universitätsrichter vernommen wegen unserer Entgegnung in der Zeitung auf die Entschließung des Studentenparlamentes. Vorläufig nur Befragung über den Sinn einzelner Punkte. Ob Verfahren eingeleitet wird, muß erst die nächste Deputationssitzung entscheiden. – Abends bei Viktor Geburtstag gefeiert.

16. (Sonntag) Seit gestern bereits herrliches Schneewetter. Auch heute schneit es noch. Nachmittags auf dem Frauenberg; wunderbare Landschaft. Viel Rodelbetrieb. –
Mir kommt es oft so vor, als könnte in den nächsten Tagen etwas Besonderes geschehen. Augenblicklich ist die Stimmung wieder so vergiftet, daß man jeden Augenblick ein Ausplatzen befürchten muß. In Berlin werden Hindenburg große Kundgebungen gebracht; Helfferich[25] verweigert die Aussage vor dem Untersuchungsausschuß[26] u. dergl. mehr. Unser ganzes politisches Leben kommt mir wie ein großes Tauziehen vor. Am einen Ende schreien und zerren Unabhängige[27] und Kommunisten[28] (besonders in den Städten), am anderen Ende hetzen u. ziehen die Deutschnationalen Gesellen (besonders auf dem Lande). Bis dann eines Tages der große Krach kommt: der Strick reißt durch und beide Teile sitzen auf dem Hintern. So wirds kommen müssen, wenn die Extreme weiter auf Kosten der Mitte anschwellen, wie es sich heute überall zeigt. Dann vollends: Wehe dir, armes Deutschland!

17. Abends Versammlung der D. Demokrat. Jugendgruppe Marburg. Ich habe den ersten Vorsitz übernommen.

18. Kommt es schon zum großen Krach? Scheidemann[29] bemüht sich eifrig um die Einigung des Proletariates. Mit den linken Flügeln des Zentrums[30] u. der Demokraten läßt sich eine Regierungsmehrheit schaffen. Die Vorgänge im Untersuchungsausschuß u. dergl. befördern die Sache jedenfalls außerordentlich. Die Reaktion wird eine einige Linke finden! –
Abends Vortrag von Dr. Olpe[31]: Quer durch Europa. Sehr interessante Schilderungen aus Rußland, Österreich und der Schweiz. Ich werde morgen einen Bericht für die Zeitung schrei-

ben. Nachher noch bei Markus zusammen gegessen. Dr. Olpe bleibt hier in Marburg u. wird parteipolitisch, besonders im Wahlkampf tätig sein. Vielleicht macht er mit uns eine Rednerschule.

19. (Bußtag) Bis 12 Uhr geschlafen. Nachmittags bei Viktor einen Leitartikel verbrochen. Regen.

20. Prof. Werner-Butzbach[32] erzählt abends im Turnergarten seine alten Mätzchen und Witzchen. Fürchterliche Hetze. Manche zweifeln an dem gesunden Verstand des Redners. Nichts als Plattheiten, Ausschnitte aus Zeitungen u. dergl. Kein einziger neuer Gedanke. Hetze. Nachts mit Dr. Olpe, Viktor und Duderstadt[33] die Ausführungen Werners in einer Blütenlese zusammengestellt. Dr. Olpe will das Material weitgehend ausnutzen. Zugleich noch guten Artikel für die Hessische Landeszeitung verfaßt. Um 1/2 5 Uhr morgens endlich fertig. Es lohnt sich nicht mehr zu Bett zu gehen. Wir spielen bei Viktor Skat bis morgens 8 Uhr. – Dr. Olpe hatte nach dem Vortrag noch einen Zusammenstoß mit einem durch den Vortrag gehörig aufgehetzten Antisemiten. Skandalöse Scenen. Dr. Olpe ist gar kein Jude.

21. Dr. Olpes Artikel, den wir die Nacht noch geschrieben hatten, steht bereits in der Zeitung. Abends um 8 Uhr im Bett.

22. Ernst ist heute nachmittag verurteilt worden: consilium mit Unterschrift bei Anerkennung mildernder Umstände; gleichzeitig Androhung sofortiger Relegation, sobald er sich weiter in der Öffentlichkeit in seiner Sache betätigt! Ganz unerhört! Hermelink war Verteidiger. Die Verhandlung dauerte ungefähr 4 Stunden. Wie Prof. H. und Ernst während der Urteilsberatung in einem Vorzimmer warteten, meinte H.: »Sie haben solchen Eindruck auf alle Herren gemacht, daß Sie unbedingt freigesprochen werden!« – Im Interesse unserer Sache aber ist ein solches Urteil besser als ein milderes! Man kann einen Bogen auch überspannen.

Dr. Olpe ist von stud. Dimer, der beim Korps Hasso Nassovia Waffen belegt, auf schwere Säbel gefordert worden[34]. Ich habe heute abend 6 Uhr mit Duderstadt die Gegenerklärung abgegeben: Genaue Darlegung des flegelhaften Benehmens von D. und Ablehnung der Forderung aus prinzipiellen Gründen. Erneute Einwendungen der Hasso Nassoven. Abends bei Ernst große

Zusammenkunft. Forderung bleibt endgültig abgelehnt (Prof. Jacobsohn[35]). Bis Nachts 2 Uhr alle Welt von dem Urteil durch eingeschriebene Eilbriefe benachrichtigt.

23. (Sonntag) Heute morgen 12 Uhr Forderung erneut endgültig abgelehnt. Staatsanwalt und Universitätsrichter sollen das Weitere machen. Ich habe an die Demokrat. Fraktion der Preuß. Landesversammlung das Urteil telegraphiert. Am Dienstag soll nach einer Mitteilung von Abg. Prof. Rade eine sozialdemokratische Interpellation eingebracht werden über die Marburger Vorgänge. Die Presse auch mobil gemacht. – Die Steine rollen und jetzt muß es zum Klappen kommen. Verschiedene unglaubliche Dinge treffen nun plötzlich zusammen.

Heute abend alle bei Bamberger[36] zusammengekommen zu einer Besprechung unserer versch. Fälle. Als neue sehr wichtige Tatsache – denn es steht so gut wie sicher fest – haben wir schon seit einigen Tagen in Erfahrung gebracht, daß Studentische Verbindungen mit Waffen ausgerüstet worden sind und zwar vom hiesigen Reichswehrbataillon aus. Armseliger Noske![37] Eiserne Besen tuen not. Rastlos! und restlos! –

Die Spaltung unter den Docenten und Studenten ist gewiß bedauerlich. Aber wer ist überall derjenige, welcher . . .? Im Fall Dimer ist es offensichtlich: Prof. Werner mit seiner Schmäh- und Hetzrede; nur in einer solch aufgepeitschten Atmosphäre konnte Derartiges geschehen. Im Fall Lemmer war es Traeger mit seinen Brandreden. Und wie ist es mit Schücking? Auch da wollen seine Kollegen die Sache zum brechen bringen; sie wollen Sch. hier wegekeln! Der tiefere Hintergrund von allem aber ist überhaupt die Zwiespaltung unseres ganzen Volkes.

24. Das Korps Hasso-Nassovia erklärt heute morgen Herrn Dr. Olpe, den Waffenschutz für Dimer zurückgezogen zu haben. D. habe unehrenhaft gehandelt. Also wir siegen bereits! Das Korps kneift jetzt vor den Konsequenzen für sein Einspringen für D. Denn warum gab es diese Erklärung nicht schon auf den ersten Brief hin ab, in dem Dr. Olpe unter Zeugenangabe den Vorfall schilderte. Erst als ihm nochmals klipp und klar erklärt worden war, daß die Sache in die richtigen Hände weitergegeben werde, kommt es mit seiner Erklärung an. Zu einer Verrufserklärung hatte man nicht mehr den Mut!

Heute morgen mit Dr. O u. Agartz beim Rektor. O. beantragt

Disciplinarverfahren gegen D. wegen Herausforderung zum Zweikampf. Viktor beschwert sich über Schwierigkeiten in der Anerkennung seiner soz. Stud.Gruppe. Ich selbst weise darauf hin, daß laut Erklärung des Universitätsrichters die Akten Lemmer 2 Wochen lang in Traegers Händen gewesen sind, und daß nur daher Kertin sein Material für den Antrag im Stadtparlament erlangt haben kann. Beantrage Untersuchung und Mitteilung.

Die erste Mine ist schon gesprungen: Bamberger bringt in der Hess. Landeszeitung einen Leitartikel über »Akademische Würde« betreffend Traeger-Lemmer.

Abends Demokrat. Studentengruppe. Krieg 1866.

25. Nachmittags 5 Uhr wieder Lichtstörung. Busch mußte beim Schein einer Petroleumlampe sein Kolleg lesen (Frz. Revolution). Mäuschenstill war es in dem dunklen Raum, als er in seiner packenden Art die Pariser Greueltaten und die Verurteilung u. Hinrichtung Ludwigs XVI. schilderte.

Abends bei Olpe. Samstag wird eine Deputation von Haenisch[38] in Berlin erwartet. Wer schafft Reisegeld?

26. Abends Vortrag von Werner Knoeckel[39] in den Stadtsälen: »Nationalismus und Demokratie«. Guter Erfolg.

27. Viktor mit Olpe und Liebegut[40] nach Berlin. Haenisch antwortet auf Feders[41] Artikel im Berliner Tageblatt. Der Stein ist im Rollen! Von mir erscheint ein Leitartikel in der Hessischen Landeszeitung. Abends Vortrag von Geh. Rat. Troeltsch über Akkordlohn.

Augenblicklich ist wieder eine bedeutungsvolle Woche: Die entscheidenden Punkte des Betriebsrätegesetzes, das neben dem Gedanken der Demokratie u. des Volksstaates den anderen großen Gedanken der Revolution, den Gedanken der Organisation des Wirtschaftsvolkes verwirklichen soll, beschäftigen z. Z. den 7. Ausschuß der Nationalversammlung. Es handelt sich um den Eintritt von Arbeitervertretern in den Aufsichtsrat, sowie um die Vorlegung der Bilanz an den Betriebsrat. Die 3 Regierungsparteien können zu keiner Einigung kommen. Die Sozialdemokraten bestehen auf Einräumung dieser Punkte, während die Demokraten ablehnen. Das Zentrum nimmt eine Mittelstellung ein. – Es ist m. E. kein Zufall, daß gerade diese Punkte zu ernsten Komplikationen führen (man redet schon von Kabinettskrise), denn hier handelt es sich darum, ob der Sturmlauf der Revolution den Kapitalismus in seinem eigensten Wesen erschüttert, oder ob der Sozialismus abgewehrt wird. Alle anderen Punkte des Gesetzes haben geringere Bedeutung. Hier prallen die beiden Wirtschaftsanschauungen des Kapitalismus u. Sozialismus aufeinander. Vergangenheit u. Zukunft! Ganz wird man die Forderungen der Sozialisten nicht unter den Tisch fallen lassen können. Ein Kompromiß wird entstehen, ein Kompromiß aber, das den unmerklichen Übergang vom Alten zum Neuen enthält. Den Revolutionären zu wenig, den Reaktionären zu viel! Die Zukunft muß entscheiden, nach welcher Seite die Waage der Weiterentwicklung ausschlagen wird.

28. Der Vorwärts vom 25. ds. bringt einen Artikel über Marburg »Das Wirtshaus an der Lahn«.
Aus der Hessischen Landeszeitung vom 27. Nov. 1919 (geschrieben am 19. Nov.)
[eingeklebt der Zeitungsartikel: »Unsere Pflicht«[42]]

29. Der Zeitungskampf geht weiter. Ein Traegersches Eingesandt im B. T. wird gut abgefertigt. Freiheit, Frankfurter Ztg., Kölnische Ztg., Post u. andere.
Abends bei Duderstadt. Am flackernden Ofenfeuer haben wir bis 1/2 1 Uhr Geschichten erzählt.

30. (Sonntag) Beim Mittagessen werde ich plötzlich von Ernst, Duderstadt u. Abel abgeholt: Die Deutsche Volkspartei[43] hält in Hachborn eine Versammlung ab. Da müssen wir unbedingt hin! Wir fuhren mit der Kreisbahn bis Ebsdorf und waren von da an in einer halben Stunde in Hachborn. Der Redner (Wolf) sprach bereits 1/2 Stunde lang und war nicht gerade angenehm erfreut, als er uns kommen sah. In einer Wirtsstube saßen ungefähr 80 Zuhörer. Wolf fand keinen Anklang, wurde vielmehr dauernd von Widerspruch und Zwischenrufen unterbrochen. Zum Schluß klatschten 2 oder 3 Zuhörer. Nun sprach zunächst Ernst, dann ich, beide unter großen Beifall. Nachdem Wolf sein Schlußwort gesprochen hatte, führten wir die Versammlung weiter. Ernst sprach 1/2 Stunde als Referent, ich noch ganz kurz hinterher. Wir hatten leider keine Zeit mehr, noch eine Ortsgruppe zu organisieren oder dergleichen; der Zug fuhr uns sonst weg! Schade; der Erfolg war aber ausgezeichnet. Abends um 12 Uhr noch auf dem Schloß.

Dezember 1919

1. Der Universitätskurator, der Universitätsrichter, der Rektor, Geh. Rat Traeger u. Prof. Heitmüller[44] sind nach Berlin ins Kultusministerium zitiert! Das ist der erste Erfolg unserer Berliner Deputation. Ich war heute morgen noch mit Ernst bei Prof. Heitmüller, um ihn von allem noch einmal zu unterrichten.
Aus der Hess. Landeszeitung vom 1. Dez. 1919.
[eingeklebt: »Der Zug nach rechts«]
2. Eine Vorladung zum Universitätsrichter. Da der gute Mann aber morgen in Berlin selbst vor seinem »Richter« erscheint, brauche ich mich nicht hinzubemühen.
Abends Vortrag von Kommerzienrat Plant über Deutschlands finanzielle Lage und Sparprämienanleihe.
Unsere »Volksbeauftragten«[45] sind heute abend wiedergekommen. Üble Reise. Haenisch hat große Aufräumungsarbeiten versprochen. Ministerpräsident Hirsch[46] wird ebenfalls an Marburg denken. Er hat bereits Prof. Bredt[47] nicht mehr bestätigt. Warum, unbekannt.
3. Oberhessische Zeitung vom 3. Dez. 1919.
[eingeklebt: Hachborn, 1. Dez.]
5. Am 5. Dez. in der Oberhess. Zeit. eine Berichtigung zu diesem Versammlungsbericht. Entgegnung von Wolf bringt nichts Neues.
Hessische Landeszeitung vom 3. Dez. 1919.
[eingeklebt: »Deutsche Demokratische Jugendgruppe«]
Noske wird die studentischen Verbindungen entwaffnen lassen. Gestern zeigte ein Frankone Fritz P. einen »Ausweis des Freikorps Marburg für den Unterofficier . . .« mit Lichtbild; gleichzeitig erzählte der Frankone, alle Verbindungshäuser lägen voll Waffen und es fände regelmäßiges Scharfschießen übungshalber statt! Das bestätigt unsere schon seit ca. 3 Wochen bestehenden Vermutungen, die auch Noske mitgeteilt wurden, vollkommen. – Scheidemann ist gleichfalls unterrichtet worden; ferner Abg. Davidsohn[48]. »An Marburg soll ein Exempel statuiert werden!«
4. Nachtrag: Vor einigen Tagen erschien in der Berliner »Post« ein unglaublicher Artikel gegen Ernst. Beleidigungsklage läuft bereits. – Die Zeitungen sind tagtäglich voll vom Fall Traeger-Lemmer.

Abends Konferenz bei Bamberger.

5. Abends bei Olpe Besprechung. Dr. Lebrecht erzählt seine eigenen hier in Marburg gemachten antisemitischen Erlebnisse. Man ist in Marburg ja schon allerlei gewöhnt – aber so etwas ist selbst hier noch nicht alltäglich.
Wahres Geschichtchen: An einem Marburger Mittagstisch. Draußen in einiger Entfernung fallen Schüsse. »Was ist das?« – »Da übt die Reaktion!« –

6. Vormittags war ich wegen eines großen Furunkels am Halse in der Klinik. Da wurde ich auf den langen Operationstisch geschnallt, bekam eine Äthermaske auf und bekam das Ding herausgeschnitten. Ich war in einem Zustand zwischen Himmel und Erde, spürte nur wenig, hörte und behielt aber alles, was während der ganzen Operation gesagt wurde. Nach 20 Minuten ging ich schon wieder nach Hause.
Nachmittags mit der Staatswissenschaftl. Arbeitsgemeinschaft zum Frauenberg. Abends bei Viktor mit Ernst [Lemmer], Henning [Duderstadt] u. Julius [Bentz] gemauschelt bis 1/2 3 Uhr nachts.

7. (Sonntag) Bis mittags 1 Uhr meinen Ätherrausch ausgeschlafen. Abends bei Henning vorgelesen aus Henri Barbusse »Das Feuer«[49]. Ergreifend. Statt der Hohenzollerngeschichten sollte man künftig damit die Lesebücher der Schulkinder ausfüllen. Wenn dieser Krieg der letzte Krieg gewesen ist, dann sollen all seine Leiden nichts gewesen sein!

8. Traeger hat in der Täglichen Rundschau einen eigenen großen Artikel als Entgegnung geschrieben. Teils unwahr, teils verdreht. Er hat nur »humoristische« Bemerkungen gemacht! Abends demokrat. Studentengruppe. Wahlrechtsfragen. Bis 2 Uhr nachts bei Ernst. Henning erzählte Schweizer Geschichten.

9. Morgens beim Universitätsrichter. Als Zeuge in Sachen Olpe-Dimer vernommen. Das Verfahren gegen Viktor und mich scheint eingestellt zu sein. Wir haben nichts davon gehört.

10. Abends bei Ernst Semesterschluß und Abschiedsfeier! Julius Bentz und Viktor Agartz kehren im nächsten Semester nicht wieder. Leider! Unsere kleine Feier, die durch Bohnenkaffee u. Duderstadts Witze besonders geziert wurde, erreichte ihren Höhepunkt, als ein Telegramm verlesen wurde: »Urteil vom Un-

terrichtsminister aufgehoben. Schild wieder rein. Feder!« Also gesiegt! Die näheren Umstände müssen wir noch abwarten. Wir nehmen an, daß die ganze Angelegenheit heute bei der Beratung des Hochschulwesens in der preußischen Landesversammlung in dieser Weise geregelt worden ist. An sich kann der Kultusminister ohne Rechtsbeugung das Urteil nicht aufheben, da ein Rechtsmittel gegen das Urteil fehlt. Es muß also noch irgendetwas die Urteilsaufhebung begleiten; eine Änderung der Disciplinarvorschriften oder ähnlich. – Immerhin die Arbeit in unserer Gruppe endet also mit vollem Erfolg und das Semester schließt damit gut ab!!

11. Ernst heute morgen zum Parteitag nach Leipzig gefahren. – Ich war mit Scheller und Duderstadt zum Rektor vorgeladen. Es sollte eine Standpauke werden über die Anschwärzerei bei Haenisch. Olpe hat nämlich des Guten zu viel getan und in Manchem übertrieben. Wir haben die Sache gut verteidigt und waren nicht veranlaßt, Abbitte zu tun! Das Disciplinarverfahren gegen Viktor und mich wegen Unterzeichnung unsrer Entgegnungen in der Zeitung ist niedergeschlagen worden, »um endlich die ganze Sache zur Ruhe kommen zu lassen«. Man hat also die Nase voll. –

Man darf Politik nicht mit dem Vergrößerungsglas treiben.

13. Nach Hause! Von morgens 6 bis abends 7 Uhr, skatspielend, vierter Klasse, wahnsinnige Vollheit.

14. (Sonntag) Daheim! Aber doch nicht in meinem Nest, denn mein Zimmer ist ja vermietet.

16. »Träger der neuen Werte sind erfahrungsgemäß die im Aufsteigen begriffenen Schichten. Es ist nun einmal eine verhängnisvolle Tragik im Leben der Besitzenden, daß die fortschreitende Entwicklung sich auf ihre Kosten vollzieht und daß der Egoismus der Klasse ihnen deshalb nahelegt, von vornherein eine Stellung der Abwehr einzunehmen.« Schücking »Neue Ziele« 1913, Seite 18.

17. Im Theater: Die Bohème, Oper von Puccini.

18. Streifzug durch das Antiquariat von Günther und Schwan. Allerlei schöne Sachen mitgenommen.

19. Den ganzen Tag gelesen und geschrieben. Abends im Theater: Die Siebzehnjährigen von Dreyer. Packend; sehr gut gefallen.

20. Unter den am Donnerstag bei G. u. Sch. gekauften Büchern ist

mir eins besonders interessant zu lesen: Frhr. von Moser: Über Regenten, Regierung und Ministers. 1784. – Er übt bittre Kritik an den Fürsten u. Regierungssystemen seiner Zeit. Im Schlußwort ahnt er den gewaltsamen Umsturz dieser Staatsordnung voraus.

Vater ist heute morgen von Berlin wiedergekommen. 11 Stunden im Gang eines D-Zugwagens gestanden; fürchterlich. Vier Monate ist er mit geringen Unterbrechungen in Berlin gewesen. Und noch immer ist das Rätegesetz nicht fertig. Es gibt ein für jede Partei unbefriedigendes Kompromiß, im großen und ganzen aber durchaus zum Vorteil der Unternehmer. Die Arbeiter sind mit ihren Forderungen kaum nennenswert durchgedrungen. Aber von unserer Arbeiterschaft kann man sagen, daß sie den Willen zur Macht hat. Sie wird im Rahmen des Gesetzes das Größtmögliche herauszuholen bestrebt sein. Anders als das Bürgertum, das es in 47 Jahren nicht fertig brachte, den Konstitutionalismus zum Parlamentarismus umzugestalten – weil ihm der Wille zur Macht fehlte!

22\. Weihnachtskommers des Vereines ehemaliger Rüttenscheider Pennäler.

24\. Heiligabend. Vergnüglich u. gemütlich. Draußen Regenwetter, trübe Zeiten. – Ich bekomme ca. 30 Bücher, die Vater in Berlin billig kaufte, einen Anzug u. a.

26\. Beide Weihnachtstage zu Hause geblieben, kein Besuch. Regenwetter.

28\. Abends im Kasino. Natürlich gleich politische Unterhaltung. Wird sich das deutsche Volk jemals über Ursprung, Einfluß u. Bedeutung der Revolution von 1918 klar u. einig werden? Heute scheint es noch nicht so! Furchtbar platzen die Meinungen aufeinander. Der alte Gegensatz: Die Heimat fiel der Front in den Rücken, wir konnten den Krieg nicht militärisch gewinnen – oder: wir waren zu schwach gegen die Übermacht, wir hätten Gelegenheiten zur Verständigung benutzen sollen, wird hundertfach variiert immer wieder Kernpunkt des Streites.

Ich hätte nicht übel Lust, eine Geschichte des Neuen Deutschlands zu schreiben, um meinerseits zur Überbrückung dieser Gegensätze beizutragen. Aber dazu bedarf es gründlicher Vorarbeit und Zeit! Vielleicht doch einmal!?!

29\. Der Fall Traeger-Lemmer kommt nicht zur Ruhe. Der »Tag«

bringt unter dem 22. ds. einen Artikel von Geh. Rat Bornhak[50], Berlin, der sicher wieder verschiedene andre auslösen wird.

30. Es ist doch schön, einmal wieder zu Hause zu sein! Ferien! Aus meinem Zimmer bin ich zwar ausquartiert, es ist vermietet (Herwegen). Ich hause in unserem ehemaligen Vorratszimmer, das nun wunderschön hergerichtet ist. Da der Winter sehr milde ist, kann ich den ganzen Tag oben sein. Es ist sehr gemütlich hier. Zwischen der schrägen Wand und den vorspringenden Fenstern ist ein Schreibtisch eingebaut. Eine Menge Bücher habe ich mir aus meinem Zimmer herübergeholt. Das ganze Zimmer glänzt in genialer Unordnung: Bücher, aufgeschlagen und zu, Hefte, Blätter, Mappen, Zeitungen, Briefe, alles liegt brüderlich neben- und übereinander. Ich arbeite an einem Referat über den Kulturkampf, auch wiederhole ich Juristerei. Besonders gerne beschäftige ich mich mit der 48er Revolution. Ich stöbere Zeitungen u. Flugblätter aus dieser Zeit durch. Auch habe ich von Großmutter Walter einige Briefe von 2 Brüdern meines Urgroßvaters Walter bekommen. Der eine, Karl Walter, schreibt verwundet aus dem Lazarett; im Gefecht bei Waghäusel bekam er einen Beinschuß und starb alsbald danach. Der andere, Friedrich Walter, berichtet von seiner Auswanderung nach Amerika – er fühlte sich nicht mehr sicher in seinem Vaterland – und erzählt, wie ihn deutsche Landsleute unterstützt hätten, »weil er für die Freiheit gefochten hätte«[51].

Für Einheit und Freiheit, für Republik und Demokratie! Ich werde an Euch denken!

31. Neujahrsfeier bei Kästners[52] und mit Schmidts. –

Welch ein Jahr geht heut zu Ende! Reich an wechselvollen Erlebnissen und doch im Lauf der Weltgeschichte nur ein kleines Ausmaß. Das neue Deutschland hat ein schreckliches Jahr hinter sich, der Zusammenbruch des alten hängt sich wie Blei an seine Füße, will es nicht aufsteigen lassen. Aber es muß sich durchsetzen u. wird sich durchsetzen und wir hoffen, daß das neue Jahr uns auf dem beschwerlichen Weg ein gutes Stück vorwärtsbringen wird. Wir müssen die Demokratie und die Republik aufnehmen in unser Fühlen und Denken; wir müssen Demokraten und Republikaner sein, oder wir werden nicht mehr sein!

1920

Januar 1920

1. Mit Großmutter Walter abends nach Barmen gefahren.
2. Nachmittags mit Axel[53] u. seiner Schwester nach Friedenshain spaziert. – Abends nahm mich Liselotte[54] mit in einen Kreis junger Mädchen u. Herrn: »Höhenwandrer«. Unter Leitung von einer Frau Dr. . . ., die aber heute nicht zugegen war, werden philosophische, geschichtliche u. lit. Probleme zwanglos besprochen. Man unterhielt sich heute abend zunächst über das Verhältnis von Tendenz u. Kunst, ob sie sich ausschließen u. andres. Nachdem man sich ungefähr eine Stunde unterhalten hatte, ohne sich einig zu werden, da man sich weder über Begriffe klar zu werden versuchte, noch im allg. über oberflächl. Worte hinauskam, schloß man sich einmütig der kurzen Darlegung meiner Auffassung an. Nachher Vorlesung einer Novelle und eines Aufsatzes über Goethes Weltanschauung. Ich bin sehr erfreut gewesen, einmal einen solchen Kreis junger, meist im Berufsleben stehender Menschen kennen zu lernen, die sich mit solchen Dingen regelmäßig u. ernsthaft befassen. Kino und Tingeltangel üben sonst leider eine nur zu große Anziehungskraft auf unsre heutige Jugend aus.
3. Wieder zu Hause. Ich habe heute Kautsky's[55] Buch »Wie der Weltkrieg entstand« verschlungen. Grauen und Entsetzen müssen einen jeden packen, der sich dieser Darstellung der Entstehung des 4 1/2jährigen Völkermordens und all des Kriegs- u. Revolutionselendes hingibt. Man sträubt sich, es in allem zu glauben!
5. Ich habe heute ein merkwürdiges Buch gelesen: Die Dialoge des Diogenes von Sinope, angeblich aus einer alten Handschrift, in Wirklichkeit ein anonymes Werk der Zeit. Leipzig 1770 [mit Bleistift an den Rand geschrieben: Ist von Wieland!] Der Naturmensch Diogenes, von allen Leidenschaften u. Bedürfnissen frei, hält seiner Umwelt an Hand versch. von ihm erzählter Erlebnisse eine Kritik, einen Sittenspiegel entgegen. Zuletzt entwirft er einen Plan seiner Republik, in der die Menschen natürlich, glücklich, zufrieden, tugendhaft u. ohne viel Bedürfnisse leben. Das Rousseau'sche »Zurück zur Natur« scheint dem unbekannten Schriftsteller als Leitmotiv gedient zu haben. – Interessant

auch die Kritik einzelner Unsitten u. Übelstände; so der Müßiggang des reichen Kapitalisten, Rentiers Seite 166–86. Seite 82. Abends bei Richters[56]. Sehr lustige Gesellschaft bis 1/2 3 Uhr.

6. Heute nachmittag war ich seit langer Zeit einmal wieder mit Carl Dettmar zusammen.
Abends im Saalbau Elisabeth von Endert.

8. Ich arbeite jetzt an einem Referat über den Kulturkampf für die D.D.St.G. Marburg. Auf hervorragende Wissenschaftlichkeit wird es keinen Anspruch machen können. Dafür ist meine Literatur zu kärglich; ich bin auf 2 oder 3 Darstellungen angewiesen.

9. Im Stadttheater Meyerbeers Oper »Der Prophet«.

10. Städt. Volksbühne. Erstaufführung von Strindbergs »Rausch«. Herrlich!
Wenn blinde Gewalten dich schütteln und dich die Leidenschaft packt, wenn es in deinen Adern prickelt und jagt und peitscht, wenn es dämonenhaft in dir ausbricht, wild und unwiderstehlich, wenn Fieberwahn deine Stirne erglüht und Liebe und schwelgende Freude dich taumeln machen – dann weißt du, was Leben ist: – Rausch!! Rausch!!! Herrlicher Rausch!
Und wenn dann jählings Ernüchterung folgt und deine Augen sehend werden und all das Begehrte so gräßlich plötzlich verfliegt und Schuld und Sühne das einzige ist, was dir in Ewigkeit bleibt – dann weißt du, was das Leben war: – Rausch! Ein großer Rausch!! Ein schrecklicher Rausch!

11. (Sonntag) Vater seit Dienstag in Berlin. Eisenbahnerstreik.
Ich lese so gern Bücher, die ich schon einmal las, wieder aufs Neue durch oder blättre in ihnen. Nach längerer Zeit faßt man gar manches ganz anders auf, versteht oder entdeckt es überhaupt erst. Man merkt dabei am besten, ob man inzwischen fortgeschritten ist oder nicht. Vieles findet man durch andre inzwischen erfahrene Tatsachen bestätigt, man wird zu ganz anderen Kombinationen u. Gedankengängen veranlaßt.
Im Stadttheater. Faust (Oper). Wundervolle Szenen. Musik! –

12. Gott offenbart sich niemandem unmittelbar; ihn aber mittelbar zu finden an seinen Zeichen u. in seinen Werken – das wäre wert die Aufgabe eines Lebens zu sein. Nur fürchte ich, das Leben möchte vergeblich sein. Wer auszieht, Gott zu finden, muß ihn vorausahnen.

13. Demonstrationen u. Schießereien am Reichstag. 40 Tote, 110 Verwundete[57].

15. Nach Marburg. Seit gestern abend fahren wieder Züge. Fürchterlich voll.

17. Erster Zusammenstoß mit dem Rektor. Durch Verfügung des Kultusministeriums sind von nun an alle Anschläge am Schwarzen Brett von politischen Organisationen verboten. Die Deutschnationale Studentengruppe aber hat ihr Brett noch lustig hängen! Eine Viertelstunde nach meiner Rücksprache mit dem Rektor war es verschwunden.

18. (Sonntag) Über Land gewesen. Leidenhofen und Dreihausen. Flugschriften verteilt u. ä.

19. Unterstaatssekretär Becker[58] hier.

23. Abg. Nuschke[59] spricht abends in den Stadtsälen. Sehr gut.

26. Traub[60] hielt heut abend einen Vortrag. Überfüllt.

27. Sic transit gloria mundi!!
Seit einer Woche arbeiten wir zu 6 an einem Witzblatt, genannt »Marburger Stadtbrille« [Anh. 3] mit dem Motto: »Angehörige aller Parteien veräppelt Euch!« Druck u. Sitzredakteur nicht ohne Schwierigkeiten.
Attentat auf Erzberger[61]. Wohin sind wir nicht gekommen! Rasend bergab. Und noch ist kein Halten zu sehen. Immer Hetzen, Streiken, Schimpfen – Chaos!
Wenn mir nicht das große Ganze über meine eigenen Wünsche ging, hätte ich manchmal nicht übel Lust, zur U.S.P. zu gehen. Das deutsche Volk weiß mit der Demokratie nichts anzufangen. Die Unordnung und Auflösung nimmt immer zu, die Preise steigen in regelmäßiger Entwicklung ins Ungemessene, die Waren aller Art u. die Lebensmittel werden immer seltener – überall Verzehr statt Ersparnis, Auflösung statt Festigung, abwärts statt aufwärts. Dazu die beginnende Ausführung des schlimmsten aller Friedensverträge! – Täglich und stündlich steht einem all das vor Augen. Soll man da noch froh werden? Das Volk tanzt, spielt und macht Schiebergewinne, noch spielt Geld keine Rolle. Und doch immer wieder: Kopf hoch!!

28. Die Stadtbrille macht Sensation in Marburg. Im Kolleg, auf der Straße, in der Wirtschaft – alles spricht davon! Jeder lacht und fühlt sich zugleich selbst getroffen! Hoffentlich trägt es dazu bei, die Menschen aus ihren fürchterlich verbohrten Parteimeinun-

gen herauszuholen. Die Wahrheit ist nicht nach Parteien verschieden. Es muß den Menschen einmal wieder gesagt werden, daß es nicht heißt: so oder so, – sondern: Sowohl als auch! Alle haben Recht und Unrecht.

30. Der Verkauf geht glänzend von statten. Morgen ist die Auflage von 2000 Stück vertrieben. »Wer hat das Ding verbrochen?« fragt ganz Marburg.

31. Die 50% Dividende auf unsere sechs Aktien von je 50 M haben wir heute in Kognak u. Wein umgesetzt. Sehr fidele Feier.

Februar 1920

1. (Sonntag) Nachmittags bei Studienrat Weichelt zu einem Hauskonzert eingeladen. Gesang- u. Klaviervorträge. Er ist Demokrat und als vorzüglicher Debatter bekannt. Sie ist Sozialdemokrat. Stadtverordnete; mir sehr unsympathisch. Einige 20 Personen, meist Arbeiter- und Parteifreunde mit Familie gaben eine sehr dankbare Zuhörerschaft ab. Sozialer Ausgleich in Praxi!

2. Deutschland soll leben – und wenn wir sterben müssen! So einstens; heute aber heißt es: Die Partei soll leben – und wenn Deutschland sterben muß! – Am Partei- u. Klassenfanatismus gehen wir zugrunde, wie Europa am Chauvinismus und Völkerhaß seiner Bewohner zugrunde geht. Gibt es keine Besinnung und Umkehr?

3. Aus Georg Simmels[62] Tagebuch:
»Immer mehr komme ich zu dem Gefühl, als ginge jeder ältere Mensch unter dem Druck irgend eines furchtbaren Geheimnisses herum: eine Tat, die keiner weiß, die aber nicht zu sühnen ist, und die Gott ihm und er selbst sich nicht verzeihen kann, eine Meinung über den nächsten und liebsten Menschen, die nie über seine Lippen kommt, ein sündiges Gelüst, dem er nie auch nur die kleinste Äußerung gestattet hat. Auch die Jugend hat solche schweren Geheimnisse, aber entweder wechseln sie nach ihrem Inhalt: bald dieses, bald jenes ganz andere Geheimnis drückt den jungen Menschen, oder sie sind nicht im strengen Sinn Geheimnisse, sie werden noch anvertraut. Die Jugend ist in dem Augenblick vorbei, in dem das Geheimnis unseres Lebens definitiv wird.« –

»Die Jugend hat die wundervolle Präsenz des ganzen Menschen in jeder einzelnen Äußerung. Weil in ihr alles der Zukunft zudrängt, kein Vergangenes genug Schwergewicht besitzt, um an seiner Stelle fixiert zu sein, und weil dieses Eingehen in die Zukunft nur durch die Gegenwart hindurch möglich ist, so ist in ihr wie in einem Punkte immer das ganze Leben beisammen.«
»Für den tieferen Menschen gibt es überhaupt nur eine Möglichkeit, das Leben zu ertragen: ein gewisses Maß von Oberflächlichkeit. Denn wenn er die gegensätzlichen, unversöhnlichen Impulse, Pflichten, Bestrebungen, Sehnsüchte alle so tief hinunter denken würde, so absolut bis ans Ende empfinden, wie ihre und seine Natur es eigentlich erfordert, so müßte er zerspringen, wahnsinnig werden, aus dem Leben laufen. Jenseits einer gewissen Tiefengrenze kollidieren die Seins-, Wollens- und Sollenslinien so radikal und gewaltsam, daß sie uns zerreißen müßten. Nur indem man sie nicht unter jene Grenze hinuntergelangen läßt, kann man sie soweit auseinanderhalten, daß das Leben möglich ist. Es ist genauso umgekehrt wie der monistische Optimismus es meint: daß man die Gegensätze nur tief genug hinunter zu verfolgen hätte, um zu ihrer Versöhnung zu kommen. Oder sollte dies in ihrem inhaltlich-objektiven Sinne gelten, für ihren subjektiv gelebten dagegen das andere?«
Abends Vortrag von Mennicke-Berlin[63] über die Probleme der neuen Gesellschaft. M. stellte ausgezeichnet dar, was ich schon seit langem dachte u. fühlte. – Unser Volk war ein zweigeschichtetes, wie bisher alle Kulturvölker geschichtet waren. Die tragende untere Schicht aber verstand seit langem den Sinn unserer Kultur nicht mehr, sie fühlte sich mißbraucht. Die Revolution ist ihr Aufstand, sie will nicht mehr, unter keinen Umständen. Programme u. schnell findige Auswege versagen, gibt es nicht. Mechanisierung und Auflösung des Geistes in Richtungen und Ismen sind die gemeinschaftliche Last von Bürgertum und Proletariat. Deshalb müssen wir uns zusammenfinden und gemeinsam tragen. Die ganze Schwere des Problems erkennen, ist unsere Aufgabe. – Wer aber empfindet sie heute? Wenige! Rathenau[64] schneidet in seiner »Massengesellschaft« gleiche Probleme an. Ist ein einschichtiges Kulturvolk möglich? –

4. Schwere Krise wegen der Auslieferungsforderungen[65] der Entente. Die Entente ist mit Blindheit geschlagen!

5. Heute die Auslieferungsliste[65] bekannt geworden.
Durch die Presse ging heute eine wahrscheinlich unzutreffende Meldung, wonach ein deutschnationales Konzern Hugenberg[66]-Stinnes[67] Presseorgane zu Parteizwecken aufkaufen will. Daraufhin haben wir uns den Scherz gemacht, Hugenberg unsere »Stadtbrille« für 12 000 M anzubieten. Als Referenzen haben wir den früheren kons. Abg. Prof. Bredt von hier u. den Allg. Studentenausschuß genannt. Scherz muß sein!
6. Alle polit. Studentengruppen der Universität werden Montag eine allg. Studentenversammlung einberufen, um zur Auslieferungsfrage Stellung zu nehmen. Hier in Marburg sind fünf auszuliefernde »Schuldige«. Es wird Aufgabe der Studentenschaft sein, ihre Auslieferung zu verhindern.
Bei Frau Bamberger zum Abendessen. – Vortrag Leonhard.
8. (Sonntag) Ernst hielt heute in Kappel einen Vortrag über die Zukunft der deutschen Republik. Unter 70 Anwesenden 2 Deutschnationale!! Einer davon, ein älterer Student, sprach in der Diskussion und man konnte ihm zweifellos beistimmen: Ablegen des Standesdünkels, sozial u. national – alles Selbstverständlichkeiten. Aber bei einer Partei mit solcher Vergangenheit wie die der Konservativen ist alles solange Phrase u. Stimmenfang, wie nicht die Tat beweist, daß man mit der schwerbelasteten Vergangenheit endgültig gebrochen hat. Denn solange ist diese Partei innerlich unehrlich! –
Das, was man in jeder Versammlung hören kann, ist: die deutsche Revolution ist unnational! Man sehe sich die Jakobiner an u. andre! – Ja, das wäre vielleicht richtig, wenn unsere Revolution ein wahrhafter Umsturz, nicht ein Einsturz, wenn sie ein Anfang, nicht ein Ende gewesen wäre! Nach fast fünf Jahren Krieg – und was für einem – kann man unmöglich gleich einen neuen machen. –
Bei den nächsten Wahlen werden wir Demokraten aller Voraussicht nach nicht gut abschneiden. Das neue Staatswesen hat eine zu schlechte Erbschaft antreten müssen. Das schönste Geschenk aber, was uns die demokratische Republik bringen wollte: die Verwirklichung des Aufstiegs der Tüchtigen muß vorläufig scheitern an unseren elenden Finanzverhältnissen. Die jammervolle außen- und innenpolitische u. wirtschaftliche Lage ist die Tragik des neuen Deutschland!

11. Neue Nummer der Stadtbrille! Auflage von 3000 Stück. Abends Demokrat. Stud.gruppe.
12. Asta-Sitzung.
14. Die Stadtbrille bis auf einen kleinen Rest verkauft.
15. (Sonntag) Spaziergang zum Frauenberg. – Abends angefangen an einer Broschüre: Der nationale Gedanke im demokrat. Staate[68]. Mit Ernst L. u. Hennig D. zusammen!
19. U.S.P.Versammlung; sehr gut verlaufen. Ernst gut gesprochen. – Oma Heinemann 75 Jahre alt.
20. Adam Breder: Der Konservatismus und die Revolution. Ein neuer Ton von Rechts!! Hoffentlich dringt er ein!
    Vortrag von Damaschke[69]. Sehr packender Redner, besonders in der Schilderung sozialen Elends. Nur stößt es ab, wenn er für sich selber wirbt. An sich mag seine Kandidatur ein glücklicher Gedanke sein; sie bringt es wenigstens fertig, daß weite Kreise aus den rechten Oppositionsparteien zu praktischer Mitarbeit herangeholt werden. Ein ausgesprochener Parteimann würde das nicht erreichen.
21. Vater besucht mich von Eschwege aus.
22. (Sonntag) Wegen Eisenbahnverkehrseinstellung an Sonntagen mit Vater zu Fuß nach Lollar. Karl Nordmann[70] kommt uns halbwegs im Wagen entgegen.
23. Vormittags in 2 3/4 Stunden zurückmarschiert.
25. Erzberger baut ab.
26. Asta-Sitzung. Ablehnung von Unterstützung durch die Quäker.
27. Prof. Otto spricht in unserer Studenten Gruppe über »Menschheitsorganisationen auf religiös-sittlicher Grundlage«.
28. Ausflug mit der Staatswissenschaftlichen Arbeitsgemeinschaft nach Gießen; Besichtigung und Einfahrt in das Kruppsche Brauneisensteinbergwerk. – Nachmittags mit Köppe, Riensberg, Duderstadt herrliche Wanderung über Gleiberg nach Lollar.
29. (Sonntag) Es ist ein Zeichen großer politischer Reife, wenn ein Volk sich veränderten politischen Verhältnissen schnell anpaßt, wenn es seine Meinung umstellen kann. Das fehlt uns vollkommen; deswegen in unserer größten Not nichts als Zank, Verdächtigung, Uneinigkeit.

März 1920

3. Die Entrüstung über die Entschließung des Asta in der Angelegenheit der Quäker immer allgemeiner.

7. (Sonntag) Lores[71] Konfirmation.

8. Vortrag von Prof. Rade. Wundervoll gesprochen.
Die evangelische Kirche muß eine Gemeinschaft sein, sie muß sozialer, nationaler u. internationaler sein. Sie muß ein große Einheit werden. Sie muß voran sein. Wider den Klassengeist!

10. Unsere Valuta steigt mächtig. 100 Gulden kosteten vor 8 Tagen 3600 M, heute ca 2500 M.!

12. Verhaftung von einigen reaktionären Putschisten in Berlin. Ein Putsch fehlt uns heute wirklich noch! Der langsam einsetzende Wiederaufstieg unseres Volks würde sofort wieder aufgehalten.

13. Berlin von 2 Marinebrigaden besetzt. »Regierung Kapp«[72].
Die Reichsregierung ist geflohen.
Also doch diese Wahnsinnstat!! Aber wir lassen uns die Republik nicht zerschlagen, wie die Monarchisten ihr Kaiserreich!
Besprechung mit Arbeiterführern zwecks Generalstreik.
Abends Zusammenkunft bei Abg. Prof. Rade. Alle republikanischen Parteien einschließlich der U.S.P. vertreten. Austausch der neuesten Nachrichten. Entwurf eines Flugblattes zur Beruhigung der Bevölkerung. Wir halten fest an der alten, allein rechtmäßigen Regierung.
Regierung ist in Dresden eingetroffen. Militärdiktatur in Berlin, Unruhen in Frankfurt.
Abends um 1/2 12 verlautet, wie wir noch alle bei Prof. Rade versammelt sind, daß am nächsten Morgen um 9 Uhr vom hiesigen Jägerbattaillon 1800 Zeitfreiwillige Studenten aufgeboten werden sollen. Es handelt sich dabei meist um Verbindungsstudenten, die ja schon seit vielen Monaten unverständlicherweise bewaffnet sind. Sollen diese reaktionären Studenten unsere Republik schützen? Die Vertreter der Arbeiterschaft stellen den sofortigen Generalstreik in Aussicht, wenn die Studenten aufgeboten werden. Marburg bietet hierzu nicht den geringsten Anlaß. – Auf meinen Vorschlag fahre ich heute Nacht noch nach Kassel, um beim Oberpräsidenten[73] die Aufhebung dieses Befehls zu erwirken.

14. (Sonntag) Ab Marburg 11.50 im D-Zug. Ich fahre mit Geheim-

rat Titius[74], der nach Göttingen will. An Kassel 2 Uhr. In der Stadt bin ich völlig fremd. Ich frage auf dem Bahnhof nach der Zentrale für Heimatdienst – unbekannt. Nach dem Oberpräsidenten – ein Offizier der Bahnhofswache sagt, er sei nicht zu erreichen. Ich frage andre. Dieselben Antworten. Menschen sammeln sich um mich. Ein Geheimpolizist will wissen, wer ich bin. Ich zeige ihm den Brief von Prof. Rade an den Oberpräsidenten. Rade schreibt, ich käme im Auftrag der DDP, M.S.P., Zentrum u. U.S.P., um mit dem Oberpräsidenten zu verhandeln. – U.S.P.? Wie kommt das? Verdächtig! Keine anderen Ausweise? – Doch! – Vorzeigen! – Gehen Sie mal mit mir!
Nun geht's durch die schlafenden Straßen von Kassel. Nach einiger Zeit sind wir an einem militärischen Dienstgebäude. Man sagt mir, ich könne nur zum Oberpräsidenten, wenn ich die Erlaubnis des Reichswehrgruppenkommandos III habe. Dieses habe die vollziehende Gewalt. Der Wachtoffizier schläft; – brummig: »Bin nicht zuständig.« Weiter. Zur Privatwohnung von Kriegsgerichtsrat Haberkorn. Geweckt. »Ich bin nicht zuständig«. – Weiter. Zur Sicherheitspolizei, Kaserne Hohenzollernstraße. Offizier der Wache geweckt. Dieser ruft seinen Hauptmann an, dieser seinen Oberstleutnant, dieser – wer weiß wen! Ich sehe schon, daß ich nicht weiterkomme; will auf eigene Faust weiter. »Der Herr Hauptmann sagt, Sie sollten vorläufig nicht weggelassen werden!« – Sind die Menschen verrückt? Schutzhaft! Ich protestiere! Verlange den Hauptmann zu sprechen. Er will gleich entscheiden, ob ich wieder gehen kann. Ich warte, sehr lange, stundenlang. Ich protestiere immer wieder. Warten! Die Leute interessieren sich sehr für mich. Ich bringe ihnen neuste Nachrichten. In Kassel ist man hinter dem Mond zurück. Das Militär erkennt gar keine Regierung an; will neutral sein und Ruhe und Ordnung wahren. Man glaubt, die alte Regierung sei restlos zusammengebrochen. Ich zerstöre den Herrn Offizieren diesen lieben Traum! Die Republik bricht nicht zusammen! – Um 5 Uhr will man mich wieder laufen lassen. Nun hat es keinen Zweck mehr, in der Nacht noch zum Oberpräsidenten zu gehen. Ich kann doch nicht mehr um 5 1/4 Uhr nach M. zurückfahren. Bis 7 Uhr bleibe ich auf der Wache und mache mich dann auf die Suche nach dem Heimatdienst. Niemand da. Zum Oberpräsidenten. Er empfängt mich um 1/2 9 Uhr. Ich

trage ihm mein Anliegen vor. Sofort ist er bereit, beim Militärbefehlshaber v. Stolzmann seinen Einfluß geltend zu machen. Dr. Schwander ist sehr freundlich. – Mein Auftrag ist nun zunächst erledigt. Was nun in Kassel anfangen? Um 11 Uhr treffe ich die Herrn vom Heimatdienst. Und Ernst Lemmer[75]. Den ganzen Tag nehmen wir beim Heimatdienst Ferngespräche aus allen Teilen des Reiches entgegen. Berlin ist isoliert. Überall Generalstreik.

Stolzmann macht die Einberufung der Studenten rückgängig. Wir geben es sofort nach Marburg weiter.

15. Um 5 Uhr morgens am Bahnhof. Rückreise unmöglich. Generalstreik. Ich lege mich wieder zu Bett, habe die vorige Nacht gar nicht geschlafen.

Den ganzen Tag beim Heimatdienst. Die Sache steht gut. Nachmittags in der Stadt Flugblätter verteilt. Die Nationalversammlung ist nach Stuttgart einberufen.

Nachmittags auf dem Friedrichsplatz Massenversammlungen für die Republik. Anschließend ein endloser Demonstrationszug durch die Stadt. Ich gehe mit.

»Die Republik, sie lebe hoch, hoch, hoch!« Zum ersten Mal erfahre ich, welch ungeheures Kraftbewußtsein solche Riesendemonstrationszüge dem Arbeiter geben. Er lacht und freut sich, wenn der Zug schier ohne Ende ist. Er sieht die Zahl seiner Gesinnungsgenossen und weiß jetzt, was die »Masse« ist. Ein Bewußtsein des unausbleiblichen Sieges kommt über ihn. – Man lasse solche Züge in Ruhe, sie sind harmlos.

Abends um 7 Uhr haben Ernst und ich Gelegenheit, mit einem Sonderzug für Abgeordnete bis Marburg mitzufahren. Der Heimatdienst vermittelt. – Der Bahnhof ist abgesperrt. Viele sind vom Generalstreik überrascht worden und versuchen verzweifelt eine Reisegelegenheit zu erwischen. Aber die Bahnbeamten sind taub und hart. »Bedankt Euch bei den Berliner Schweinehunden!!« Scheidemann wartet im Wartesaal auf den Parlamentszug. Mit seiner Fürsprache gibt uns die Streikleitung die Erlaubnis, den Parl. Zug zu benutzen. Er hat 2 Stunden Verspätung, kommt von Magdeburg. Gegen 9 Uhr läuft eine Lokomotive mit einem Packwagen u. einem DZugwagen ein. Das ist der Parlamentszug! Nur wenige Herren sitzen drin. Wir steigen mit Scheidemann ein. Neugierige wollen die Abgeordneten sehen.

Mit Scheidemann, Oberpräsident Abg. Hörsing[76] u. Abg. Bader[77] fahren wir zusammen. Wir erzählen von Marburg und empfehlen eiserne Besen. Die Herren erzählen uns von Berlin u. a. Interessante Fahrt. Scheidemann sagt: »Dieser Noske, dieses Rindvieh!«

16. Versammlung u. Umzug der Arbeiter u. Republikaner Marburgs. 1500 Menschen. Wir wenigen republikan. Studenten ziehen mit und werden nicht wenig begafft.
Abends Versammlung der Arbeiter in den Stadtsälen. Wiederaufnahme der Arbeit beschlossen. Eine Kommission soll nach Kassel fahren und die Entwaffnung der Studenten erwirken. Die Waffen sollen aus den Korpshäusern raus.

17. Vertreter aller Parteien nach Kassel. Stolzmann kann dem Verlangen nicht Folge leisten. Denn inzwischen machen sich die Folgen der nunmehr zusammengebrochenen Wahnsinnstat des Kapp u. Genossen bemerkbar: die Gelüste nach Rätediktatur! In Thüringen, Ruhrgebiet u. a. sind schon Kämpfe im Gange.

18. Regierung u. Nationalversammlung in Stuttgart.
Unruhen in Thüringen u. im Industriegebiet greifen um sich. Wahnsinn ist Trumpf im deutschen Vaterlande. Die Menschen gehen an Selbstvernichtung zu Grunde. Könnten sie nicht alle zufrieden und friedlich miteinander leben? Deutschland ist groß. Aber der Machthunger u. Ehrgeiz einzelner ist noch größer. Wir müssen den Übergang finden in den nicht geschichteten, klassenlosen Kulturstaat. Die Zukunft gehört ihm, denn die Arbeiterschaft, die Masse ist endgültig mitbestimmend, vielleicht gar ausschlaggebend in die Geschichte eingetreten. Wohlstand, Genuß, Kultur einer Minderheit auf Kosten einer Mehrheit sind vorüber. Sie waren das Kennzeichen aller bisherigen Kulturen. Die Minderheiten wollen nicht von ihren Vorrechten lassen. Aber sie müssen es. Demokratie!

19. Die Universität wird morgen geschlossen, da die Studenten als Zeitfreiwillige zur Unterstützung der Reichswehr aufgeboten werden.
Die Republikaner stellen eine eigene, selbständige Truppe auf[78]. Nachmittags in einer Versammlung eine große Auseinandersetzung mit den anderen Teilen der Studentenschaft. Wir bleiben bei unsrem Entschluß. Die Regierung soll endlich einmal durch und durch republikanische Kerntruppen in die Hand bekommen.

Die Studentenkompagnien sind nur nach einer Seite zuverlässig, nach links. Im innersten Herzen sympathisieren sie mit Kapp u. Genossen. Es ist traurig, daß diese Menschen sich wieder brüsten sollen, die Republik gerettet zu haben.
Mir ist es nie so schwer gefallen, die mittlere Linie einhalten zu müssen, als eben jetzt. Gegen die irregeleiteten Arbeiter mag ich nicht kämpfen. Die bürgerliche Gesellschaft hat sich viel zu sehr an ihnen versündigt, um sie jetzt mit Berechtigung wie räudige Hunde tot zu schlagen. In den Reihen derer aber, die auch heute noch nicht von ihren alten Fehlern lassen wollen, die sich fast – es ist schrecklich zu sagen – mit Befriedigung zum Kampf gegen Volksgenossen zur Verfügung stellen, und die, wenn die Gelegenheit sich bietet, wieder über das Ziel hinausschießen und neuen Kappgelüsten zugänglich sind, Schulter an Schulter zu stehen, ist uns unmöglich. Niemals! Es ist bitter traurig, daß ein Kampf gegen Volksgenossen notwendig erscheint. Nur mit heftigstem Widerstreben sollte heut jeder die Waffe ergreifen. Nur zu sehr fehlt dieser Ernst in den Kreisen der Studentenkompagnien.
Und noch eins: warum *Studenten*kompagnien? Wir wollen auch Arbeiter- u. Bürgersöhne, die mit uns eines Sinnes sind, in unseren Reihen aufnehmen. Auch das trennt uns von den andren. –
Seit ein oder zwei Tagen weht vom Dache des Rathauses die Flagge der Deutschen Republik: Schwarz Rot Gold! Mußte es erst so kommen, daß wir die Republik und ihre Flagge lieben lernten? –
Abends sprach in den Stadtsälen für unsere Partei Prof. Dr. theol. Baumgarten-Kiel[79].

20. Unsere Volkskompagnie ist in Bildung begriffen. Es melden sich Arbeiter u. Studenten dazu.
Im Industriegebiet muß es schrecklich aussehen. Allenthalben heftige Kämpfe. Wie mag es wohl zu Hause aussehen? Schrecklich. Nur nicht dran denken! Man möchte in einer Versenkung verschwinden, nichts mehr hören und sehen! Fort von dieser Welt, diesem Elendstal.
Die Studentenkompagnien aber verlassen die Stadt blumengeschmückt und mit klingendem Spiel. Es ist eine Mobilmachung wie 1914. Allenthalben sieht man frisch eingekleidete u. bewaff-

nete Trupps. Man ist guter Laune und freut sich. Es scheint, als habe man mit gleicher Spannung auf das Losschlagen gewartet wie 1914, als es gegen Russen und Franzosen ging. Wahnsinn ist Trumpf. »Diese Arbeiter sind ja gar keine Deutschen« sagt einer dieser Studenten. –
Abends Versammlung der Sozialdemokraten. Abgeordnete Ege-Frankfurt.

21. (Sonntag) Unsere Kompagnie ist jetzt ca 80 Mann stark. Beim Jägerbataillon ist man bereits mißtrauisch gegen uns und will unsere Einkleidung u. Bewaffnung verzögern. Man will scheinbar keine auch gegen rechts zuverlässige Truppe schaffen. Ein Vertreter von uns hat bereits das Nötige in Kassel veranlaßt. – Sachsen, Thüringen, Berlin ruhig oder doch fast wieder völlig in der Hand der Reichsregierung. Im Industriegebiet hat sich die Räteherrschaft durchgesetzt. Kämpfe auch in Essen. Beginnende Lebensmittelschwierigkeiten. Das Einzigste, was das Schrecklichste abwenden kann, ist Verhandeln und Nachgeben. Wenn es weiter zu großen Kämpfen kommt, geht alles zu Grunde. Lieber lassen die Arbeiter die Gruben versaufen, als daß sie wieder nachgeben und der Waffengewalt weichen. Vor allen Dingen Lebensmittel in das Industriegebiet hineinwerfen. Sonst geht das »Requirieren« d. h. Rauben und Plündern los.
Jetzt darf es nicht um dies oder das gehen, sondern einzig und allein darum, daß überhaupt etwas bleibt! Meinetwegen auch Räteherrschaft, aber nur keine Belagerung, Aushungern, Erobern des Industriegebietes. Nur ein Trümmerhaufen würde übrig bleiben. Ich hoffe, daß die Kommunisten Disziplin halten und sich mit einigermaßen vernünftigen Forderungen begnügen. Die Sozialisierung der Gruben u. ä. wird unausbleiblich sein. Es muß sich dann zeigen, ob sich die Sache halten läßt. –

23. Heute morgen ist unsere Volkskompagnie eingekleidet worden. In der Kaserne geschlafen. Man ist jetzt wieder ein ganz andrer Mensch: Soldat mit seinen guten u. schlechten Eigenschaften.

24. Morgens Scharfschießen. Nachmittags auf dem Kampfrasen Paradeaufstellung unseres Bataillons. Ohne Pomp u. Tamtam scheint es wirklich nicht zu gehen. Major Graf Soden, Oberbürgermeister Troje[79a] u. Rektor Busch halten Reden. Besonders der Letztere packte wieder alldeutsche Phrasen aus »Kampf gegen den inneren Feind«, »Der Geist, der Euch beseelt, soll der Geist

des neuen Deutschland werden«, »Der Geist von 1914 ist noch lebendig, nur die Stimmung ist eine andere!« u.s.w. Anschließend Parademarsch. Unsere Kompagnie zog allein im Gleichschritt an den »hohen Herren« vorbei, was nicht geringes Aufsehen erregte. Ihr alle sollt unsere Volkskompagnie noch gründlich kennen lernen!

25. Morgens 9 Uhr Abtransport von Marburg. Die Studentenkompagnien kommen mit Musik, blumen- und bändergeschmückt zur Bahn. Die reinste Faßpartie! »Der Geist, der Euch beseelt . . .!« Große Abschiedsszenen. Aus unserem Wagen weht eine lange schwarz-rot-goldene Fahne. – Fahrt über Treysa, Mansfeld, Bebra, Eisenach nach Gotha. Dort ist alles ruhig. Die Gerüchte und Zeitungsnachrichten sind unglaublich übertrieben. Die Schießereien sind nur wegen der zweifelhaften Haltung der Reichswehr entstanden. Unser Transportzug wird unausgeladen nach Eisenach zurückgeführt. In einem Schulgebäude übernachtet. Erste Wache [Anhang 4].

26. Morgens in Bürgerquartiere gelegt. In Eisenach alles ruhig. Oft genug wird uns »Noske« nachgerufen. Abends im Theater, Wedekinds »Erdgeist«. Im letzten Akt holte uns eine Ordonnanz heraus, Alarm. Nachts 2 Uhr Abmarsch nach Ruhla.

27. Morgens um 6 Uhr marschierten wir bei Regenwetter mit Marschsicherung in den Ort ein. Ich war bei der Spitze. Die Einwohner sahen uns mißtrauisch an – nicht ohne Grund, wie wir nachher erfahren sollten. In kurzer Zeit war der ganze, langgestreckte Ort auf allen Seiten umstellt. Niemand wurde hinaus- oder hineingelassen, bis die Waffenabgabe um 10 Uhr morgens erledigt war. – Seit 14 Tagen wird hier schon gestreikt. Im Anschluß an den Kapp-Putsch hatten die Arbeiter die Gewalt an sich genommen; Teile von ihnen waren zur Roten Armee nach Suhl-Ohrdruf gezogen. Erst seit gestern wußte man, daß die alte Regierung nicht gestürzt sei. Da aber die Arbeiterführer des Ortes alle abwesend sind, zögert sich die Aufnahme der Arbeit hinaus. – Die Einwohner sind furchtbar ängstlich u. mißtrauisch gegen uns, weil vor wenigen Tagen im Nachbarort Bad Thal [= Thale/Thüringen] 15 Einwohner vom I. Marburger Studentenbataillon verhaftet und erschossen worden sind. Schreckliche Einzelheiten werden uns erzählt[80].
Wir werden uns der Sache annehmen und Aufklärung schaffen.

– Unsere Volkskompagnie hat sich hier glänzend bewährt. Nachdem die Leute uns erst einmal kennen gelernt hatten, waren sie ganz anders zu uns.
Noske, Noske, was hast Du versäumt! Überall hat das verräterische Verhalten der Reichswehroffiziere den Stein ins Rollen gebracht. Und jetzt müssen Truppen wie die Marburger Studentenkompagnien die Deutsche Republik schützen! Waren Marburger Volkskompagnien nicht schon längst möglich?!
Um 4 Uhr sind wir wieder in Eisenach einmarschiert. E. L[emmer]. war noch in Thal u. bringt erschütternde Nachrichten über die Mordtat mit.

28. (Sonntag) Gehörig ausgeschlafen. Bad Thal beschäftigt uns ununterbrochen.

29. Nachmittags auf der Wartburg. Rundgang. Der Burgvogt führt uns in das Allerheiligste, in die sog. Reformationszimmer. Unermeßliche Kostbarkeiten u. Erinnerungen sind dort angesammelt. – Ich bleibe nachts auf der Wache. Im Mondenschein mit W. Röpke auf dem Turm. Nachts von 1/2 12 bis 1 Uhr Wache und von 1/2 6 bis 7 Uhr. Aus dem Morgengrauen taucht langsam die Stadt auf. Kalt heult der Wind um die Burg. Ich stehe auf der Zugbrücke, das Gewehr unter dem Arm. Landsknecht!

30. Ernst nach Berlin wegen Thal.

31. Wir machen regelrechten Kommißdienst. – Ernst zurück. Abg. Haas[81] hat gestern in der Nat. V. die Bad Thaler Untat zur Sprache gebracht. Hoffentlich erfolgt umgehende Abhilfe.

April 1920

1. Ausführl. Brief aus Essen. Aufruhr u. Bürgerkrieg. Kapp u. reaktionäre Reichswehroffiziere (Lützow, Lichtschlag[82]) haben das Unheil heraufgeführt. – Man munkelt von Abtransport.

2. (Karfreitag) Heute nachmittag geht es nach Marburg zurück. Um 4 Uhr wird das Bataillon verladen. Vor dem Bahnhof wäre es beinahe zu einem ernsthaften Zusammenstoß mit den Studentenkompagnien gekommen, als wir unsere schwarz-rot-goldene Fahne nicht einholen wollten.

3. Ausgekleidet. Zuvor noch einmal Parademarsch. Unsere Kompagnie macht wiederum nicht mit. – Es ist schade, daß unsere

Truppe so schnell wieder verschwindet. Sie konnte in der Tat in vielen Dingen ein Vorbild sein. Das Verhältnis zwischen uns Studenten u. den Arbeitern, zwischen den Offizieren und Untergebenen war in jeder Hinsicht glänzend. Auch militärisch waren wir durchaus gut. Als erste rein republikanische Volkstruppe in Deutschland waren wir ein historisches Ereignis!

Abends nach Eschwege. – Bad Thal beschäftigt die Marburger Gemüter begreiflicherweise sehr. Alle Verdrehungskünste sollen diesmal die Wahrheit nicht aufhalten! Die Marloh[83]- u. Liebknechtprozesse haben uns manches gelehrt.

4. (Ostern) Ostern in Eschwege. Mit einem Schlage ist man jetzt aus allem heraus. Ich komme mir vor wie ein Fisch auf dem Lande. Hier spürt man nichts vom Gang der Zeit. Die Zeitungen berichten aus Deutschland wie aus dem Lande der Chinesen.

6. Hoffentlich kann ich bald fort von hier. Ich warte auf telegraphische Nachricht aus Essen.

Aus der Zeitung ersehe ich, daß Essen heute besetzt werden soll. Plünderungen nehmen überhand. Die Vollzugsräte haben alle Autorität verloren. Die rote Armee löst sich auf und – was unvermeidlich ist – die dunklen Elemente fischen im Trüben!

7. Über Kassel Altenbeken Unna Dortmund mit dem 1. wieder durchgehenden Zuge nachmittags 5 Uhr in Essen. Es hat zu Hause alles gut gegangen. Aufregung, Schrecken genug. Essen ist von Reichswehr besetzt.

8. Die rote Herrschaft, überall als Gegenwirkung gegen den Kapp-Putsch entstanden u. nur durch ihn von solchem begeistertem Elan getragen u. nur durch ihn in Mißverständnissen und Erschütterungen begünstigt, ist zusammengebrochen. Die Kappisten behaupten, auch ohne die Berliner Vorgänge wäre es zu alle dem gekommen. Das mag an sich richtig sein. Aber nie und nimmer hätte die Bewegung solchen Umfang angenommen. Die drohende Reaktion hatte die Massen radikalisiert u. fanatisiert; sie hatte das Proletariat zusammengeschlossen u. der Bewegung zu einem solchen Umfang verholfen. Die zweifellos erschütterte Stellung der Regierung, die Anfangsschwierigkeiten des neuen Kabinetts, die zahllosen Mißverständnisse aus dem Durcheinander der 2 Regierungen – alles das waren Momente, die der roten Bewegung nur von großem Vorteil sein konnten. Die rote Bewegung ist in sich selbst zusammengebrochen. Der Mangel an

Lebens- und Geldmitteln, die trotz aller Größe des Geleisteten doch unleugbaren Mängel der Organisation verurteilten das Unternehmen zum Scheitern. Die Massen entglitten den Händen der Führer. Vergeblich versuchten in den letzten Tagen immer kleinere, aber umso radikalere Gruppen die Bewegung noch einmal emporzureißen und zum Siege zu führen. In Plünderung u. Erpressung löste sich alles auf. Die idealeren Teile des Proletariats mußten sich zuletzt selbst mit Waffengewalt den Geistern, die die Revolution gebar, entgegenstellen. In vielen Städten war der Tumult derartig, daß selbst die Unabhängigen nicht umhin konnten, das schleunige Eingreifen der verhaßten u. verlästerten »Noskiten« zu fordern. Diese kamen auch. Teilweise nach schweren Kämpfen nahmen sie in kürzester Zeit Besitz vom ganzen Ruhrgebiet. Freudig begrüßt von den Einwohnern. Was lernen wir nun aus diesen Vorgängen? Zunächst einmal, daß zukünftig ein Anlaß zu solchen Bewegungen, wie ihn diese im Kapp-Putsch u. dem Verhalten verschiedener Reichswehrtruppen gefunden hat, nicht mehr gegeben werden darf. Strengste Bestrafung der Kappisten, gründliche Umgestaltung der Reichswehr! Sodann aber müssen wir noch tiefer gehen. Die in der Tiefe der Arbeitermassen lebenden Forderungen u. Ideale müssen noch ganz anders als bisher beachtet u. so weit wie eben möglich erfüllt werden. Demokratisierung der Verwaltungen; Sozialismus! Mit den Gedanken der Revolution muß jetzt ernst gemacht werden.

14. Ich arbeite täglich, indem ich Juristerei wiederhole. Ich habe mich nun entschlossen, zunächst auf den Dr. rer. pol. loszusteuern. Denn mit dem Referendar allein kann ich doch nichts anfangen, ich müßte dann schon auf den Assessor weiterarbeiten.

18. (Sonntag) Was ist der Sinn der neuen Zeit? Haben wir ihn schon richtig erfaßt? Ich sehe den Kern des Ganzen darin, daß wir den Übergang zu einem einschichtigen Kulturvolk finden müssen. Zum ersten Male in der Geschichte soll diese – höhere? – menschliche Lebensform erstehen. Ich glaube daran, daß diese Lebensform einen Fortschritt bedeuten wird. – Das alles ist mehr gefühlt als erkannt, und es gilt, Unterlagen zu finden, um diese Auffassung zu stützen.

20. Traurige Jugend, die nur rückschrittlich oppositionell sein kann! Deutschnational! Die Jugend muß an Neues, Zukünftiges glauben.

21. Einem Künstler ins Stammbuch: »Herrliche Gaben schenkte Dir die Natur. Freue Dich dessen und erfreue auch uns damit!«

Mai 1920

1. Die Arbeiterschaft feiert den 1. Mai. Warum hat die Nationalversammlung es abgelehnt, diesen Tag zum Feiertag der Republik zu machen? Freilich haben wir genug Feiertage, aber solch einer fehlt und ist wichtiger als viele andere. Was kümmert sich die Arbeiterschaft viel um die kirchl. Festtage? Es ist bezeichnend, daß die Belegschaft einer Zeche beschlossen hat, heute zu feiern und dafür am Himmelfahrtstage den Förderausfall wieder einzuholen!
In den Straßen finden große Umzüge statt mit Musik und roten Fahnen. »Dem Karl Liebknecht haben wirs geschworen, der Rosa Luxemburg reichen wir die Hand!« wird gesungen. Der Mai hält seinen Einzug. Frühling! Aber wo ist der Frühling in der Großstadt? Auf staubigen, lärmenden Straßen zwischen steilen Häuserwänden? Auf engen Höfen oder vor den Fenstern dumpfer Mansarden? Eine grüne Insel zwischen verkehrsreichen Straßen, der Himmel von Rauch überzogen und in den wenigen Blüten Flocken von Ruß u. Staub – das ist kein Frühling! Kein Frieden, keine Einsamkeit, keine Sonne am blauen Himmel, kein plätscherndes Wasser, kein saftiges, lebendiges Grün! – nur Lärm und Unruhe, Schmutz u. graues Pflaster. Da ist kein Frühling! Und die Menschen, die da wohnen müssen, haben keinen Frühling im Herzen. Die häßliche Großstadt nahm ihnen den Glauben an eine schöne Natur. Aber sollen sie ewig eingekerkert sein zwischen Häusern, Fabriken u. Zechen? Sie rütteln an ihren Fesseln. Werden sie sie abschütteln mit Gewalt? Der Mensch will kein Tier sein! –
Richters, Thomas u. Rockau's zum Abendessen bei uns.
2. (Sonntag) Morgen geht's nach München zum Sommersemester! – Vor lauter Packen komme ich gar nicht zum Einpacken.
3. Nachmittags mit Frau Hofmann u. Kindern über Hagen nach Eisenach. Dort übernachtet. In den Eisenacher Zeitungen springen mir gleich Nachrichten über das »Drama von Mechterstädt« in die Augen. Der Staatsanwalt hat gegen die studentischen

Zeitfreiwilligen Anklage auf unberechtigten Waffengebrauch in Verbindung mit Totschlag erhoben. Die Unabhängigen treiben mit dem traurigen Ereignis eine gewaltige Agitation. Was haben diese verbohrten Studenten erreicht? Sich selbst und uns alle haben sie unglücklich gemacht. Haß u. Erbitterung sind die Folgen.

4. Über Koburg Lichtenfels weiter nach München. Nachts im Wartesaal geblieben.

5. München! Herrliche Stadt! Paläste u. Plätze, Museen u. Anlagen wechseln einander ab. Hier hat der Reichtum vergangener Tage die Kunst großzügig auf die Straße hinaus getragen. Theater, Kunsthandlungen, Ausstellungen wollen uns vom Schönsten des menschl. Geistes und der kunstfertigen Hände mitgeben. Dazu die herrliche Umgebung. – Hier kann das Leben schön sein. Sorglos muß hier der Mensch sein und Geld haben!

6. Der Wahlkampf ist schon tüchtig im Gange. Er wird eine Schlacht werden zwischen den Demokraten u. der Deutschen Volkspartei u. zwischen den Mehrheitssozialisten u. Unabhängigen. Ein Kampf der Opposition von rechts u. links gegen die Koalition. Fast in allen Parteien kriselt es etwas. Im Zentrum wollen Bauern-, Bürger- u. Arbeiterkreise sich scheiden, bei den Deutschnationalen veranlaßt der scharfe Rechtskurs mehrere Abgeordnete zum Austritt; die Mehrheitssozialisten suchen nach einer Wahlparole für die Massen; und bei uns sind die verschiedenen liberalen Strömungen innerhalb der Partei auch etwas aus dem Gleichgewicht gekommen. Die Deutsche Volkspartei u. die Unabhängigen werden unzweifelhaft Mandate gewinnen. Zu alle dem versuchen auch noch allerlei neue Parteien Leben u. Gestalt zu gewinnen: Großdeutsche Freiheitspartei[84]; Nationalsozialistische Arbeiterpartei[85] u. ä.; meist mit antisemitischem Einschlag.
Zum Kaffee bei Frau Dr. Conrads[86].

7. Nachmittags Armeemuseum. Abends Schauspielhaus: Shakespeares »Der Widerspenstigen Zähmung«. Heitere Ausgelassenheit, der Schluß etwas aufdringlich.

8. Morgens im Maximilianeum. Eine Weltgeschichte in Bildern. »Mohammeds Einzug in Mekka« besonders eindrucksvoll. Sieghaft setzt sich das Neue durch! Von den Büsten besonders Cicero: nur so kann er ausgesehen haben. –

Wegen meiner verschiedenen Anmeldungen usw. habe ich schier endlose Laufereien. Als Preuße wird man hier fast wie ein Ausländer behandelt.

9. (Sonntag) Morgens in der Alten Pinakothek. Wundervolle Schätze. Die Rubenssäle! Christus am Kreuz: Christus ist tot, und doch ist er Licht. Die Welt aber, die ihn richtete, ist dunkle Nacht. –

Wenn das Wort Napoleon's I., daß im Kampf zwischen der Gewalt und der Idee letztere auf die Dauer stets siegreich bleiben wird, richtig ist, dann kann der Ausgang aller innerpolitischen Kämpfe unserer Tage nicht zweifelhaft sein. Die Kraft der Idee ist heute bei der Arbeiterschaft. Daraus schöpft sie ihren zähen Willen, ihren Opfermut und die Stärke ihrer Organisationen. Mag der Gedanke des Marxismus falsch oder richtig sein, mögen große Teile der Arbeiterschaft dem Marxismus überhaupt fern stehen – ein Wille beseelt sie doch alle: das ist die Aufhebung des arbeitslosen Einkommens, der Ausbeutung u. des Klassenstaates. Die Idee u. das Ideal des klassenlosen Kulturstaates lebt in ihnen allen. Sozialismus in seiner reinsten Auffassung! Der Kern- u. Ausgangspunkt dieser Ideenrichtung ist ein allgemeiner Universalismus. Fichte u. Hegel sind Anknüpfungspunkte des Sozialismus. Der Staat ist kein bloßes Nützlichkeitsprodukt, sondern er soll die Solidarität seiner Mitglieder verwirklichen. Mächtig ist der Kampf um dieses Ideal heute entbrannt. Klar u. deutlich stehen sich die beiden Fronten gegenüber. Wer weiß, wie bald die ausgleichende Mitte zwischen ihnen auseinanderfallen kann? Ein doppeltes Verhängnis, daß gerade in der größten Ungunst der Zeitumstände nach dem verhängnisvollen Ausgang des Krieges dieser Kampf, der uns bereits oft genug vollends ins Verderben zu stürzen gedroht hat, ausgefochten werden muß. Die Arbeiterschaft läßt nicht locker. Sozialismus muß sein, oder wir werden gar nicht sein! so ist ihre Parole.

Hat dem gegenüber das Bürgertum nicht auch Ideen? Ideen vielleicht, aber keine Idee! Kein seine Gesamtheit umschließendes geistiges Band, deshalb auch keinen gemeinsamen Willen. Selbst der Wille der bloßen Verteidigung des Bestehenden ist sich nicht gleich im Umfang des zu Verteidigenden.

Das Bürgertum fußt auf dem Individualismus. Das war seine Stärke und ist seine Schwäche. Einst konnte es damit alte Gegebenheiten überwinden und eine großartige wirtschaftliche Entwicklung heraufführen. Heute ist der einst gemeinsame Wille zum Individualismus, zum Liberalismus zur Individualität und zur Liberalität geworden. Das anfänglich solidarische Streben nach allgemeiner Freiheit hat im Endergebnis zur Auflösung der Solidarität seiner Träger geführt. Der wirtschaftliche Egoismus, das Gewinnstreben, hat jeden Gemeinschaftsgeist vernichtet u. alle Ideale ausgelöscht. Ein Individualismus ohne Korrektiv wurde zur Selbstauflösung. Heute ist das Bürgertum in zahllose . . .ismen gespalten. Nur eine gemeinsame Idee gibt einen gemeinsamen Willen. Beides fehlt dem Bürgertum. Es hat nur noch einen »Masseninstinkt«, den nach »Ruhe u. Ordnung« d. h. der Abwehr gewaltsamer Angriffe. Doch wie groß ist selbst hier die Zerfahrenheit und Unentschlossenheit! Einzig die akademische Jugend hat hier genügend Opferwilligkeit. Denn sie kennt noch eine Hingabe an die Sache, sie ist noch nicht restlos atomisiert. Hierin gleicht die akademische Jugend einem besonderen Teil des Bürgertums: dem Adel, dem Junkertum. Diese Klasse oder Kaste hat sich bei allem Individualismus stets den Dienst an einer Sache, dem Überkommenen, der Monarchie u. dem Staate, zur Aufgabe gesetzt. Das ist ein schönes Korrektiv des Herrenideals! Darin liegt ihre Stärke. Darin liegt ferner der bis heute nachwirkende Gegensatz dieser Kreise zum liberalen Bürgertum. Schließlich liegt auch darin ein Zug von Wesensverwandtheit mit der Idee des Sozialismus. – Nicht unerwähnt bleiben darf schließlich auch derjenige Teil unseres Volkes, der in der katholischen Kirche ein starkes, einigendes Band findet. Allerdings scheint dieses Band heute die sozialen Gegensätze nicht mehr restlos zu überbrücken.

Das Bürgertum versprach sich u. uns allen vom Liberalismus die soziale Harmonie. Das war ein Irrtum. Eine als Ausweg gedachte Sozialpolitik führte nicht aus der Sackgasse. Die lange verkannte, mißachtete u. mit kleinlichen Mitteln unterdrückte Arbeiterbewegung weist heute ein neues Ziel: den Sozialismus! Aber der wahre Sozialismus kann nur ein vom Klassenkampf geläuterter sein. Die Idee des Zurück zur Gemeinschaft wird siegreich bleiben. Keine Gewalt kann sie hindern. Wir müssen u. werden wieder ein einheitliches deutsches Volk werden!

10. Nachmittags Immatrikulation. Überflüssige Sache; wenn man

zum ersten Mal zur Universität kommt, vielleicht ganz schön. Abends demokrat. Versammlung. Bay. Handelsminister Hamm[87] sprach. Die Diskussion wurde gut geführt. – Starke Betonung des nationalen Gedankens; des Föderalismus oder vielleicht richtiger Dezentralismus; sowie Betonung des bürgerl. Standpunktes (Mittelstand).

11. Beginn der Vorlesungen. Ich höre bei Brentano[88] Wirtschaftsgeschichte. Max Weber![89].

Abends demokrat. Versammlung. Reichsminister a. D. Schiffer[90] spricht. – Der Wähler sollte nicht so sehr fragen: »Was ist geschehen, was habt ihr geleistet?« sondern vielmehr: »Was wäre geschehen, wenn ihr diese Lösung nicht gefunden hättet?« Denn Politik ist Kunst des Möglichen!

12. Versammlung der Deutschen Volkspartei. Frau Clara Mende, M.d.N. [= Mitglied der Nationalversammlung] sprach. Sie ist eine feine, zielbewußte, das neue Deutschland etwas sehr von oben herab ironisch kritisierende Dame. Auch sie sah ihre Hauptaufgabe darin, einzig u. allein die Demokraten zu Sündenböcken zu machen.

Glaubt die Deutsche Volkspartei wirklich, daß diese Art des Wahlkampfes zu ihrem u. unser aller Vorteil sein wird? Welche Regierungsbildung denkt sie sich eigentlich nach den Wahlen?

13. (Himmelfahrt) Ausflug. Von Grünwald über Zell zum Bismarckturm am Starnbergersee. Wundervoller Blick über den umwaldeten See und die schneebedeckte Bergkette der Alpen. Von Leoni zu Schiff nach Starnberg.

14. Deutschnationale Studentenversammlung. Protest gegen Haenisch in Sachen des neuen Studentenrechtes, das mir auch in einigen Punkten nicht demokratisch erscheint. Anschließend Wahlrede des Kandidaten Referendar Hemmeter. Ein gewandter, phrasenreicher Kraftmeier; besondere Leistungen darf man, glaube ich, nicht von ihm erwarten. Unter den mehreren hundert Studenten vielleicht 10, die sich als Demokraten bemerkbar machten. Traurig.

15. Mit Conrads zum Franziskaner über der Klause.

16. (Sonntag) Mit der Bahn bis Uffing, um für Mutter eine Sommerfrische zu suchen. Strenge Abwehrmaßnahmen gegen den Fremdenstrom. Zu Fuß am Staffelsee entlang über Seehausen nach Murnau.

18. Die Wahlergebnisse von Braunschweig u. Danzig geben einen üblen Vorgeschmack für den Ausgang der Reichstagswahlen am 6. Juni! Die Unabhängigen u. die Rechtsparteien sind riesig angewachsen u. fast gleich stark. Eine regierungsfähige Mitte fehlt. Wenn es im Reiche auch so wird, dann werden die Demokraten das Zünglein an der Wage spielen! – Der Riß im Zentrum scheint unheilbar zu sein, es werden sich wohl 2 Christl. Volksparteien gegenüberstehen. Eine ganz verwerfliche Wahlagitation treiben die Sozialdemokraten. Sie reden den Massen etwas vor von einer absoluten Mehrheit, die ihnen der 6. Juni bringen wird; sie schimpfen gegen Demokraten u. Zentrum, die bisher mit ihnen zusammengegangen sind, alle alten Phrasen u. Schlagwörter sind wieder ausgepackt, – man will sich in möglichst wenigen Dingen von den Unabhängigen unterscheiden. Man findet nicht den Mut, den Massen zu sagen, was wirklich ist. Auch ein Byzantinismus! Wann wird man sich endlich aufrappeln u. sich von der Vergangenheit lossagen?

Demokrat. Versammlung. Dr. Gerlich u. Prof. Lent[91]. – Der ganze Wahlkampf scheint sich nur um die Demokraten zu drehen; sie sollen an allem Schuld sein. Vom Zentrum hört man kein Wort, von den Sozialdemokraten nur wenige. – Unser politisches Leben krankt an einer bodenlosen Zerrissenheit. Hier will man Kommunismus u. Diktatur, dort Diktatur u. Sozialismus, dort Sozialismus u. Demokratie, dort Demokratie u. freie Wirtschaft, dort freie Wirtschaft u. Chauvinismus, dort Chauvinismus u. Herrenprinzip. Dabei ist zwischen dem Sozialismus wie ihn die Unabhängigen u. M.S.P. auffassen, ein großer Unterschied, ebenso zwischen der Demokratie der M.S.P. u. D.D.P.; ebenso zwischen der freien Wirtschaft der D.D.P. u. den Rechtsparteien.

Eine große Partei, das Zentrum, betrachtet alles unter dem Gesichtspunkt des Christentums (was jetzt freilich nicht länger zu halten scheint). Eine Unsumme von anderen, bedeutenden oder geringeren Gegensätzen aller Art kommt noch hinzu, um sich in manchmal eigenartiger Weise auf die Parteien zu verteilen: Trennung von Staat u. Kirche, weltliche Schule, Bodenreform, Frieden mit Sowjet Rußland, Antisemitismus, Dreigliederung des sozialen Organismus, Wirtschaftsparlament, Monarchie-Republik-Rätestaat, Völkerbund u. Pazifismus, Föderalismus – Zentralismus, Aufteilung Preußens u. was sonst noch alles an Meinungsverschiedenheiten auftaucht. Es braucht gar kein erfinderischer Kopf zu sein, der aus diesen Dingen eine neue Mischung herstellt und als Allheilmittel anpreist. In der Tat erleben wir ja derartiges: die hier in München entstandene National-sozialistische Arbeiterpartei hat ein neues Ei des Columbus entdeckt.

19\. Versammlung der »National-Sozialistischen Deutschen Arbeiter-Partei«. Viel Trauriges und etwas Schönes. Ein nahezu uferloser Antisemitismus. An allem u. jedem sind nur die Juden schuld. Rathenaus Wirtschaftsplan, die Friedensresolution des Reichstages stammen aus einer jüdischen Großloge zu Paris. Marx hat die Arbeiterbewegung nur deshalb entfesselt, um die jüdische Weltherrschaft des Börsenkapitals zu bringen. Die Arbeiterbewegung ist nur ein Vortrupp der Juden. Rußland u.D. sind in den Krieg getrieben worden, um dort den antisemitischen Zarismus u. hier das Industrie- zu Gunsten des Börsenkapitals zu stürzen. – Solche Dinge nimmt eine Versammlung gläubig u. beifallfreudig hin!! Von volkswirtschaftlichen Falschheiten will ich ganz absehen. – Das einzig Schöne ist ein scharfer Kampf gegen übertriebenen Internationalismus, gegen den Versailler Frieden.

Die Partei wird an der inneren Inkonsequenz ihres Programmes u. der unglaublich einseitigen u. darum den Dingen nicht gerechtwerdenden Einstellung scheitern. Das ganze Unternehmen kommt mir vor wie das Verhalten eines schmerzgeplagten Kranken, der in stets neuen Lagen versucht, seiner Schmerzen Herr zu werden. Ein trauriges Bild der Geistesverfassung u. politischen Unbildung unseres Volkes!

20\. Im Löwenbräukeller Versammlung der U.S.P.-Klassenkampfhetze, Phrasen vom Himmel auf Erden u. den Wundern des Sozialismus. Keine Wahrheit u. Wirklichkeit. In der Diskussion sprach kein Mehrheitssozialist, recht bezeichnend! Dagegen richteten die Kommunisten maßlose Angriffe gegen die Unabhängigen. Alles, was diese der M.S.P. vorwirft, bekam sie von den Kommunisten selbst wieder zu hören. »Verräter am Proletariat«. »Kampf der Gewalt muß die Losung sein!« – Ich glaube, daß dieser Gegensatz zwischen U.S.P. u. K.P.D. mehr in den Köpfen der Führer als in denen der Arbeiter besteht. Wenn es darauf ankommt, sind auch alle Unabhängigen Kommunisten! – Ein Vorwurf der Kommunisten gegen die U.S.P. ist bemerkenswert: sie kämpfe nicht gegen den Friedensvertrag von Versailles, gegen dieses kapitalistisch-imperialistische Werk.

21. Senator Dr. Petersen[92], der Vorsitzende der DDP im Reiche, sprach heute abend im Löwenbräukeller. In geradezu packenden Worten schilderte er den furchtbaren Ernst unserer Lage. Russischer Weg der Gewalt oder deutscher Weg des gleichen Rechtes! Die Extreme wachsen u. die ausgleichende Mitte schwindet, Chaos u. Bürgerkrieg sind das Ende. Einkehr u. Umkehr, Front gegen alle Störer des Friedens u. der Ordnung. Nicht Kampf gegen den Block der Mitte, Kampf den Extremen! Die M.S.P. und die Deutsche Volkspartei kämpfen mit falschen Fronten. Sozialisierung ist ein Phantom, sagt Euch los davon. Die Einzelpersönlichkeit muß bleiben, denn die Schwachen können nur leben, wenn die Starken sich voll auswirken. Die Monarchie ist heute ein ebenso großes Phantom. Der Weg der engl. Entwicklung ist gerade von den Monarchisten vereitelt worden; heute ist es zu spät. – Macht Euch los von der Vergangenheit! Vorwärts den Blick!

22. Schauspielhaus: Dumas »Die Kameliendame« mit Hermine Körner als Marguerite Gauthier. Wunderbares Spiel, packend. – »Weil ich kürzer lebe als die anderen, muß ich schneller leben«. Es sollte ein Leben werden lediglich um des Lebens selbst willen; Taumel, sich selbst überschlagend. Aber das Leben läßt sich nicht nur um seiner selbst willen leben. Dafür ist es viel zu hoch. Und als Marguerite nach einer Enttäuschung ihrer ersten aufrichtigen Liebe scheinbar gelassen ausruft – ausrufen will – »Ein schöner Traum – schade!« da fühlt sie, daß Liebe mehr ist als Leben. Wahres Leben packt das Innere des Menschen, und kühle Gelassenheit wird bald zur schlecht gespielten Maske. Das Leben, das ihr nichts zu sein schien als ein Feld betäubender Vergnügungen, wird ihr zum höchsten Gut um der Liebe willen. »Es gibt Augenblicke, in denen ich ganz vergesse, was ich früher gewesen bin.« Verweile doch, du bist so schön! Jetzt aber bricht die ganze Tragik durch: jetzt, wo ihr Leben zu Liebe u. Glück geworden ist, wo es einen Inhalt fand, da greift das unerbittliche Schicksal hinein. Stück um Stück reißt das Schicksal sie aus dem Glück heraus und als sie aus dem Leben scheidet, da verläßt sie

mehr als eine Welt des Flirtes, der Bälle und Gesellschaften – da verläßt sie ringend u. verklärt eine Welt der Liebe.

23. (Pfingstsonntag) Kammerspiele: Taifun von M. Lengyel. Japanische Pflichterfüllung am Vaterland siegt über das selbst sich auflösende Europa. Freilich geht das Individuum darüber zu Grunde. Seelenqual eines Mörders, Drang nach Sühne.

24. Morgens Neue Pinakothek, nachmittags in Nymphenburg, abends Residenztheater, Auernheimer Die große Leidenschaft. Ein seichtes Ehe-Eifersuchts-Verlobungslustspiel.

25. Wollte abends Ledebour[93] in einer U.S.P.Versammlung reden hören, konnte aber wegen Überfüllung nicht mehr hinein. In einer Nebenversammlung redete Unterleitner[94] einige Worte. – Radikalismus hebt keine Welt aus den Angeln, er vernichte sie denn!

Ganz zufällig sah ich auf der letzten Seite des heute nach 4wöchigem Verbot zum ersten Mal wieder erscheinenden »Kampf« (U.S.P.) unter der Unterschrift »Die Marburger Studenten- u. Mörderkompagnie« eine große Erklärung. Unter den neun Unterzeichnern fand ich auch meinen Namen. Ich wußte wohl, daß solch eine Erklärung in der Hess. Landesztg. gestanden hatte, las sie aber heute zum ersten Mal. Sie ist einen Tag nach meiner Abreise von Marburg von Ernst, Henning u. Knoeckel verfaßt worden, um den Beschimpfungen, denen man uns aussetzte, entgegenzutreten. Ich kann es aber nicht für richtig halten, diese Erklärung nun in alle möglichen radikalen Blätter hineinzubringen. Das verhetzt nur noch mehr. – Die Erbitterung unter den Arbeitern gegen die Studenten ist, wie ich gestern bemerken konnte, auch hier ungeheuer. Sie sehen in ihnen nur Menschen, die jederzeit bereit sind, gegen die Proletarier zu kämpfen.

27. Demokrat. Versammlung. Unterstaatssekretär Geh. Rat. Prof. Dr. Troeltsch[95] sprach ganz hervorragend. Gehaltreiche Worte.

28. Eine kümmerliche Versammlung der Deutschen Volkspartei. 80 Besucher. Die Referentin machte aus lauter kleinen Zeitungsanzeigen, Anekdoten u.s.w. einen richtigen Kaffeeklatsch gegen die Demokraten u. nur gegen sie. In der Diskussion wurde sie arg zerpflückt von Dr. Dirr u. Dr. Gerlich. Ich meinerseits konnte es nicht unterlassen, der Deutschen Volkspartei ihre Haltung zu Kapp unter die Nase zu reiben.

29. Nachmittags demokrat. Studentenversammlung. Prof. Heisen-

berg[96]. Minister Hamm. Letzterer sprach packend u. eindrucksvoll; die antisemitische Opposition mit ihren lächerlichen Zwischenrufen u. Diskussionsrednern wurde gehörig u. erfolgreich hochgenommen. Traurig, daß ein sehr großer Teil unserer Studentenschaft, die einst »Führer des Volkes« sein will, glaubt, mit einem Allheilmittel unsere unendliche Not abstellen zu können. Die Welt ist nicht so einfach, als daß sie von einem einzigen Winkel erfaßt u. begriffen werden könnte. Je mehr man in sie hineinsteigt, um so problematischer u. verwickelter erscheint sie. Abends hörte ich Reichskanzler Müller[97] in einer 10 000köpfigen Versammlung reden. Er wandte sich scharf gegen die äußerste Rechte und forderte besonders im Hinblick auf die Konferenz von Spa[98] ein wahrhaft demokratisches Deutschland. In der Diskussion sprachen unter andren Frau Abg. Pfülf u. Auer[99]. Letzterer machte auf mich einen vorzüglichen Eindruck. – Es wird die historische Aufgabe der heutigen Sozialdemokratie sein, die Arbeiterschaft auf den Boden der Demokratie zurückzuführen u. festzuhalten u. dann langsam darüber hinaus aus der alten sozialistischen Schlagwortpolitik u. der Sozialisierungsphantome herauszuführen. Ich glaube, daß Männer wie Auer das klar erkannt haben. Aber es wird hiezu vor allem nötig sein, die Sozialdemokraten bei der Verantwortung zu halten, sie nicht, wie leider hier in Bayern, aus der Regierung auszuschließen.

30\. (Sonntag) Abends sprach in einer Deutschnationalen Versammlung Staatsminister a.D. Hergt[100]. Eine sehr gute Rede. Das Unlogische u. Verhängnisvolle sehe ich darin, daß er Einigung, Versöhnung, Neuaufstieg statt in der Mitte auf dem Programm einer extremen Rechten fordert.

Juni 1920

1\. (Dienstag) Nach dem Abendessen bei Dr. Conrads.

2\. Mutter u. Heidi[101] kommen abends in München an.

3\. (Fronleichnam) Mit Mutter u. Heidi nachmittags nach Murnau; abends zurück.

4\. Der Wahlkampf ist nun auf dem Höhepunkt. Etwas Ideales ist es nicht! – Ich glaube, daß selten ein Wahlkampf so heftig, gehässig, leidenschaftlich, unfein gegen eine einzelne Partei geführt worden ist, wie dieser gegen die Demokraten. – Die Deutsche Volkspartei hat zu heute abend eine Versammlung einberufen mit dem Thema: »Die Demokraten – die Feinde des Bürgertums!« Man soll es eigentlich gar nicht glauben! Die Zahl der sozialistischen Stimmen wird diese Leute vielleicht darüber aufklären, wo Feinde des »Bürgertums« stehen.

5. Nach Murnau!

6. (Sonntag) Wahltag. – Die Würfel rollen! Es geht um Deutschlands Schicksal. Aufstieg oder Niedergang? Versöhnung oder Klassenhaß, Interessenkampf, Bürgerkrieg? Gleiches Recht oder Gewaltherrschaft? Individualismus oder Sozialismus? Verständigung oder Rachegeist? Glaube oder Unglaube? – 3 Wochen lang haben Reden, Plakate, Zettel, Flugblätter, Zeitungen ein Trommelfeuer über die Wähler ergehen lassen. Von Tag zu Tag wurde der Kampf heftiger, leidenschaftlicher, unfeiner. Es war ein Zerren u. Reißen um jeden einzelnen Wähler u. seine Stimme. Über Nacht haben unsichtbare Hände noch einmal alle Wände u. Säulen mit Aufrufen, Mahnungen u. Warnungen, mit Bildern u. Karikaturen bedeckt. Die letzten Reserven sind in den Kampf geworfen. Sieg oder Niederlage – beides ist nun gleich unabwendbar. – In den Wahllokalen ist ein lebhaftes Kommen u. Gehen. Menschengruppen stehen auf den Straßen. Man spricht über Vergangenes u. Zukünftiges. Es ist, als wäre man einen Tag lang auf einem toten Punkt der Zeitgeschichte angelangt. Von einem gemeinsam durchlebten, durchkämpften, umstrittenen Gestern geht es hinüber in ein von vielerlei Wünschen u. Hoffnungen erfülltes Morgen. Rückblick u. Ausschau begegnen sich. Vergangenheit u. Zukunft scheiden sich. Man fühlt die Bedeutung des Tages. Und doch ist alles so unendlich prosaisch, alltäglich, geschäftsmäßig. Es ist, als hätten Niedertracht u. Verleumdung den Sieg davon getragen über Wahrheit u. Gerechtigkeit. Es ist, als hätten Parteikläffer 3. u. 4. Ranges die großen Männer der Zeit u. ihre Ideen übertönt, überschrien. Es ist keine Begeisterung, kein Idealismus da. Nur Zerklüftung, Haß u. Streit. Da wird Politik zum Geschäft.

Die Würfel rollen. Unablässig wächst die Zahl der Stimmzettel; Stunde um Stunde treten 2 000 000 Wähler im deutschen Vaterland an die Urne. Abrechnung. Die Regierungsparteien werden die Zeche bezahlen. Rechts u. Links stehen lachend die Gewinner. Wie lange sie wohl lachen werden? Nicht in diesem Wahlgang wird über die Demokratie endgültig entschieden werden! –

10. Das Chaos ist da! Das deutsche Volk hat ein Parlament, aber keine Mehrheit u. keine Regierung gewählt. 80 Unabhängige, 126 Rechtsparteiler. Die Extreme sind gewachsen, die Mitte verschwunden. Die Sieger rechts und links triumphieren. Den Unabhängigen ist der Wahlausgang ein Schritt vorwärts. Die Gegensätze verschärfen sich; Klassenkampf! Sie denken nicht im entferntesten daran, in die Regierung einzutreten. Sie haben ja einstweilen nichts Positives zu erreichen; nur Niederreißen. Das Gefühl des »Nichts zu verlieren u. alles zu gewinnen« ist der Schlüssel zu ihrem Verhalten. Ihre Lage verbessert sich nur, wenn sie in der Opposition bleiben. – Und auf der anderen Seite? Man schwelgt im Rausch des Sieges über die Demokraten u. hat doch zugleich einen gelinden Katzenjammer über das, was man angerichtet hat! Keine Regierung! Wachsender Radikalismus der Arbeiterschaft! Es gibt Leute, die all das vorhersagten, warnten, beschwörten. Aber »Die Demokraten – die Feinde des Bürgertums!« Einstweilen ist man am Ende des Lateins. Nur schade, daß man nicht auch einfach warten kann, in der Opposition bleibt – man hat etwas zu verlieren, oder gar viel! Deshalb muß man etwas unternehmen, muß Hand anlegen. Nun gut, seht einmal zu, ihr Stresemänner![102]

11. Eine Weltanschauung erringt man nicht einmal, sondern immer wieder muß man sie gewinnen u. festigen. Nur dem Alter ziemt eine abgeklärte Festigkeit des Weltbildes.

12. Die Unabhängigen lehnen einen Eintritt in die Regierung ab. Sie gehen nur in eine rein sozialistische Regierung. Klassenkampf ist u. bleibt ihre Parole.

13. (Sonntag) Mutter u. Heidi seit Montag hier. Heute morgen mit Großmama nach Oberstdorf. – Abends Residenztheater. Shakespeare »Viel Lärm um nichts«. Die expressionistische Bühnenausstattung gefiel mir gar nicht.

14. Herr Dr. Heinze[103] von der D.V.P. hat nun ebenfalls seine Künste vergeblich versucht. Die M.S.P. geht mit ihm in keine Regierung. Wie wollte sie auch mit einer Partei, die vor wenigen Wochen beim Kapp-Putsch dabei war, zu gedeihlicher Arbeit kommen!?! Das Fiasko der D.V.P. ist kläglich. Einen Pyrrussieg hat sie errungen. Mit ihren 61 Mandaten kann sie nichts anfan-

gen. Der politische Stinneskonzern ist eine vergebliche Spekulation gewesen. Und in der Tat, man hat schon Liquidationsgedanken! Die Köln. Ztg. macht in einem »Sammlung« überschriebenen Artikel den Demokraten das Angebot, eine gemeinsame Partei zu eröffnen! Anerkennung der Republik (im Parteiprogramm ist man monarchisch!), der Weimarer Verfassung (man stimmte dagegen) u. des Friedensvertrages! man glaubt es kaum. Über den Namen der Partei würde man sich schon einig werden; so weit ist man schon in Gedanken. Vor dem 6. Juni führte man den niederträchtigsten Kampf gegen die Demokraten, hieß uns Feinde des Bürgertums – und heute klopft man freundlich an unsere Türe! Nichts wandelt so schnell um wie die Verantwortung! Nachdem man den Wahlkampf mit falscher Front gekämpft hat – Wahlbündnis u. vielfache Listengemeinschaften mit den Deutschnationalen – muß man heute die agitatorische Phase abstreifen u. den Demokraten recht geben. Nachdem man sich scheinbar zu dem Standpunkt durchgerungen hat, daß es verhängnisvoll wäre, die M.S.P. in die Opposition zu treiben – vor den Wahlen dachte man anders, Kahl[104] in Nürnberg – und es von vorneherein feststand, daß die M.S.P. keine Regierungsgemeinschaft mit der D.V.P. eingeht, wird man sich auf einmal bewußt, daß man das Selbe will, wie die Demokraten, daß Programmunterschiede kaum mit der Lupe zu finden sind! Also weg mit den Deutschnationalen u. her mit den Demokraten! Wenn der Artikel der Köln. Ztg., wie anzunehmen, den Willen maßgebender Volksparteiler ausdrückt, so kann man ihn nur als einen Akt staatsmännischer Klugheit u. endlich erwachter Einsicht ansprechen. Es wäre in der Tat zu begrüßen, wenn wir endlich eine große demokratische Partei bekommen würden. Traurig genug, daß die Furcht vor der Einigung des Proletariates in der Opposition u. die wachsende Radikalisierung erst kommen mußten, um solche Erwägungen auftreten zu lassen.
Abends Operettentheater: Keusche Susanne.

15. Prof. Max Weber ist zu unser aller Leid verstorben!
Abends demokrat. Jugendgruppe. Auf der Jugend beruht die Hoffnung der demokrat. Partei. Sie wird die Ideale des Gemeinschaftsgedankens pflegen u. zum Siege führen. Fast überall ist heute die demokrat. Jugendbewegung in Opposition zu den alten, vielfach aus liberalem Lager stammenden Parteiführern.

16. Der Artikel der Köln. Ztg. ist Episode geblieben. Es scheint, als ob die Demokraten eher mit den Mehrheitssozialisten gemeinsame Sache machen könnten, als mit rechts.
Abends Versammlung des neugegründeten demokrat. Studenten-Klubs.
17. Beerdigung von Prof. Max Weber.
20. (Sonntag) Residenztheater Dauthendey: Die Spielereien einer Kaiserin.
21. Noch immer keine Regierung. Müller, Heinze, Trimborn[105] haben der Reihe nach ihren Auftrag an Ebert zurückgegeben. Man nennt jetzt Fehrenbach[106]. Das Volk verliert allmählich das Verständnis für die Dauerkrise. Es sieht in ihr nur kleinlichen Parteihader.
In Marburg ist Samstag der Prozeß gegen die studentischen Zeitfreiwilligen zu Ende gegangen. Ergebnis: Freispruch aller 14 Angeklagten. Ich muß sagen, daß mir das nach dem, was ich von der Sache weiß u. insbesondere aus den Zeugenaussagen entnommen habe, nicht verständlich ist. Fluchtversuche haben auch schon in anderen Prozessen eine auffällige Rolle gespielt[107].
24. Ich habe den ganzen Tag im Kunstsaal Steinicke auf einer Bücherauktion gesessen u. einige Kleinigkeiten erstanden. Im allgemeinen werden enorme Preise erzielt. Manche alte Bücher, die ich um 3 M erstanden habe, gehen hier für 50 M weg.
Nach endlosen Schwierigkeiten kommt nun die neue Regierung zurecht. Zentrum, Demokraten u. D. Volkspartei. Die M.S.P. macht leider nicht mit. Scheut sie die Verantwortung für Spa?
26. Nach Oberstdorf. Ins Land, wo Milch u. Honig fließt!
29. Herrliche Gebirgstour. Freibergsee – Schwand – Schlappolt – Fellhorn – Schlappolt – Söllereck – Schrattenswang – Oberstdorf. Die Gratwanderung in 2000 m. Höhe war wundervoll. Weite Blicke über die Alpen u. in die Täler. Teilweise durch Schnee. Von der Sonne verbrannt.
30. Nach München zurück.

Juli 1920

2. Abends im Vortrag von Hans Blüher[108] über die Jugendbewegung. Ich will ehrlich genug sein zu sagen, daß ich mit dem

Vortrag nichts anfangen kann. Viel Behauptungen, keine Beweise. Potenzierte Einseitigkeit. Alles organisch, alles geistig, alles erotisch.

3. Shakespeares Sommernachtstraum in den Kammerspielen. Eine wundervolle Aufführung. Traum und – Wirklichkeit!
Nachtrag: 1. Juli. Abends in der neu gegründeten Naumanngesellschaft. Der heutige Programmartikel der nunmehr rechtsgerichteten Münchener Neuesten Nachrichten erfährt schärfste Kritik u. einmütige Ablehnung. Demokratie soll Geist der Versöhnung bleiben, nicht aber bürgerlich-klassenbewußt werden!

4. (Sonntag) Etwas vom Widersinn der Revolutionen: Der Liberalismus wollte u. brachte Gleichheit vor Recht u. Gesetz. Seine Konsequenz war höchste wirtschaftliche Ungleichheit, weil er vollste Freiheit vom Gemeinwesen brachte. Freiheit u. Gleichheit schlossen sich halt aus! – Der Sozialismus will die ökonomische Gleichheit bringen u. brachte zunächst vollste polit. Freiheit (Rede-, Presse- usw. freiheiten). Ihre radikalste Verwertung ist der Putschismus, polit. Generalstreik, Diktatur des Proletariats. Ist es nicht das Selbe, ob ein wirtschaftlich Übermächtiger die Gesamtheit schädigt oder ein gewalttätiger Revolutionär? – Freiheit und Gleichheit, das heißt die beiden Gegenpole von Individuum und Gesamtheit, müssen miteinander in Einklang stehen.

5. Heute beginnt die Konferenz von Spa[109]. Was wird sie bringen? Das Schicksal Europas ist in ihre Hand gelegt. Siegen Haß u. Rachsucht über Vernunft u. Verstand, dann ist's für immer vorbei u. zu spät. Dann wird das Elend, die Hungersnot u. Arbeitslosigkeit Mitteleuropa zur Raserei treiben u. Sieger u. Besiegte gemeinsam in den Strudel des Bolschewismus u. des neuen europäischen Bürgerkrieges reißen u. verschlingen. Nach den Erfahrungen von Versailles sehen wir Spa mit Skepsis entgegen. Und doch müssen wir Hoffnung haben, weil sonst alles hoffnungslos sein wird. –
In diesem Zusammenhang ist das Buch des Engländers Keynes[110] »Die wirtschaftl. Folgen des Friedensvertrages« sehr interessant. Erschütternd traurig u. verhängnisdrohend ist die Lage Europas. Großzügig müssen die Mittel sein, um ihm zu helfen.

6. Muß der Optimist nicht Evolutionist sein? Wie sollte er die Gegenwart so pessimistisch betrachten, als daß er hoffnungslos bezüglich ihrer Entwicklungsfähigkeit wäre?

7. Wer den Sozialismus vom Materialismus u. Klassenkampf befreit, würde ihm den größten Dienst erweisen. Er droht heute in einem Lohnkampf, Wirtschaftskampf zu verflachen. Der Sozialismus soll nicht zu einem antiquen Sklavenaufstand werden. Deshalb muß er ethisiert werden, damit er den ganzen Menschen, d. h. einschließlich seiner metaphysischen u. religiösen Bedürfnisse umfassen und erlösen kann. Heute ist das Glaubenselement des Sozialismus in Gestalt des marxistischen Katechismus in all seiner Einseitigkeit u. Starrheit bei den Unabhängigen. Ein großer Schlag – und alles wird von selber werden. Aus dem sozialistischen Staatswesen u. insbesondere der sozialisierten Wirtschaft wird die sozialistische Kultur schon von selber erwachsen! (Materialismus) Dieses Dogma ist Glaube; Glaube an ein Diesseits wie der Christ an ein Jenseits glaubt. Seine Politik ist eine Politik der Gesinnungsethik. Demgegenüber ist der sog. Mehrheitssozialismus der entschieden fortgeschrittenere. Er läßt die materialistische Einseitigkeit langsam hinter sich, ohne jedoch heute vielfachen Rückfällen entgehen zu können. Seine Politik ist die der Verantwortungsethik. Aber noch steht er im Ganzen erst auf dem halben Wege. Die Agitation der Unabhängigen ist die Peitsche des Rückschrittes, die Einsicht u. Verantwortung die Peitsche des Fortschrittes. Die Zwickmühle ist fatal. Und doch muß, wenn anders wir an eine Demokratie, an eine Selbstbestimmung u. Selbstverantwortung des Einzelnen glauben, der Kampf zwischen Glauben u. Einsicht aufgenommen u. durchgeführt werden. Der Sieg kann nicht zweifelhaft sein, solange wir an uns selber glauben. Dem Marxismus muß der Sozialismus entgegengesetzt werden. Daß der Sozialismus dort ganz und hier noch zum Teil in historischen Schlacken steckt, ist sein Unglück und unser aller Unglück. Heraus aus dem Turm! Sozialismus ist keine Arbeiter- sondern eine Kulturfrage!

10. Was ist um Spa? Die Behandlung unserer Unterhändler ist empörend. Über das Ergebnis läßt sich nicht eher urteilen, als bis der Gesamtausgang bekannt ist. In den Wehrfragen hat man unseren Bedürfnissen kein Verständnis entgegengebracht. Es scheint, als ob der Geist von Versailles wieder umginge. – Soll Europa wirklich dem Untergang geweiht werden? Heute schon bemächtigt sich ein gewaltiger Pessimismus der Menschen. Alles verfahren, alle Hoffnungen enttäuscht u. für die Zukunft genom-

men. Das Damoklesschwert des Bolschewismus hängt über allen Häuptern. Lebensmittelmangel, Arbeitslosigkeit, unerschwingliche Preise, steigende Steuern, dauernde Streikgefahren u. Unruhen, Verbitterung, Haß u. Verhetzung – ein Tollhaus in einem Wort. Was ist da noch das Leben, wo alle Hoffnungen fehlen? Im Osten pocht der Bolschewismus wieder an die Tore Mitteleuropas; Polen ist überrannt. Können wir ihm entgehen? Die Menschen verlieren die Nerven. Wie viel noch und die Hoffnungslosigkeit wird zur Verzweiflung! Ein Schrecken ohne Ende wird dann zum Ende mit Schrecken. Es ist bezeichnend, daß in rechtsstehenden bürgerlichen Kreisen sich die Stimmen für eine Hingabe an den Bolschewismus mehren! Er scheint unentrinnbar zu werden, dann lieber gleich hinein! Nichts ist schrecklicher als ein langsames, qualvolles, bewußtes Sterben. – Ihr Männer in Spa, gebt Europa neue Hoffnungen! Indeß nicht mit Worten, sondern mit Taten. Es droht die Verzweiflung, die sich der Raserei hingibt, um das Bewußtsein zu betäuben! Es droht die Stunde, die den Teufel mit Beelzebub austreiben will!

12. Abends sprach im Demokratischen Studentenklub Prof. Geiger[111] über »Die Schuld der Studenten«. – Volksabstimmung in Ost- und Westpreußen[112] glänzend!

13. Mitgliederversammlung der Hauptpartei. Abg. Hamm. Quidde[113].

14. Abends Versammlung der Naumanngesellschaft. »Parlaments- oder Volksherrschaft?«. Ein Suchen nach der Demokratie. Was in anderen Ländern langsam u. stetig heranwuchs, wurde dem deutschen Volk über Nacht in den Schoß geworfen. Die Revolution u. die Weimarer Verfassung gaben ihm Rechte, deren verantwortungsbewußte Anwendung ihm nicht anerzogen war. Wir müssen erst noch hineinwachsen in die Formen der Volksherrschaft, tastend, oft irregehend, mehr theoretisierend als mit natürlichem politischem Instinkt. Unser Parteiwesen ist den Dingen nicht gewachsen, weil es veraltet ist. Es wird stürzen u. sich umwandeln müssen. Hier mitzuhelfen wird die Aufgabe der Jugend sein.

15. In Spa folgt eine Krise der andren. Drohungen u. Diktate treten immer wieder an die Stelle vernünftiger Verhandlungen. Foch[114] gebärdet sich schon als »Dolmetscher«. Glaubt man wirklich mit der Besetzung des Ruhrgebietes mehr zu erreichen, als zu errei-

chen ist? Mich dünkt, Hué[115] dürfte deutlich genug gesprochen haben. Stinnes! Reichskanzler Fehrenbach ist sehr in den Hintergrund getreten; er ist nicht der rechte Mann für derlei Sachen. Simons[116] hat sich besser in die Lage hineingefunden und gibt nun unseren Hauptwortführer ab.

16. Deutschland soll ägyptisiert werden. Der neue engl. Botschafter in Berlin hat bisher seine Befähigung in der Überwachung der türkischen Finanzen erbracht – sehr bezeichnend.

17. Morgens nach Schliersee gefahren. Von dort im Laufe des Nachmittags am Schliersee vorbei Tal aufwärts bis Bayrischzell. Glühende Sonne. In Bayrischzell entschloß ich mich plötzlich, noch am Abend den Wendelstein zu besteigen u. dort zu übernachten. – Aufstieg am Abend! Langsam sinkt das Tal zurück, Häuser u. Straßen werden kleiner u. kleiner. An den Berghängen auf der andren Talseite sehe ich, wie ich langsam emporkomme. Die Sonne dringt golden durch die Bäume; tiefe Stille im Walde, kein Mensch, kein Haus. Da dringt leise aus dem Tal herauf das Läuten der Abendglocken: Friede u. Ruhe. Der Weg führt über breite Wiesen u. verliert sich dann in steinigen Schlangenlinien. Über die Bergspitzen in meinem Rücken grüßen schon die ersten fernen Schneegipfel des Hinterlandes. Höher hinauf! Das Tal füllt sich mit Schatten: Plötzlich liegt der Wendelstein vor mir, steil, zerklüftet, drohend. Hoch über dem Abhang steht die Kapelle. Der Weg wird beschwerlicher, aber er geht dem Ende zu. Immer weiter wird der Blick; zu allen Seiten tauchen nun ferne Berggipfel empor, übergossen von den letzten Strahlen der untergehenden Sonne. Vom Wendelstein ist die Aussicht wunderbar. –

18. (Sonntag) Geschlafen habe ich nicht viel auf meinem Strohsack. Die ganze Nacht wurde vor dem Hause geschuhplattlert, musiziert u. gesungen. –

Um ¼ vor 4 Uhr in der Frühe Aufstieg zur Wendelsteinspitze. Ungefähr 200 Menschen waren dort droben. Die weite Ebene war in grauen Morgendunst gehüllt; die Berge zur Seite u. im Rücken sahen noch etwas verschlafen aus. Im Osten, gerade über dem Spiegel des Chiemsee kündigte sich die aufgehende Sonne an. Gegen 1/2 5 Uhr kam sie goldglühend hervor u. in schnellem Lauf stieg sie höher u. höher. Von den Bergen sanken die Schatten herab, immer klarer u. weiter wurde die Aussicht.

Herrlich. –
Bis Mittag gemütlicher Abstieg nach Geitau. Von dort mit der Bahn bis Glashütte am Schliersee u. dann über die Berge nach Tegernsee. Sehr heiß. Rückfahrt auf dem Trittbrett.

19. Kündigt der Boykott der sozialistischen Gewerkschaften Europas gegen Ungarn eine neue Art der zwischenstaatlichen Beziehungen an? Unsere Zeit drängt überall von vertikaler zu horizontaler Gliederung.

22. Als Bismarck die Verfassung des deutschen Reiches schuf, war es sein größter Fehler, daß er Menschen wie Wilhelm II. und Bethmann Hollweg nicht voraussah.

23. Geburtstag! 21 Jahre alt.

24. Nach Oberstdorf. Nachmittags Breitachklamm.

25. (Sonntag) Einödsbach – Freibergsee.

26. Waldhaus im Walsertal.

27. Heute ging die seit dem 15. ds. dauernde mündliche Referendarprüfung zu Ende. Jeden Vor- und Nachmittag wurden je 2 Kandidaten vorgenommen. Für mich als Zuhörer war es ein ausgezeichnetes Repetitorium. Aber der Nimbus des ganzen Studiums ist dabei verloren gegangen. Was in solch einem Examen gefordert wird, ist keine Wissenschaft, sondern Wissen, Wissen, Wissen!

28. Marburg muß wieder von sich reden machen. Nachdem es vor kurzem auf dem Marktplatz u. in den Straßen der Stadt zwischen Studenten u. Arbeitern zu Schlägereien gekommen war, ist es nun abermals jedoch zu andersgearteten Zusammenstößen gekommen. Eine Menschenmenge hat einen den Bahnhof passierenden sog. Polenzug angehalten, mehrere Waggon Waffen ausgeladen u. diese auf dem Bahnsteig zerschlagen.
Eine interessante Versammlung erlebte ich heute bei der Bayrischen Königspartei[117]. Redner: Graf Karl v. Bothmer[118], ein bekannter Föderalist. – Absoluter Gegner der Weimarer Verfassung; sie hindert die Wiederkehr des Königstums u. einen weitgehenden Föderalismus. Ein Reich von Bundesstaatsgnaden, nicht umgekehrt. Föderalismus ist Rettung. Gelegentlich der letzten Kabinettsbildung hat der Föderalismus eine entscheidende Gelegenheit des Handelns versäumt. Alles war vorbereitet, um die Föderalisten zu sammeln u. um mit der Alternative an die Öffentlichkeit zu treten: Marxismus oder Föderalismus. Aber die

Abgeordneten, insbesondere die Bayr. Volkspartei[119], fielen um! Eintritt in ein unitaristisch gesinntes Kabinett, das die Verfassung verteidigt, statt des Versuches ein föderalistisch gesinntes Kabinett zu bilden oder Opposition zu spielen. In Spa rächte sich das Versäumnis. Wir kamen ohne Programm, mit einer Regierungsfassade ohne Halt. Eine klare Stellungnahme zu Moskau fehlte, und das war das Entscheidende, weil es uns zum Spielball unserer Gegner machte. Fr[an]k[reich]. u. E[n]gl[and]. stehen verschieden zu Moskau. Frk. sieht im Bolschewismus nur eine äußere Gefahr; innerlich kann es von ihm nicht infiziert werden. Wer also klar gegen Moskau Stellung nimmt, ist sein Bundesgenosse und umgekehrt. Egl. hingegen hat ein Interesse an der Bolschewisierung Europas. Es ist ein kommerzialistisches Land u. auf die Ausbeutung eines kranken Kontinents bedacht. Die egl. Arbeiterschaft fördert den Bolschewismus, indem sie Lloyd George bedrängt u. bedroht bei einem Vorgehen gegen Moskau. Lloyd George selber hat ein Interesse daran, Lenin von Asien weg (Indien!) nach Europa zu lenken! Zwischen dem Westen u. dem Osten wird der Kampf um die deutschen Kohlenfelder geführt werden. – Berlin ist der Brückenkopf des Bolschewismus. Nutznießerei! Es rafft sich nicht zu seiner Bekämpfung auf. Judenherrschaft. Deshalb hat Bayern die Aufgabe, die Führung des Reiches zu übernehmen. Ein vom Volkswillen getragenes Königstum. Einwohnerwehr. Es ist innerlich am homogensten. Es muß eine eigene Außenpolitik treiben[120]. Der bayr. Außenminister (von Hoffmann[121] abgeschafft) wird begrüßt. Frz. Gesandter in München! Dr. Dorten[122] als guter Patriot gelobt (Starker Beifall). – Das waren in groben Zügen Bothmers Gedankengänge. Wie man sieht, ein wohldurchdachtes Ganzes; eine hervorragende Durchdringung innen- u. außenpolitischer Momente. Die entscheidenden Grundlagen seiner Auffassung sind: innerpolitisch der Glaube an die Bolschewisierung des Nordens, Berlins, und an die innerliche Festigung Bayerns; außenpolitisch der Glaube an eine Interessenübereinstimmung dieses so gearteten Bayerns mit Frankreich im Gegensatz zum Norden. England u. Moskau sind die Feinde! Aus diesen beiden Grundlagen ergibt sich die Forderung des Föderalismus (frei von Berlin) u. die bay.-frz. Kontinentalpolitik. – Was das größte Bedenken gegen diese polit. Auffassung auslösen muß, ist natürlich das Ausspielen des deutschen Südens gegen den Norden, man möchte fast sagen Frankreich zu Liebe. Uns Demokraten wirft man vor, Wilsons 14 Punkten geglaubt zu haben. Werden wir nicht wieder einmal Vorwürfe erheben müssen, wenn wir im Vertrauen auf Frankreich die deutsche Reichseinheit, das einzige was uns noch geblieben ist, verspielt haben werden? Wenn Kontinentalpolitik richtig ist, wollen wir sie in unserer Gesamtheit treiben. Es ist ein schmähliches Selbstaufgeben, zu glauben, Norddeutschland sei bereits dem Bolschewismus verfallen. Der Weg zur Außenpolitik führt über die Innenpolitik, über die *allgemeine* innere Gesundung. Nicht aber der Weg zur Innenpolitik über die Außenpolitik, das heißt über eine Zerreißung Deutschlands. Ein gesundes Bayern bei einem zerrissenen Deutschland ist auch nicht mehr als ein zwar einiges, aber ungesundes Deutschland. Das eine und das andere ist etwas Halbes. – Das beste Gegengift gegen diesen Bothmerschen Föderalismus ist ein tatkräftiges Aufräumen mit Schieberei u. Kriegsgesellschaften u. Zwangswirtschaft im Norden.

30. Heute morgen hielt Prof. Brentano seine letzte Vorlesung. Nachdem er uns gestern die verhängnisvollen wirtschaftlichen Folgen des Friedensvertrages aufgezeigt hatte, gab er uns heute einen Überblick über die weltwirtschaftlichen Zukunftsmöglichkeiten. – Deutschlands militärische Macht ist dahin. Aber wie nach dem Peloponnesischen Kriege das Griechentum die Herrschaft über die Welt antrat trotz aller politischen Ohnmacht, so wird auch das Deutschtum siegreich bleiben, wenn es sich auf das besinnt, was seine Stärke in der Vergangenheit war: auf seinen Geist. In unserer Erfindungskraft, unserem Organisationstalent, unserer Führerschaft auf sozialem Gebiet liegt unsere Zukunft. »Der deutsche Geist wird siegreich bleiben in der Welt! Mit dieser Aussicht u. diesem Wunsch lassen Sie mich meine Vorlesung – und wie ich sagen muß, meine akademische Laufbahn schließen!« Das vielhundertköpfige Auditorium donnerte, als er sich dankend verbeugte und vom Katheder herabtrat. Uns allen ging etwas durchs Herz. Was die Vergangenheit gewesen war, hatte er uns meisterhaft gezeigt; was die Zukunft sein würde, deutete er an. Was die vergangene Generation war in ihrem Wollen u. Wirken, wurde uns in seiner Person offenbar; was die junge Generation sein wird, ist in uns selber gelegen. Klang es

nicht so, als wollte er sagen: »Eine schwere Erbschaft ist in Eure Hände gelegt; ein verlorener Krieg, eine zusammengebrochene Welt. Die Zukunft wird hart sein. Arbeitet! An Euch wird es sein, Vaterland u. Welt wieder aufzurichten. Aber Ihr müßt neue Wege gehen, deutsche Wege des deutschen Geistes. Dann wird, was deutsch ist, wiederum groß sein!«

Außer dieser Vorlesung von Prof. Brentano war für mich von besonderem Vorteil der Besuch des Juristischen Seminars von Prof. Nawiasky[123]. Ich habe dort einen guten Begriff der allgemeinen Rechtslehre bekommen. Das Handelsrecht muß ich in den Ferien noch gehörig nacharbeiten. Die Vorlesung von Prof. v. Mayr über Finanzwissenschaften habe ich im ganzen Semester nur 5mal besucht. Sie war wirklich nicht zum aushalten. Die Folge ist, daß ich in den Ferien Finanzwissenschaft pauken muß.

31. Mit der Bahn bis Bad Reichenhall. Von dort zu Fuß über Saalachsee-Schwarzbach-Hintersee-Ramsau nach Unterstein. Herrlicher Weg. Bedeckter Himmel. Watzmann in Wolken gehüllt. Hochaltar.

August 1920

1. (Sonntag) Morgens zum Königsee. Mit dem Motorboot nach Obersee. Welt wie bist du so schön! St. Bartholomä. Watzmann. Am Obersee hat man das Gefühl: Hier gibt es kein Entrinnen mehr! Auf der Rückfahrt gegen Mittag kam die Sonne etwas heraus.

Unsere Gedanken schweifen heute 6 Jahre zurück. Als damals in schwülen Juli- u. Augusttagen eine großartige Kriegsbegeisterung das deutsche Volk ergriff, da rief sich jedermann zu: »In 6 Wochen ist alles siegreich vorüber!« Sechs Wochen vergingen schnell, man sprach bald von 3 Monaten, dann tröstete man sich auf Weihnachten. Aber es kam kein Ende. Immer hartnäckiger wurde der Krieg. Frühjahr- und Herbstoffensiven lösten sich ab; ein Jahr folgte dem andren. Hoffnungen verflogen. Die Begeisterung machte dem Mißmut Platz. Alle Kräfte waren angespannt u. überspannt. Nach 4 Jahren holten wir noch einmal aus zum großen Schlag. Man hatte es ja nicht fassen wollen, daß der Krieg auch anders als mit unserem restlosen Siege hätte enden können.

Der große Schlag ging fehl und das Unvermeidliche, der Zusammenbruch folgte ihm auf dem Fuße. Es wurde wieder Frieden. Aber es ist kein Frieden. Wiederum stehen heute russische Heere vor der deutschen Grenze. Polen ist überrannt. Zwischen Spa u. Moskau liegt Deutschland. Die Hoffnungen europäischer Solidarität wurden dort zu nichte gemacht. Haß u. Leidenschaft besiegten den Verstand. Was aber ist der Bolschewismus? Ein Schrecken aller Kultur? Vielleicht. – Vielleicht aber auch eine Hoffnung der Verzweifelnden!! Spa oder Moskau! Versöhnung oder Chaos! Ein schreckliches Entweder-Oder. Denn noch ist das letzte näher als das erste. Die Fluten steigen. Wie lange noch – bis wir versinken oder gerettet werden? Das deutsche Volk kommt langsam zum Bewußtsein. Zum Handeln aber kann es schnell kommen. Was will es heißen, daß es parteiisch zerrissen ist? Es gibt zwei Wege der Einigung. Einen langsamen, versöhnlich-ausgleichenden in der Mitte. Und einen schnellen: die Verbindung der Extreme, ein Weg hinten herum. Nationalbolschewismus! Deutschland – Land der Mitte. Schlachtfeld Europas? Wehe!

3. Nach Oberstdorf. Abschied von München.

6. Täglich herrliche Spaziergänge. Heidi ist wild und ausgelassen.

10. Nach Marburg. Wohnung gemietet u. ein Referat für das Hauptseminar im Wintersemester in Empfang genommen. Reichsabgabenordnung. Lollar.

12. Wieder zu Hause.

14. Vater nach Berlin. Anschließend nach Oberstdorf. – Ich benutze die Abwesenheit Herwegens, um in meinen Büchern herumzukramen. Es ist mir ein besonderes Vergnügen, Bücher, die ich vor langer Zeit las, wieder durchzublättern. Alte Gedankengänge werden wieder in einem wach. Neue treten hinzu auf Grund inzwischen erworbener Kenntnisse und Einsichten.

15. (Sonntag) Sind der Fähigkeit des Menschen, Unglück zu erfassen, Grenzen gesetzt? Man muß es wohl glauben. Wie könnte sonst in unseren derzeitigen Verhältnissen noch ein Mensch Zuversicht haben! Von den Tingeltangelmenschen will ich gar nicht reden – ihnen sind auch noch in anderer Hinsicht Grenzen gesteckt.

16. Was unsere Tageszeitungen an außenpolitischen Kenntnissen vermitteln, ist sehr gering. Wer nicht aus anderen Quellen gute

Kenntnisse mitbringt, steht den lakonischen Telegrammen außenpolitischer Vorgänge oft verständnislos gegenüber. Ist man indessen einigermaßen in die Zusammenhänge u. Tendenzen eingeweiht, so können sie gute Illustrationen u. Schlaglichter abgeben. – Es ist tief bedauerlich, daß das Verständnis für Außenpolitik bei uns so gering ist. Oft genug setzt man sich über die lebenvernichtenden Bestimmungen des Versailler Vertrages hinweg mit dem Schlagwort: »Da unsere Gegner von uns Wiedergutmachungen erwarten, haben sie selbst ein Interesse an unserer Lebensfähigkeit!« Und man knüpft daran die selbstverständliche Erwartung, daß unsere Gegner deshalb schon für uns sorgen werden! Kann man sich größere Torheiten vorstellen?

17. Kultur ist monumentale Einheit; Zivilisation skeptische Zersplitterung.

18. Ein alter Denker stirbt und hinterläßt eine Menge Aufzeichnungen. Aber sie sind den Menschen unverständlich, geheimnisvoll. Endlich kommt ein junger Mensch, der sie zu verstehen vorgibt und sie entziffern und deuten will. Geniale Gedanken erstehen. Man streitet, wer das Genie sei. Dem unverständlichen Schreiber will man es nicht glauben, dem jungen Deuter traut man es nicht zu. Hat er die genialen Gedanken hineingelegt oder herausgeholt? –

19. Ich traf heute meinen ehemaligen Schulkameraden Gustav Flo... Er erzählte mir, daß er auf der Eisenbahn »tätig« sei. Täglich arbeite er 2–3 Stunden und ginge dann – er ist noch in der Ausbildung begriffen – unter dem Vorwand, sich irgend etwas auf der Strecke anzusehen, nach Hause. Dafür bekommt er monatlich über 800 M. Im übrigen ist er nachmittags u. abends Stammgast im Rüttenscheider Stern, fährt zur Derby-Woche nach Hamburg od. zum Rennen nach Herst und wartet darauf, daß es demnächst in Deutschland wieder drunter u. drüber gehe. Kommentar unnötig.

20. Wenn man keine Siege erringen kann, so soll man wenigstens Niederlagen vermeiden. Das gilt besonders für revolutionären Radikalismus. So lange er agitiert u. droht, setzt er die Welt mehr in Schrecken, als wenn er Putsche macht, die in ein oder zwei Tagen niedergeworfen werden wie neuerdings in Velbert und anderswo.

21. Wenn ich Antisemit wäre, würde ich kein Antisemit sein. Die

fortwährende bedrohende Hetze erreicht es gerade, daß die Juden sich zu einem Fremdkörper im deutschen Volke zusammenschließen. Warum ist es jahrhundertelang nicht möglich gewesen, die Juden zu assimilieren? Sollte das, was bei den französischen Hugenotten romanischen Ursprungs möglich war, nicht auch wo anders zutreffen können?

22. (Sonntag) In Oberschlesien ist ein neuer Poleneinfall u. Aufstand im Anschluß an Zusammenstöße der deutschen Bevölkerung mit französischem Militär in Erscheinung getreten. Wann werden diese unsinnigen Zustände endlich aufhören? Die Verzögerung der Abstimmung läßt das Land überhaupt nicht zur Ruhe kommen. Den Polen ist neuerdings der Kamm wieder geschwollen: es ist ihnen gelungen, die Bolschewisten zurückzuwerfen. So kommen wir von einer Gefahr u. Unruhe in die andere. Polens Siege sind Frankreichs Siege – Siege des äußeren Feindes. Rußlands Siege sind Siege der inneren Feinde des Umsturzes und des Terrors. Solange die Bolschewisten siegreich vorrückten, rumorte es im Inneren und die Radikalen redeten vom Vorabend der Weltrevolution. Die verschiedenen Putsche der letzten Tage sollten anscheinend nachhelfen. In Paris war man indessen kleinlaut. Jetzt, wo es mit den Polen bergauf geht, werden sie selber und die Franzosen wieder mausig. Wahnsinniges Europa!

23. Man sagt oft: »Wir leben in einer schnellebigen Zeit« und meint damit wohl, daß Voraussetzungen, Meinungen, Gepflogenheiten und Tatsachen heutigentages raschem Wandel unterworfen sind. Ich möchte viel lieber sagen, wir leben in einer Zeit der Gärung, in einer Zeit des Suchens nach allseitig neuen Wegen u. Zielen. Es gibt gar nichts Festes, wonach wir uns stets neu orientieren können. Unser Kompaß zittert und schwankt, aber noch hat er gar keinen Nordpol gefunden. Wir leben in einem brodelnden Kessel, der nach einem Ausgangspunkt stetiger Entwicklung sucht. Der Ansätze sind gar viele, vielleicht viel zu viel. Sie verwirren und doch muß einer gegeben sein, wenn wir wieder in eine glatte Bahn einlenken wollen. Ein Feuerwerk von Ideen flimmert vor unseren Augen. Viele sind geblendet und wenden sich ab von einer Zeit, die sie nicht verstehen. Ein rein verstandesmäßiges Erkennen hilft nicht mehr. Es führen viele mögliche Wege nach Rom und doch kann nur ein einziger u. ganz be-

stimmter Weg der richtige sein. Diesen Weg zu suchen wäre töricht, wir können ihn nur ahnen. Wir alle müssen ihn ahnen. Aber noch suchen wir ihn zu sehr und so kommt es, daß wir viele finden und auseinanderstreben.

24. Unser menschliches Gehirn ist ein merkwürdiges Ding. Oft taucht mir beim Lesen eines Buches ein Gedanke auf, den ich in Ruhe weiterverfolgen möchte. Aber ehe ich dazu komme, ist er mir oft schon wieder davongeflogen. Lese ich dann die Stelle des Buches, an die er anknüpfte, noch einmal, so stellt er sich alsbald gehorsam wieder ein. Was folgt daraus für die Behandlung unseres Gedächtnisses?

25. Zum Rudern an der Ruhr.

26. Mancher Kritiker meint, ein Buch wäre nur für ihn geschrieben.

27. An der Ruhr. Auf dem Heimweg mit Prof. Richter zusammen. Unterhaltung über Schule u. Universität, Erziehung u. Forschung.

28. Der Krieg ist eine Fortsetzung der Politik mit anderen Mitteln. Es wird sich also für den Pazifismus weniger darum handeln, die Kriege als vielmehr ihre Grundlage: die Politik, im Sinne von auswärtiger u. politischer Politik zu beseitigen. Das halte ich nicht nur in einem erheblichen Umfang für möglich, sondern glaube es bereits in steter Anbahnung begriffen. Wir sind auf dem Wege zu einer wesentlich horizontalen Gesellschaftsgliederung. Das besagt u. a., daß allen Bestrebungen nach zwischen- oder innerstaatlichen Vorrechten (Imperialismus, Klassenherrschaft) immer mehr der Boden entzogen wird. Die politische Politik wird allen Inhalt verlieren. Die Demokratie ist in der Tat ein formales Prinzip. Von den möglichen politischen Gegensätzen und ihrer Ausgleichung oder Steigerung bis zum Kriege kommen wir zu einer stets lebendigen, nach Gleichgewicht strebenden Einwirkung wirtschaftlicher u. sozialer Gegensätzlichkeiten. – Diese Zusammenhänge müssen noch durchdacht werden.

29. (Sonntag) Ausflug mit Werner u. Ethelyn nach Werden-Kettwig-Hösel.

30. Ich habe dieser Tage die hochinteressante Lebensbeschreibung Karl Mathy's von Gustav Freytag[124] gelesen. – Warum hat man uns in der Schule diesen Zeitabschnitt deutscher Geschichte geflissentlich vorenthalten? Nun, die Rolle der Fürsten in dieser

Zeit sollte das deutsche Volk vergessen und an seine eigne sollte es sich nicht mehr erinnern! Indessen ist gerade sie ungemein lehrreich. Nicht Begeisterung und ideales Wollen, selbst Opferfreudigkeit allein, sondern nur lebenskundig geführtes organisches Wachsen setzt sich durch und schafft Werke. Mathy's Größe liegt gerade in seinen wahrhaft staatsmännischen klug-politischen Fähigkeiten, die von edler Begeisterung getragen, aber nie von ihr beherrscht, überwältigt werden. Dabei ein wunderbarer Charakter. – Mir scheint, als hätte die Frankfurter Nationalversammlung bei einem mehr der Wirklichkeit Rechnung tragenden Vorgehen in der Tat ihr anfangs nahezu unbegrenztes Ansehen und die Anerkennung durch die verschiedenen Regierungen zu einem erfolgreichen Werk fortführen können. Trotz allem hat sie zumindest zur Klärung der einer Lösung harrenden Fragen wesentlich beigetragen: Groß- oder Kleindeutschland, Staatsform usw. Die spätere Entwicklung gab ihr Recht. – Der Auffassung od. besser Darstellung, als sei das Deutsche Reich ein Werk der Fürsten, insbesondere der Hohenzollern, kann nicht scharf genug entgegengetreten werden. Der ideelle Anteil des deutschen Volkes, die zwingenden Erfordernisse nationaler Wirtschaft werden zu Gunsten monarchischer Faktoren viel zu sehr in den Hintergrund gedrängt.

31. Ich fühle, daß unsere Zeit zu neuen Lebensformen drängt. Das Alte kann uns kein Wegweiser sein, weil alles nur einmal lebt. Seine organische Fortbildung fällt oft genug schwer; es überstürzt sich alles. Noch ist das Revolutionäre mächtiger als das langsam Wachsende. Die Masse der Handarbeiter ist zur Triebkraft berufen und doch kann sie allein unmöglich die Aufgabe meistern. Warum setzt sich nicht alles, was das Neue ahnt und bejaht, an ihre Spitze? Ich selbst habe mir schon oft die Frage vorgelegt, warum ich nicht dahin gehe, wo Jugend zu sein pflegt: auf den Flügeln u. an den Brennpunkten. Noch kann ich mir keine volle Rechenschaft geben.

September 1920

1. Morgens nach Düsseldorf, um Heidi nach Hause zu holen. Sie kam Samstag von Oberstdorf. Tante Grete[125] schenkte mir nach-

träglich zum Geburtstag ein Buch, das schon lange mein Begehren wachrief: Otto Braun![126] Der erste flüchtige Eindruck ist gewaltig. – Es gibt Lösungen, die einer Frage allen Sinn nehmen. Ein Genie wird solche niemals finden, viel eher ein Rationalist. –

2. Ich habe Otto Braun's Schriften durchgeflogen und bin ergriffen. In diesem jungen Menschenleben tut sich fast etwas Überirdisches auf. Sein kurzes Lebensbild ist eine wahrhaftige Jugend. In gewaltigen Zügen nimmt er alles, was Menschen-Geist und -Hand bisher an Bedeutendem schufen, in sich auf. In dem wunderbaren Verarbeiten des unergründlichen Stoffes kündet sich seine große Kraft an. Der Krieg sollte ihm die Vollendung geben – aber er nahm ihn hinweg. Führer zu sein, war er berufen; ein widriges Schicksal betrog ihn und uns um seine Vollendung in einer geahnten und rückhaltlos bejahten Zukunft.

3. Oft noch denke ich jetzt an München zurück und bedaure es, nicht noch einmal in die Ausstellungen u.s.w. gehen zu können. Habe ich das Semester voll und ganz ausgenützt? Jetzt will es mir scheinen, als hätte ich noch viel mehr unternehmen müssen. Wem die Kunst verschlossen ist, dem ist auch das halbe Leben verschlossen. –
Rabelais! Gargantua und Pantagruel gelesen.

4. Mutter feiert heute ihren Geburtstag in Oberstdorf. –

5. (Sonntag) Bellamy's[127] Rückblick aus dem Jahre 2000 gelesen. Kann Theologie (= Lehre von Gott) eine Wissenschaft sein? Oberster Grundsatz aller Wissenschaft ist die Voraussetzungslosigkeit. Die Lehre von Gott aber umfaßt Dogmen, d. h. Sätze, die geglaubt, nicht erkannt werden. Der Glaube an einen Gott ist und bleibt der Kernpunkt aller Religion. Offenbar kann es zwei Extreme geben: einmal einen übertriebenen Dogmenglauben, der nicht nur an Gott glaubt, sondern noch dazu an viele andere Sätze, die mit wissenschaftlichen Erkenntnissen in direktem und unversöhnlichem Widerspruch stehen. Glaube wider besseres Wissen! Oder zum anderen eine rein aus Vernunftquellen schöpfende Theologie. Sie hat höchstens den einen Glauben, daß sie das, was sie noch nicht erkannt hat, doch später einmal erkennen können wird. Ist sie noch Religion, Gottesglaube? – Nach meinem Empfinden hängt alle Religion davon ab, daß Gott empfunden, gefühlt, geahnt, geglaubt wird. Dies ist Sache eines jeden Einzelnen. Die Theologie aber kann nur nach Gottesoffenbarun-

gen forschen. Der Glaube an Gott darf ihr einziges Dogma sein. Glaube an eine bestimmte Gottesoffenbarung gibt es nicht. Was soll Christus z. B. von Mohammed unterscheiden? Hier muß m. E. die Theologie zu einer weitgehenden Abkehr von bisherigen Anschauungen kommen. Sie muß interkonfessionell werden, d. h. überall nach Gottesoffenbarungen suchen. Sie kann keinen Glauben an Gott aufzwingen, sondern nur Personen oder Empfindungen, an denen die Menschen ihren Gottesglauben orientieren, darstellen, besprechen, vergleichen. – Der Katholizismus steht hierzu natürlich in größtem Widerspruch. Das Verlangen, bestimmte Dogmen glauben zu müssen, erscheint mir als der größte Widersinn. – Warum sollte es ausgeschlossen sein, daß neue Gottesoffenbarungen sich ereignen? Ein neuer Christus!

6. Die Ahnengalerie ist etwas typisch Aristokratisch-Konservatives: eine Projektion des ganzen Lebensinhaltes eines Geschlechtes in die Vergangenheit.
7. Meine Arbeit über die Reichsabgabenordnung kommt langsam in Fluß. Sie interessiert mich sehr, weil sie so ganz und gar auf der Grenze von Volkswirtschaft und Juristerei liegt.
8. Unsere heutige akademische Jugend lebt an der Gegenwart vorbei, weil sie ihren wesentlichsten Inhalt verkennt. Alles das, was wir unter der »sozialen Frage« zusammenfassen, ist ihr nichts gegen die »glorreiche Vergangenheit«. Mögen wir zu dieser stehen, wie wir nur wollen – das eine bleibt immer richtig, daß die Lösung dieser sozialen Frage zumindest ein Mittel sein muß für alle rückwärtsschauenden Pläne. Diese soziale Frage aber nicht nur als ein Mittel anzusehen, das muß Inhalt einer neuen Gesinnung werden. Hier gerade versagt die akademische Jugend, hier steht sie im Widerspruch zum »Volke«.
9. Mutter's Rückkehr nach 18 Wochen!
10. Eine sehr schöne Darstellung der proletarischen Gedankenwelt gibt Rudolf Steiner[128] im ersten Kapitel von »Die Kernpunkte der sozialen Frage«. Die Lebensgesinnung des Proletariers ist eine wissenschaftlich-wirtschaftliche. Seine Menschenwürde sucht der Proletarier im Klassenbewußtsein.
11. Heidi ist in Oberstdorf verschiedentlich mit ihren Freundinnen aus dem Dorfe in der katholischen Kirche gewesen. Das Feierlich-Prachtvolle scheint einen großen Eindruck auf sie gemacht

zu haben, sie erzählt viel von Engeln, Himmel und Hölle und entwickelt oft drollige Ansichten und Fragen. Diese Erlebnisse und der lange Umgang mit den streng erzogenen Kindern haben indessen doch eine andere eigenartige Wirkung auf sie ausgeübt. Sie fürchtet sich derartig, irgendeine Unwahrheit zu sagen und zur Strafe dafür in die Hölle zu kommen, daß sie auf alle Fragen nur noch antwortet: »Ich weiß es nicht« oder höchstens: »Ich glaube, es ist so oder so«. – Ein Stück Mittelalter!

12. (Sonntag) Prof. Steinachs[129] Verjüngungskur beschäftigt zur Zeit die Gemüter gar sehr. Mir würde es viel bedeutsamer erscheinen, wenn ein Mittel gegen den Schlaf gefunden würde! Warum sollte es nicht möglich sein, die Müdigkeitsstoffe im menschlichen Körper auf andere Weise als durch Schlaf zu beseitigen? Der Mensch würde dadurch sein wirkliches Leben um die Hälfte verlängern. Schlafmittel erscheinen hiernach als der größte Widersinn!

13. Wir müssen uns klar werden über die Zusammenhänge der großen Fragen unserer Zeit; wir müssen sie sichten und scheiden in abgegrenzte Komplexe. Dabei heißt es klar denken und konsequent sein. Nur auf dem Untergrund solcher Klärung kann eine sichere und nachhaltige politische Stellungnahme erfolgen. Der Verderb aller Politik ist das Herauslesen der Rosinen aus verschiedenen, gegeneinander unvereinbaren Systemen oder Komplexen, um deren Schattenseiten zu vermeiden. Eine Synthese ist gut und schön – wenn sie der Konsequenz der Dinge standhält! Meist aber ist sie auf Unklarheit und Willenshalbheit aufgebaut! Ich beschäftige mich zur Zeit mit einer solchen Zergliederung der Dinge. Horizontale und vertikale Gliederung! Wollen und Können! Zwei schlagwortartige Überschriften.

14. Seit langer Zeit spiele ich in diesen Ferien wieder des öfteren Schach. Es erscheint mir nach wie vor als das vornehmste und anregendste Spiel, das ich kenne. Eine Schachaufgabe ist eine vorzügliche Denkübung!

15. Vater vom Urlaub Oberstdorf/Eschwege zurück.

16. Mir tut es doch leid, durch meine realgymnasiale Schulbildung zu sehr von der Antike fortgelenkt worden zu sein. Die Kenntnis der Antike gibt eine philosophische, weltgeschichtliche, literarische und künstlerische Blickweite, gegen die die geringen »praktischen« Kenntnisse des Realgymnasiums wenig ins Gewicht

fallen. Die Veranlagung des Schülers müßte bei der Entscheidung für die eine oder die andere Schulbildung ausschlaggebend sein. Die Bildung eines Menschen liegt nicht so sehr in seinen Kenntnissen, als vielmehr in einem gewissen geistigen Niveau, welches ihn befähigt, geistige Aufgaben zu verstehen und zu bewältigen.

17. Abends in Gelsenkirchen.

24. Gestern bei Günther und Schwan einige antiquarische Bücher erstanden. Darunter Eugen Richters[130] Jugenderinnerungen. Sie geben in ihrer kurzen, oft boshaften Darstellungsweise ein schönes Bild seines Werdeganges und seiner an der heutigen gemessen noch herrlich unkomplizierten Zeit.

Da ich in den Ferien nicht die Möglichkeit habe, in gewohnter Weise regelmäßig die Tageszeitungen aller politischen Richtungen zu verfolgen, habe ich oft das Empfinden, als ob in dem Orchester des täglichen Meinungskampfes einige Instrumente fehlten. Ich vermisse das vielfache Echo jedes einzelnen politischen Ereignisses. Man kann sich freilich denken, was die oder die dazu sagen würden, aber man ist gewohnt, es zu hören!

25. Abends Kasinoball auf der Kaupenhöhe. Ich komme mir vor wie ein Fisch auf Ufer.

26. (Sonntag) Vaters 56. Geburtstag. Ich schenkte ihm Naumann: Gestalten und Gestalter[131]. Naumann kannte seine Zeitgenossen und schildert sie mit einer wunderbaren Darstellungsgabe in ihrem Wollen und Denken. Einem älteren Leser werden diese gesammelten Aufsätze ein Stück Vergangenheit wieder auffrischen oder auch erst zum Bewußtsein bringen. In uns jüngere legt er ein Stück Vergangenheit hinein und gibt uns, die wir noch vergangenheitslos sind und unsere Spannkraft auf Gegenwart und Zukunft konzentrieren, den Anschluß an die Gedankenwelt und den Lebensinhalt unserer Vormänner im Kampf um gleiche Ziele. – Die Darstellung Napoleons I. besonders!

27. Ludendorff's[132] Kriegserinnerungen habe ich in diesen Tagen in ihren politischen interessanten Teilen gelesen. Mein Eindruck geht dahin, daß Ludendorff ein Mann ist, der die Welt viel zu sehr von oben zu betrachten gewohnt ist. Deshalb konnte er auch bei seinen Versuchen, das ganze deutsche Volk auf Krieg und Sieg einzustellen, niemals das Mögliche erkennen und auf die richtigen Mittel verfallen. Bei seinen unausgesetzten Ankla-

gen gegen die Regierung und gegen die Heimat dämmert ihm nur dann der wahre Grund dieser Zustände, wenn er zum Vergleich auf die Ententestaaten anspielt, wo es so ganz anders aussah. »Ähnlich wie Clemenceau und Lloyd George hatte ich das ganze Volk hierzu (zum Kriegswillen) aufbieten wollen, war aber nicht . . . Diktator. Lloyd George und Clemenceau verfügten über die souveränen Parlamente ihrer Länder, denn es waren ›ihre‹ Parlamente. Sie standen gleichzeitig an der Spitze der Verwaltungs- also Ausführungsbehörden. Ich hatte umgekehrt keinerlei verfassungsrechtliche Möglichkeit, auf die öffentlichen Gewalten Deutschlands einzuwirken, um die Durchführung meiner Gedanken über die Kriegsnotwendigkeiten zu sichern . . .« (S. 570). Die zwei Nationen in unserem Volk wurden unser Verderb! Das verkannt zu haben, ist die Schuld unserer damaligen Machthaber. Ludendorff konnte es nach seiner Gesinnung und Lebensanschauung niemals erkennen. Er kämpfte nicht für Deutschland, sondern für Deutschland, wie er es sich vorstellte, wie es sein Ideal war, für das Vaterland, »auf das wir stolz sein konnten« (S. 618). Das Deutschland mit seinem damaligen kaiserlichen System zum Siege zu führen gegen Gegner, wie wir sie hatten, war eine Unmöglichkeit. Aber nur dieses Deutschland wollte Ludendorff zum Siege führen. Alle Anklagen, die Ludendorff erhebt, liegen nicht in Personen und Menschen, sondern in einem unhaltbaren System begründet. Aber hier sieht Ludendorff nicht konsequent. Ludendorff kämpfte um den Sieg, die Regierung bemühte sich um den Frieden, der Reichstag trieb innere Politik – jeder Faktor ging seinen eigenen Weg, jeder hatte eigene und andere Ziele, der eine stand gegen den andren. Wo war die Einheit, wie sie Clemenceau und Lloyd George verkörperten? Etwa im Kaiser?! Was Ludendorff den Berliner Ressorts vorwirft, gilt in noch größerem Maßstabe. Er selbst war auch ein solcher Ressortmensch, »der die rechte Hand nicht wissen ließ, was die linke tat«. »Die großen Demokratien der Entente haben es vermocht, das ganze Volk auf den einen Gedanken: Krieg und Sieg! einzustellen« (S. 4). Ja, die großen Demokratien! Herr Ludendorff!!

Bemerkenswert seine Erkenntnisse über Österreich S. 90. Ein schönes Charakterbild S. 583. – Wie kann ein Mann wie Ludendorff so hündisch königstreu sein? Napoleon!!

28. Lassalles[133] Aufsätze über Verfassungswesen sind von einer wunderbaren Klarheit und Einsicht. Aussprechen was ist! Beispiele für die Wahrheit dieses Wortes sind in Fülle gegeben. Das beste Beispiel bleibt die Frankfurter Nationalversammlung, in ihrer Verkennung der Machtverhältnisse. Ob sie zu Beginn ihres Daseins, als die alten Staatsgewalten erschüttert und ihr Ansehen groß war, etwas erreichen konnte, mag dahin gestellt sein. Je mehr sie sich aber in ihren Debatten verlor, umso mehr kam sie mit der Wirklichkeit in Widerspruch. Die Ernüchterung blieb nicht aus. – Großartige Agitationskraft Lassalle's.

30. Stadttheater: Mignon. Wundervolle Musik.

Oktober 1920

1. Meine Arbeit über die Reichsabgabenordnung habe ich jetzt fertig. Gott sei Dank. Den Rest der Ferien habe ich nun für andere Dinge frei.

2. Im Volkstheater: Die Zwangseinquartierung. Ein zeitgemäßer Schwank.

3. (Sonntag) Abends aus Goethes Briefen vorgelesen.

5. Die Werke Napoleons III. (4 Bände) habe ich mit großem Interesse durchgegangen.

6. Hoffmanns Erzählungen im Stadttheater. Herrlich! Barcarole. Packende Szenen.

7. Die demokratische Partei veranstaltete heute im Saalbau einen Unterhaltungsabend. Musik, Vorträge, Tänze und eine kleine Aufführung trugen zum vollen Gelingen der sehr gut besuchten Veranstaltung bei. Zu aller Freude war Abg. Erkelenz[134] anwesend und sprach einige markige Worte. Er ist der Typ eines Demokraten!
Nachts um 12 Uhr, wenn die Welt schlafen gegangen ist, mag ich gerne auf meinem Zimmer sitzen und nachsinnen. Alles ist so ruhig. Über den Häusern liegt tiefe Nacht. Einsam schaut ein Licht aus dem Dunkel herüber. Hin und wieder nur hallt ein Schritt durch die Straßen. Schon ist die Nacht und der Tag mit allem Häßlichen versunken. Sinnend betrachte ich in meinem Zimmer Papiere und Bücher. In bunter Reihe liegen sie da, so wie ich am Tage mit ihnen arbeitete. Welten schlummern in

ihnen. Der Geist soll sie wecken und er ringt mit ihnen. Unablässig. In endlosen Bahnen kreisen die Gedanken. Aber sie müssen sich wieder sammeln und zurückkehren. Ich greife nach einigen Gedichten. Liebe und Leben, Lust und Leid umschließen sie. Eine Welt im Kleinen. Was sich am Tage in vielerlei endlosen Fragen und Gedanken verlor, sie fassen es wieder zusammen und geben, was groß und gewaltig ist, in abgemessenen Grenzen an. Das ist gut so und beruhigt.

8. Max Webers: »Politik als Beruf« und »Wissenschaft als Beruf«[135] noch einmal in Ruhe gelesen. Die wunderbare Klarheit und Fülle der Gedanken, verbunden mit dem gewaltigen Ernst im Erkennen des Tragischen fesseln nicht nur, sie ergreifen.

9. Ist der Liberalismus wirklich so individualistisch, wie wir gewohnt sind anzunehmen? Die Beantwortung dieser Frage wird davon abhängen, welche Rolle wir der Interessenharmonie zuweisen. Wenn sie der Ausgangspunkt ist und der Liberalismus deduziert: »Für die Allgemeinheit ist am Besten gesorgt, wenn jeder für sich selber sorgt. Also sorge jeder für sich selbst!«, so kann nicht schlechthin von Individualismus die Rede sein. Ist aber die Lehre von der Harmonie der Interessen nur eine vorgespiegelte Rechtfertigung der Forderung wirtschaftlicher Selbstverantwortlichkeit, ein angeblicher Zweck, um das Mittel zu heiligen und seinen Selbstzweck zu verbergen, so wird die übliche Einschätzung des Liberalismus richtig sein. Jedenfalls ist der Liberalismus nicht an der Lehre: »Jeder sorgt für sich selbst am besten; also sorge jeder für sich selbst!« gescheitert, sondern vielmehr an seinem Satz von der Interessenharmonie, d. h. an seiner Gesellschaftstheorie. Das Prinzip vom alles regelnden Egoismus wurde durch den Lauf der Dinge widerlegt. Universalistische (kollektivistische) Theorien, insbesondere der Sozialismus, lösten daher diesen Teil der liberalen Gedankenwelt ab. Freilich sind wir auch heute noch der Meinung, daß das Selbstinteresse des Einzelnen von vorteilhafter Bedeutung für die Allgemeinheit ist. Hier aber ergibt sich umso mehr die Notwendigkeit zu prüfen, inwieweit das richtig ist, je mehr wir anerkennen, daß der Einzelne für sich selbst am Besten zu sorgen weiß. Hier wird der Brennpunkt der Sozialisierungsfragen liegen. Wo wirtschaftliches Selbstinteresse mit den Anforderungen der Gesamtheit zusammenfällt, wird es in ihren Dienst gestellt; wo beide ausein-

ander gehen, muß ersteres unbedingt und unbedenklich weichen. Wir müssen daran festhalten, daß die Bedeutung, Erhaltung oder Überwindung des Liberalismus von dem Umfang der Richtigkeit seiner Lehre der Interessenharmonie abhängt, einerlei ob der Liberalismus sie als seinen Kernpunkt betrachtet und sich damit als eine in gewissem Sinn universalistische Theorie gibt oder rein individualistisch ist.

Der monarchische Obrigkeitsstaat

Monarch
Hierarchie d. Gesellschaft
Volksmasse

Der demokr. Volksstaat

Die Gesamtheit
Der Einzelne

10. (Sonntag) Wo wäre ein Mensch geblieben, wenn sich seine Eltern nicht gefunden hätten? Kann man sich vorstellen, daß er etwa je zur Hälfte in zwei anderen Menschen lebte?
Nachmittags Ausflug nach Kettwig-Hösel. Rockau, Schmidt, Kästner. Prächtige Herbstlandschaft.

11. Heute beginnt der Parteitag der U.S.P. in Halle. Nach wochenlangem, erbittertem Kampfe in den eigenen Reihen soll die Frage des Anschlusses an Moskau auf Grund der 21 Bedingungen der russischen Diktatoren entschieden werden. Die große Mehrheit der Partei (2/3?) wird sich zweifellos den Kommunisten anschließen. Auf radikalen Bahnen ist so leicht kein Halten mehr möglich! Wie soll aber die tolle Fahrt enden?

12. Zusammenkunft ehemaliger Rüttenscheider Pennäler bei Jung.

14. Im Stadttheater Aida von Verdi mit Josef Mann als Rhadames und Mimmi Poensgen als Aida.

15. In Barmen. Bei Frau Dr. Dümpel Bücher gekauft.

16. Mittags von Barmen zurück. Ich lese E. Th. A. Hoffmanns »Kater Murr«. Abends Richters bei uns. Sehr angeregte Unterhaltung bis tief in die Nacht.

17. (Sonntag) Was verlangen wir von einem Kunstwerk, um es loben zu können? Einen einheitlichen Maßstab wird es niemals geben; die Urteile über ein Kunstwerk bleiben verschieden. Weshalb? M. E. deshalb, weil sich alle Kunst an unser Denken wendet und der Gedankenkreis (Weltanschauung) der Menschen verschieden ist. Kein Kunstwerk kann nur Auge oder Ohr in Anspruch nehmen und befriedigen oder nicht, alles wirkt auf

unser Denken ein, sei es direkt und konkret oder indirekt und allgemein. – Alle bildende Kunst gibt Ausgangspunkte, mehr Gedanken als Denken. Die literarische Kunst führt uns selber durch Gedankengänge hindurch. Die Musik gibt Stimmungen, indirekte Anregungen. Alles das ist eigenartig begründet. – Die bildende Kunst kann nur Augenblicksbilder geben. Aus dem Lebenden, Fließenden, Werdenden, Vergehenden greift sie eine Sekunde heraus. Sie konzentriert, hält fest. Sie gibt einen Gedanken, keinen fortlaufenden Gedankenfaden. Sie neigt zur Abstraktion, Symbolik, Verkörperung und ist vielfach mehr Seinsollend als Seiend. Unser Denken wird angeregt, sich in den festgehaltenen Augenblick hineinzufinden und ihn fortzuführen. – Die literarische Kunst ist lebendig, nicht herausgreifend, sondern selbst führend. Die Erzählung (Epik) nimmt uns bei der Hand und geht mit uns durch Gedankengänge – sei es romantische, erhabene, ethische, komische, tragische – hindurch. Wir sind wesentlich passiv. Das Drama stellt uns in ein Stück Leben hinein, als handelten und empfänden wir selber. Ein Gedicht kann uns gleichfalls Gedankengänge auferlegen. Meist gibt es subjektive Empfindungen, Lyrik, verhaltene Momente, fast ein Bild, mehr Gefühl als Gedanken, mehr Gedanke als Denken. – Die Musik regt allgemein an, nicht konkret, durch Stimmungen, Gefühle, also indirekt. Sie prädestiniert. – An Übergängen fehlt es nicht- Beschreibungen, Lyrik, Oper. – Jedes Kunstwerk will uns gewissermaßen ein Kleid umwerfen, uns in einen Bannkreis ziehen, beeinflussen. Aber da wir uns nicht jedes Kleid umwerfen lassen wollen, kommen wir dazu, gewisse Kunstwerke als unsympathisch abzulehnen. Manches läßt einen abstoßenden oder gar keinen Eindruck auf uns zurück. Wieviele Menschen verstehen z. B. nicht den Impressionismus, Expressionismus u. a.? Selbst wer zu einer bestimmten Kunstrichtung eine Art Seelenverwandtschaft hat, kann gleichwohl zu einem einzelnen Werk dieser Richtung in kein Verhältnis kommen können. Nachdem ich dieses geschrieben habe, kommen mir Zweifel an der Richtigkeit der Gedanken auf. Ist in der Tat jedes Kunstwerk nur durch seinen Gedanken- oder Gefühlsinhalt wirksam? Ist die Form allein garnichts? Jedenfalls habe ich die Empfindung, als könnte die Antwort auf die Frage: »was verlangen wir von einem Kunstwerk, das uns gefallen soll?« nicht lauten: »es muß

in zusagender Weise auf unser Denken einwirken.« – Fazit: scio, ut nesciam [»Ich weiß, daß ich nichts weiß«].
Nachmittags und abends bei Richters.

18. Wollen und Denken sind unzertrennbar verbunden. Beweis: es ist nicht möglich, nicht denken zu wollen. Jeder Willensentschluß in dieser Richtung ist von Denken begleitet. – Besonders deutlich wurde mir dieser Zusammenhang gestern abend, als ich in recht angeregter Geistesverfassung zu Bett ging und nicht einschlafen konnte. Ein Willensentschluß, an nichts mehr denken zu wollen, war ein Unding; er durchbrach sich selber.
Abends Vortrag im Monistenbund[136] über »Glauben und Wissen«.

20. Es werden immer nur wenige Menschen sein, die in Lebensansicht und Denkungsart eigene Wege gehen. Die Menge bewegt sich in alten, ererbten, aber nicht erworbenen Bahnen. Was hilft da alles Spotten der einsamen Pfadfinder?

21. Mit Hans Kästner eine Radtour nach Kettwig-Werden gemacht. Wundervolle Herbstlandschaft.

25. Nach Marburg!

31. (Sonntag) Morgens zu Fuß nach Lollar gegangen, mangels Bahnverbindung. Herrlicher Marsch durchs Lahntal. Nachmittags mit Onkel Walter[137] eine Radtour in den Gleiberger Forst. Selten schön! Überall Herbststimmung und kalter Wind.

November 1920

5. Im Seminar bei Geh. Rat Troeltsch habe ich heute abend mein Referat über die Reichsabgabenordnung gehalten. Troeltsch war sehr zufrieden damit, von Kürzungen abgesehen, habe ich keinerlei Änderungen vornehmen brauchen. – Für Prof. Köppe habe ich bis Anfang Dezember ein Referat über die modernen Preistheorien zu halten. Das Thema ist ja insofern angenehm, als ich auch hier wieder mit einem Satz in große Zusammenhänge hineinkomme; aber darin liegt andererseits auch eine unverkennbare Schwierigkeit.

7. (Sonntag) Nachmittags in größerer Gesellschaft Ausflug zum Frauenberg.

14. (Sonntag) Gestern nach Sickertshausen und Lollar. Heute mor-

gen zu Fuß nach Gießen, um Hans Kästner zu besuchen.

15. Rudolf Hans Bartsch[138] »Vom sterbenden Rokoko« gelesen. Die zerfallende, französische vornehme Gesellschaft auf dem Hintergrund der französischen Revolution.

20. Mein Referat über die Preistheorien kommt langsam in Gang. Abends Sozialisierungsdebatte bei Seidel. – Am letzten Mittwoch hielt Prof. Goetz-Leipzig[139] einen sehr kümmerlichen Vortrag in der demokratischen Studentengruppe über »Student und Vaterland«. Goetz fehlt jede Begeisterung für die Demokratie; er ist zu vernunftmäßig – formaldemokratisch. Letzteres können wir sogar von unseren Gegnern verlangen. Wir Demokraten müssen selber aber etwas mehr haben als die bloße Erkenntnis dessen, was heute *nicht* geht! Demokrat sein kann nur, wer die Brücken nach rechts, d. h. nach rückwärts abgebrochen hat und die Überzeugung hegt, daß der Inhalt der Demokratie nur von links kommen kann.

21. (Sonntag) Hans Kästner hier. Nachmittags mit dem »Umba-Klub« zum Elisabethbrunnen.

22. Im Kino Figaros Hochzeit.

29. Ich sprach heute mit Geh. Rat Troeltsch über eine Doktorarbeit. Da ich um ein Thema aus der Wirtschaftspolitik gebeten hatte, gab er mir eine Arbeit über »Die Kleinaktie als Form einer Arbeitergewinnbeteiligung«. Allzu entzückt bin ich nicht von diesem Thema!

Dezember 1920

1. Mit Scheller, Seidel und Tegethoff[140] mache ich jetzt einen Repetitionskursus mit, bei dem wir uns gegenseitig (morgens 8–10 Uhr) abfragen. Zunächst öffentliches Recht und Finanzwissenschaft.

11. Das Referat über die Preistheorien habe ich abgegeben. Ich glaube, daß ich vieles dabei gelernt habe.

18. Heimreise. Morgens noch nach Sickertshausen. Schneelandschaft.

21. Rigoletto im Stadttheater. – Ich bin vollkommen unmusikalisch, behalte keine Melodie, höre keinen Takt heraus. Trotzdem habe ich Musik außerordentlich lieb, weil sie mich anregt und mir allerlei Gedanken gibt.

25. (Samstag, Weihnachten) Abends in angeregter Unterhaltung bei Richters.

26. (Sonntag) Ich habe jetzt einen großen Teil meiner Bücher aus meinem Zimmer in das neue herübergeholt. Geschichte, Politik, Volkswirtschaft und Juristerei füllen einen großen Schrank. Die ganze schöne Literatur, Kunst und Philosophie muß ich noch drüben lassen. Sie sind mir zunächst auch entbehrlicher. Im ganzen nimmt meine Bibliothek unaufhörlich zu. Aber auf die Masse der Bücher will es mir gar nicht ankommen, sondern mehr auf auserlesene Güte. Und doch bin ich nur zu oft genötigt, Büchern Gastrecht einzuräumen, die ich mir der Vollständigkeit wegen oder aus anderen besonderen Gründen behalte.

27. Mich verfolgte heute Nacht ein sonderlicher Gedanke: Was wäre aus mir geworden, wenn sich meine Eltern niemals kennen gelernt hätten? Wenn sie sich anders verheiratet hätten? – Würde ich dann je zur Hälfte in zwei anderen Menschen stecken?

28. Unterhaltungs- und Tanzabend im Kasino.

29. Der Doktrinär opfert die Zukunft der Gegenwart; der Staatsmann aber die Gegenwart der Zukunft.

30. Nachmittags in der Schauburg das großartige Filmwerk: Anna Boleyn gesehen.

31. Im Stadttheater Pygmalion von Bernhard Shaw. – Zwei phonetisch interessierte Junggesellen lesen das Blumenmädchen Elisa von der Straße auf, um ein Experiment an ihr zu machen. In 6 Monaten will Prof. Higgins sie in Sprach- und Lebensgewohnheiten zu einer Weltdame erziehen. Elisa ist eine begabte Schülerin. Ihre Lehrzeit gibt Gelegenheit zu komischen und doch ernst wirkenden Kontrasten bürgerlicher und proletarischer Lebensinhalte. Das Experiment an Elisa gelingt. Higgins ist erfreut, aber sein Interesse an Elisa ist im selben Augenblick erloschen, und er glaubt, über Elisa zur Tagesordnung übergehen zu können. Elisa aber hat Wurzel gefaßt in der höheren sozialen Stellung; sie will sich nicht wieder zurückstoßen lassen. Die merkwürdige Auflösung des Stückes ergibt ein Zusammenleben der zwei Junggesellen mit Elisa. –

Abends Rockaus und Plebs bei uns. Um 3 Uhr nachts noch zu Kolls und bis 6 Uhr morgens dort geblieben.

Wieder nimmt ein Jahr von uns Abschied. Viel Sorgen läßt es uns zurück und unsere Zukunft ist ungewiß. Die wirtschaftlichen Schwierigkeiten haben keine große Besserung erfahren. Außenpolitisch ziehen stets erneut dunkle Wolken auf: Die Besetzung des Ruhrgebietes hängt wie ein Damoklesschwert über uns. Innenpolitisch sind wir von Einsicht und Sammlung nach wie vor weit entfernt. Bayern ist gar sehr querköpfig. Trotz allem aber sind auch verheißungsvolle Ansätze zur Besserung nicht zu verkennen. Wir werden die Ohren steif halten und uns durchbeißen müssen. Wir glauben an die Zukunft.
Hessische Landeszeitung 19. Nov. 1920
[eingeklebt: Vortrag von Prof. Goetz-Leipzig]
Hessische Landeszeitung 16. Dez. 1920
[eingeklebt: In einer Versammlung der Studentengruppe der Zentrumspartei]

Die Marburger Universität

Gustav Heinemann als Student in Marburg, 1920

Noch während des Krieges: Gustav Heinemann als Soldat, zusammen mit den Eltern und seiner Schwester Heidi

Die Nationalversammlung in Weimar 1919

Protestkundgebung in Kiel gegen den Versailler Vertrag und die damit geforderten Abtretungen in Nordschleswig

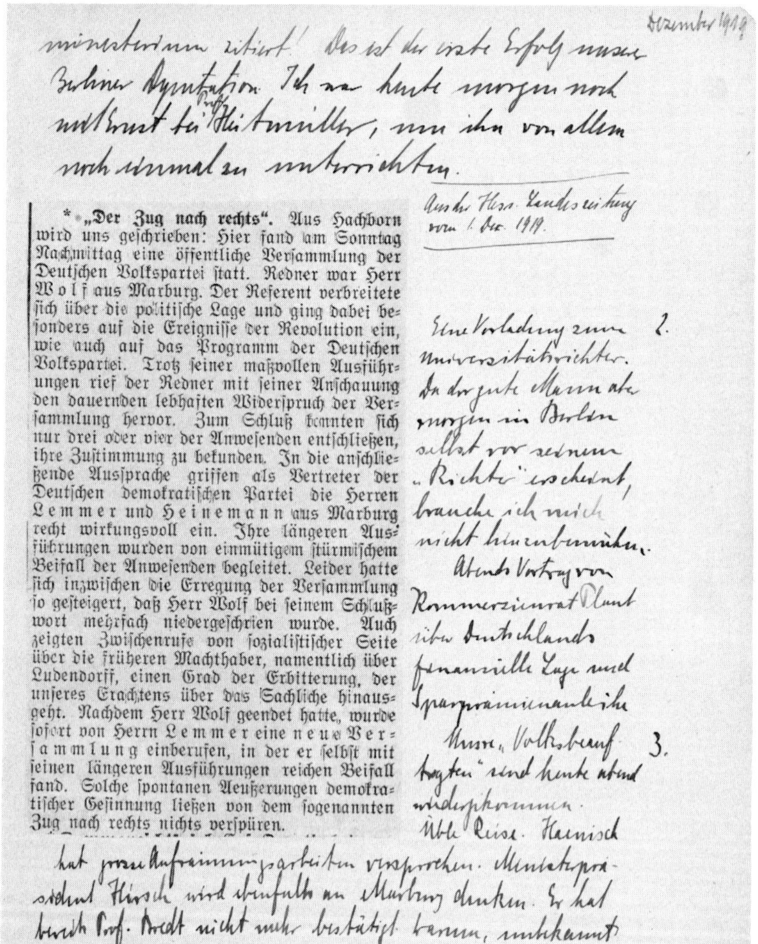

Dezember 1919

ministerium zitiert! Das ist der erste Erfolg unserer Berliner Agitation. Ich war heute morgen noch mit Ernst bei Prof. Heitmüller, um ihn vor allem noch einmal zu unterrichten.

* „**Der Zug nach rechts**". Aus Hachborn wird uns geschrieben: Hier fand am Sonntag Nachmittag eine öffentliche Versammlung der Deutschen Volkspartei statt. Redner war Herr Wolf aus Marburg. Der Referent verbreitete sich über die politische Lage und ging dabei besonders auf die Ereignisse der Revolution ein, wie auch auf das Programm der Deutschen Volkspartei. Trotz seiner maßvollen Ausführungen rief der Redner mit seiner Anschauung den dauernden lebhaften Widerspruch der Versammlung hervor. Zum Schluß konnten sich nur drei oder vier der Anwesenden entschließen, ihre Zustimmung zu bekunden. In die anschließende Aussprache griffen als Vertreter der Deutschen demokratischen Partei die Herren Lemmer und Heinemann aus Marburg recht wirkungsvoll ein. Ihre längeren Ausführungen wurden von einmütigem stürmischem Beifall der Anwesenden begleitet. Leider hatte sich inzwischen die Erregung der Versammlung so gesteigert, daß Herr Wolf bei seinem Schlußwort mehrfach niedergeschrien wurde. Auch zeigten Zwischenrufe von sozialistischer Seite über die früheren Machthaber, namentlich über Ludendorff, einen Grad der Erbitterung, der unseres Erachtens über das Sachliche hinausgeht. Nachdem Herr Wolf geendet hatte, wurde sofort von Herrn Lemmer eine neue Versammlung einberufen, in der er selbst mit seinen längeren Ausführungen reichen Beifall fand. Solche spontanen Aeußerungen demokratischer Gesinnung ließen von dem sogenannten Zug nach rechts nichts verspüren.

Aus der Hess. Landeszeitung vom 1. Dez. 1919.

Eine Vorladung zum Universitätsrichter. 2.
Da der gute Mann aber morgen in Berlin selbst vor seinem „Richter" erscheint, brauche ich mich nicht hinzubemühen.
Abends Vortrag von Kommerzienrat Plaut über Deutschlands finanzielle Lage und Sparprämienanleihe.

Unsere „Volksbeauftragten" sind heute abend wiedergekommen. 3.
Üble Reise. Haenisch hat provisorische Aufräumungsarbeiten versprochen. Ministerpräsident Hirsch wird ebenfalls an Marburg denken. Er hat bereits Prof. Brecht nicht mehr bestätigt. Warum, unbekannt.

— 11 —

Tagebuchseite vom 1. Dezember 1919

Die Massendemonstration am 13. Januar 1920, dem »blutigen Dienstag«, vor dem Reichstagsgebäude in Berlin

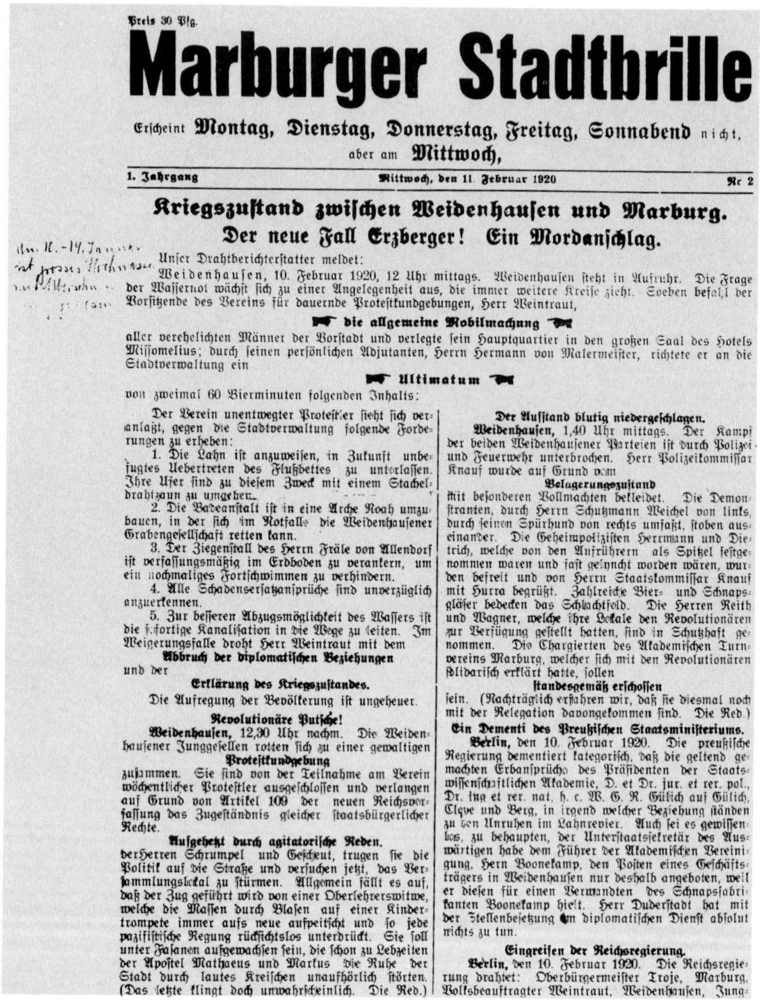

Preis 30 Pfg.

Marburger Stadtbrille

Erscheint Montag, Dienstag, Donnerstag, Freitag, Sonnabend nicht, aber am Mittwoch,

1. Jahrgang — Mittwoch, den 11. Februar 1920 — Nr 2

Kriegszustand zwischen Weidenhausen und Marburg.

Der neue Fall Erzberger! Ein Mordanschlag.

Unser Drahtberichterstatter meldet:

Weidenhausen, 10. Februar 1920, 12 Uhr mittags. Weidenhausen steht in Aufruhr. Die Frage der Wassernot wächst sich zu einer Angelegenheit aus, die immer weitere Kreise zieht. Soeben befahl der Vorsitzende des Vereins für dauernde Protestkundgebungen, Herr Weintraut,

die allgemeine Mobilmachung

aller verehelichten Männer der Vorstadt und verlegte sein Hauptquartier in den großen Saal des Hotels Missomelius; durch seinen persönlichen Adjutanten, Herrn Hermann von Malermeister, richtete er an die Stadtverwaltung ein

Ultimatum

von zweimal 60 Bierminuten folgenden Inhalts:

Der Verein unentwegter Protestler sieht sich veranlaßt, gegen die Stadtverwaltung folgende Forderungen zu erheben:

1. Die Lahn ist anzuweisen, in Zukunft unbefugtes Uebertreten des Flußbettes zu unterlassen. Ihre Ufer sind zu diesem Zweck mit einem Stacheldrahtzaun zu umgeben.
2. Die Badeanstalt ist in eine Arche Noah umzubauen, in der sich im Notfalle die Weidenhausener Grabengesellschaft retten kann.
3. Der Ziegenstall des Herrn Fräle von Allendorf ist verfassungsmäßig im Erdboden zu verankern, um ein nochmaliges Fortschwimmen zu verhindern.
4. Alle Schadensersatzansprüche sind unverzüglich anzuerkennen.
5. Zur besseren Abzugsmöglichkeit des Wassers ist die sofortige Kanalisation in die Wege zu leiten. Im Weigerungsfalle droht Herr Weintraut mit dem

Abbruch der diplomatischen Beziehungen

und der

Erklärung des Kriegszustandes.

Die Aufregung der Bevölkerung ist ungeheuer.

Revolutionäre Putsche!

Weidenhausen, 12,30 Uhr nachm. Die Weidenhausener Junggesellen rotten sich zu einer gewaltigen

Protestkundgebung

zusammen. Sie sind von der Teilnahme am Verein wöchentlicher Protestler ausgeschlossen und verlangen auf Grund von Artikel 109 der neuen Reichsverfassung das Zugeständnis gleicher staatsbürgerlicher Rechte.

Aufgehetzt durch agitatorische Reden.

der Herren Schrumpel und Gescheut, trugen sie die Politik auf die Straße und versuchen jetzt, das Versammlungslokal zu stürmen. Allgemein fällt es auf, daß der Zug geführt wird von einer Oberlehrerswitwe, welche die Massen durch Blasen auf einer Kindertrompete immer aufs neue aufpeitscht und so jede pazifistische Regung rücksichtslos unterdrückt. Sie soll unter Fasanen aufgewachsen sein, die schon zu Lebzeiten der Apostel Mathaeus und Markus die Ruhe der Stadt durch lautes Kreischen unaufhörlich störten. (Das letzte klingt doch unwahrscheinlich. Die Red.)

Der Aufstand blutig niedergeschlagen.

Weidenhausen, 1,40 Uhr mittags. Der Kampf der beiden Weidenhausener Parteien ist durch Polizei- und Feuerwehr unterbrochen. Herr Polizeikommissar Knauf wurde auf Grund vom

Belagerungszustand

mit besonderen Vollmachten bekleidet. Die Demonstranten, durch Herrn Schutzmann Weichel von links, durch seinen Spürhund von rechts umfaßt, stoben auseinander. Die Geheimpolizisten Herrmann und Dietrich, welche von den Aufrührern als Spitzel festgenommen waren und fast gelyncht worden wären, wurden befreit und von Herrn Staatskommissar Knauf mit Hurra begrüßt. Zahlreiche Bier- und Schnapsgläser bedecken das Schlachtfeld. Die Herren Reith und Wagner, welche ihre Lokale den Revolutionären zur Verfügung gestellt hatten, sind in Schutzhaft genommen. Die Chargierten des Akademischen Turnvereins Marburg, welcher sich mit den Revolutionären solidarisch erklärt hatte, sollen

standesgemäß erschossen

sein. (Nachträglich erfahren wir, daß sie diesmal noch mit der Relegation davongekommen sind. Die Red.)

Ein Dementi des Preußischen Staatsministeriums.

Berlin, den 10. Februar 1920. Die preußische Regierung dementiert kategorisch, daß die geltend gemachten Erbansprüche des Präsidenten der Staatswissenschaftlichen Akademie, D. et Dr. jur. et rer. pol., Dr. ing et rer. nat. h. c. W. G. R. Gülich auf Gülich, Cleve und Berg, in irgend welcher Beziehung ständen zu den Unruhen im Lahnrevier. Auch sei es gewissenlos, zu behaupten, der Unterstaatssekretär des Auswärtigen habe dem Führer der Akademischen Vereinigung, Hern Boonekamp, den Posten eines Geschäftsträgers in Weidenhausen nur deshalb angeboten, weil er diesen für einen Verwandten des Schnapsfabrikanten Boonekamp hielt. Herr Duderstadt hat mit der Stellenbesetzung im diplomatischen Dienst absolut nichts zu tun.

Eingreifen der Reichsregierung.

Berlin, den 10. Februar 1920. Die Reichsregierung drahtet: Oberbürgermeister Troje, Marburg, Volksbeauftragter Weintraut, Weidenhausen, Jung-

Die »Marburger Stadtbrille« vom 11. Februar 1920 (erste und letzte Seite)

Konservativer Buchhändler

lich einstudierten Fortratt. Die Musik spielte aus Puccinis „Butterfly", Piccolo iddio" (O du kleiner Herrgott). Herr Elwert hatte zum Besten der guten Sache eine Lotterie veranstaltet, in der die Restbestände der am 27. Januar nicht an den Mann gebrachten Kaiserbilder, zur Verlosung gelangten. Die Beteiligung war so stark, daß der Erlös von 0,45 Mk. die wesentliche Grundlage zum sozialen Fonds bilden konnte. Herr Elwert stellte den Betrag in nobelster Weise restlos zur Verfügung. Leider kam es hierbei zu einem bedauerlichen Zwischenfall. Die Studienräte Weber und Heintze gerieten um die Erlangung des letzten Loses in ein disputierliches Gespräch, das die Festesfreude bald durch einen politischen Mord unterwühlt hätte. Hier betätigte Herr Gübich praktisch sozialen Ausgleich, indem er, in salbungsvollen Worten von „Mensch zu Mensch" redend, die bestehenden Zwistigkeiten beilegte. Leider fand das Fest einen frühzeitigen Abschluß, da der Herr Wagner, ein bekannter Sozialistenführer, durch dröhnende Zwischenrufe und Armbewegungen derart störte, daß Herr Prof. Bredt mit Recht ausrief: „Meine Herrschaften, sehen Sie sich diesen Menschen an!" Herr Buchbinder Sonnenschein, staatlich approbierter Stimmungswellenglätter in Volksversammlungen, ließ auf dem Heimwege sein Licht unbedeckten Hauptes leuchten.

Antisemiten u. Alldeutsche

Soz. demokrat. Stammtischredner

Früher konservat. Abg.

Jetzt ... Volksredner

Hochschulnachrichten. Geheimrat Enneccerus ist nach Berlin berufen. Die Wiedereinführung des Römischen Rechts im Reichsgebiet steht daher für Ostern 1921 in Aussicht. — Geheimrat Zangenmeister wurde zum Ehrenvorsitzenden des Vereins für Bevölkerungspolitik ernannt. — Professor Hamann bittet um Überweisung sämtlicher im Frühling greifbarer Regenwürmer zur Inscenierung eines neotranshyperkubosuturistisch expressionistischen Gemäldes. — Professor Barnhausen hielt 5 Minuten den Atem an. — Dr. Heimsoeth bekam dreigliedrige Drillinge und taufte sie auf den Namen „Politikus, Kulturikus und Oekonomikus". — Dr. Trietsch ist Mitglied des deutschen Sprachvereins geworden und hat die Ausarbeitung eines Lexikons zur Verdeutschung soziologischer Fremdwörter übernommen.

Die Angelegenheit Dünnhoff.

Herr Dünnhoff (Guestphaliae) bittet uns um Aufnahme folgender Erklärung auf Grund des § 11 des Preßgesetzes:

Es ist n i c h t wahr, daß ein Kollegheft von mir seit Mai 1919 bei den Fundsachen des Herrn Universitätskastellan Groß abzuholen sei. Es ist vielmehr wahr, daß ich nie ein solches besessen habe: Ein feiner Mann besitzt keine Kollegheste.

Es ist n i c h t wahr, daß ich aus parlamentarischem Ehrgeiz nach einer Kandidatur im Asta für das kommende Semester strebe. Es ist vielmehr wahr, daß mich mein Fuchsmajor aus bierologischen Gründen unter Begnadigung vom doppelten B. V. für ein Semester in den Asta kommandieren will.

Es ist n i c h t wahr, daß ich dem früheren Sozialistenführer Diels (Corps Rhenaniae) das corpus iuris an den Kopf warf. Erstens besaß ich niemals ein corpus iuris und zweitens rührt der Schmiß an der rechten Wange des verehrlichen Herrn Diels von einem Sturz her: Er fiel in das Monokel des Herrn Dr. Trietsch.

Alles dies in Güte.

Den Corpshund aber werde ich auf denjenigen loslassen, der weiter frech behauptet, ich hätte in meinen drei Semestern mehr als einmal im Colleg gesessen. Odi profanum volgus et arces!

Stadtverordnetenversammlung. In der gestrigen Sitzung der Stadtverordnetenversammlung stand die bedauerliche Tatsache zur Debatte, daß in einer der letzten Sitzungen an die zwanzig Angelegenheiten in nur etwa 1½ Stunden erledigt wurden. Herr Stadtrat Trommershausen wies in etwa dreistündiger Rede auf das Bedauerliche dieses Galopptempos hin. Er führte aus, daß es den erhabensten Traditionen und allen parlamentarischen Gepflogenheiten ins Gesicht schlage, wenn man in solch rasendem Tempo arbeite. Keine Angelegenheit sei so unwichtig, daß sie nicht in 3 Lesungen mit diversen Rednergarnituren behandelt werden könnte. Alles müsse so breit wie irgend möglich getreten werden. Wolle man aber dennoch dieses Tempo ansetzen, so wäre es nichts als ein Gebot der Selbsterhaltung, auch hier dem Zuge der Zeit zu folgen und durch Einführung der Akkordarbeit den Ausfall an Tagegeldern wettzumachen. Die Anregung fand allgemeinen Beifall. Herr Piskator wurde mit der Ausarbeitung des Tarifs beauftragt.

Briefkasten.

Freie Burschenschaft Normannia: Sie wollen wissen, wie man einen Fuchs fängt? Das können wir Ihnen nicht sagen. Wenn es ein „Kanickel" wäre, würden wir Sie an den Herrn Oberbürgermeister verweisen. Der hat eine ganze Ausstellung im Marburger Kurhaus zusammengebracht.

S. M. Korpsstudent. Sie fragen an, ob man beim Tanzen die Couleurmütze aufbehält? — Beim Tanz im Freien pflegt man im allgemeinen die Mütze abzulegen; in geschlossenen Lokalen bleibt man selbstverständlich bedeckt. Zweifeln Sie? — Das steht ja schon im Knigge. Im Uebrigen wenden Sie sich bitte auf dem Dienstwege an ihren Fuchsmajor.

Krasser Fuchs. Sie sind in Verlegenheit, wie sie im kleinen Marburg Ihre Zeit verbringen sollen? Wir schlagen Ihnen folgendes Wochenprogramm vor:

Montag: Lebensmittelamt,
Dienstag: Kartoffelstelle,
Mittwoch: Universitätssekretariat,
Donnerstag: Quaestur,
Freitag: Kohlenstelle,
Sonnabend: Wohnungsamt.

Ihre Tage werden voll ausgefüllt und gezählt sein, und Sie werden sich am Sonntag freuen, wenn Sie Ruhe haben. Bei einiger Geschicklichkeit können Sie auf diese Weise sogar das ganze Semester ausfüllen!

Studentinnen, kauft Kämme!
Wir gehen lausigen Zeiten entgegen.
H. Komp, Rittergasse.

Einladung zur Gründungsversammlung einer
Nationalbolschewistischen Jugendgruppe
im Realgymnasium am 14. Febr.
Leiter ist der mit der Ofenklappe spielende Direktor.

Welcher Professor hat noch **Referate zu vergeben?**
Ich bearbeite wöchentlich bis zu 7 Stück.
Röpke, cand. rer. pol.

Teutschgeborene blondhaarige Ariersöhne
suchen zur Vervollständigung ihrer politischen Ausrüstung
schwarz-weiß-rote Badehöschen!
Die teutschnationalistische Studentengruppe. !

Verlag: Th. Dietrichs, Lübeck, Holstenstraße. Druck: Hessischer Verlag G. m. b. H.

Der Kapp-Putsch in Berlin: putschende Truppe vor dem Reichskanzler-Palais

Arbeiter! Parteigenossen!

Der Militärputsch ist da! Die Baltikum-Landsknechte, die sich vor der befohlenen Auflösung fürchten, haben den Versuch unternommen, die Republik zu beseitigen, und **eine diktatorische Regierung** zu bilden.

Mit **Lüttwitz** und **Kapp** an der Spitze!

Arbeiter, Genossen!

Wir haben die Revolution nicht gemacht, um uns heute wieder einem blutigen Landsknechtregiment zu unterwerfen. Wir paktieren nicht mit den Baltikum-Verbrechern.

Arbeiter, Genossen!

Die Arbeit eines ganzen Jahres soll in Trümmer geschlagen, Eure schwer erkaufte Freiheit vernichtet werden.

Es geht um alles! Darum sind die schärfsten Abwehrmittel geboten.

Kein Betrieb darf laufen, solange die Militärdiktatur der Ludendorffe herrscht!

Deshalb legt die Arbeit nieder! Streikt! Schneidet dieser reaktionären Clique die Luft ab. Kämpft mit jedem Mittel um die Erhaltung der Republik! Laßt allen Zwist beiseite! Es gibt nur ein Mittel gegen die Diktatur Wilhelms II.:

Lahmlegung jeden Wirtschaftslebens!
Keine Hand darf sich mehr rühren!
Kein Proletarier darf der Militärdiktatur helfen!
Generalstreik auf der ganzen Linie!

Proletarier vereinigt Euch! Nieder mit der Gegenrevolution!

Die sozialdemokratischen Mitglieder der Regierung:
Ebert. Bauer. Noske. Schlicke. Schmidt. David. Müller.

Der Parteivorstand der Sozialdemokratischen Partei:
Otto Wels.

»Generalstreik auf der ganzen Linie!« Plakataufruf der sozialdemokratischen Regierungsmitglieder und des Parteivorstandes der SPD

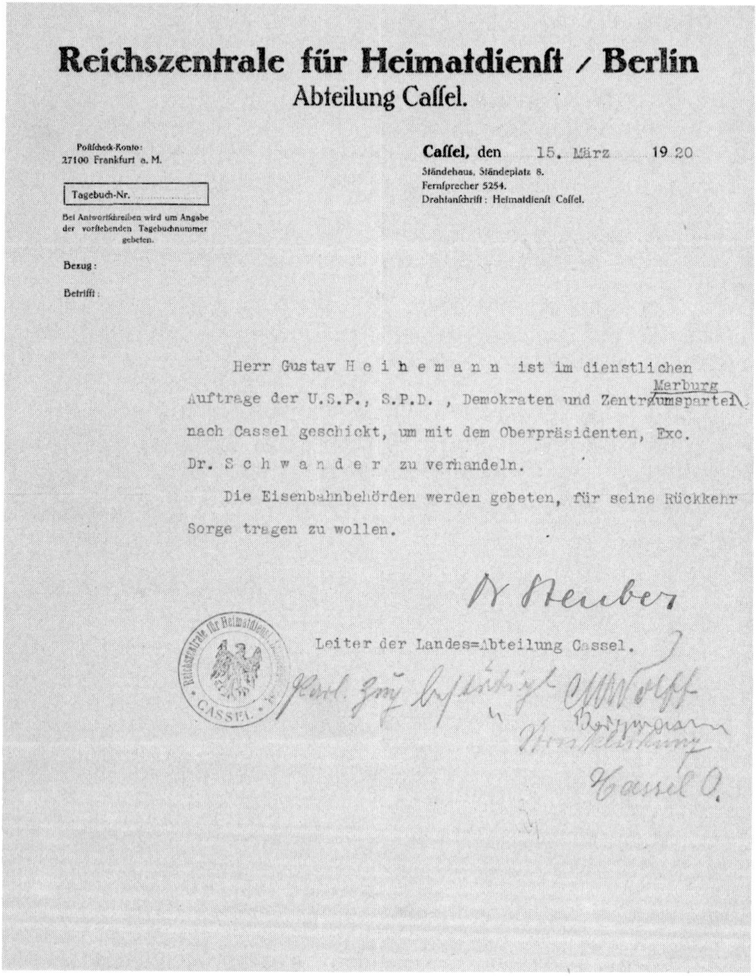

Reichszentrale für Heimatdienst / Berlin
Abteilung Cassel.

Postscheck-Konto:
27100 Frankfurt a. M.

Cassel, den 15. März 1920
Ständehaus, Ständeplatz 8.
Fernsprecher 5254.
Drahtanschrift: Heimatdienst Cassel.

Tagebuch-Nr. ....

Bei Antwortschreiben wird um Angabe der vorstehenden Tagebuchnummer gebeten.

Bezug:

Betrifft:

Herr Gustav H e i h e m a n n ist im dienstlichen Auftrage der U.S.P., S.P.D. , Demokraten und Zentrumspartei Marburg nach Cassel geschickt, um mit dem Oberpräsidenten, Exc. Dr. S c h w a n d e r zu verhandeln.

Die Eisenbahnbehörden werden gebeten, für seine Rückkehr Sorge tragen zu wollen.

Leiter der Landes=Abteilung Cassel.

Sonderausweis während des Generalstreiks für Gustav Heinemann

Die »Marburger Volkskompanie«. In der ersten Reihe 7. v. r. Ernst Lemmer

Früher Auftritt der Nationalsozialisten in der Öffentlichkeit: Demonstrationszug in München am Rosenheimer Berg anläßlich ihres ersten Reichsparteitages am 27. Januar 1923

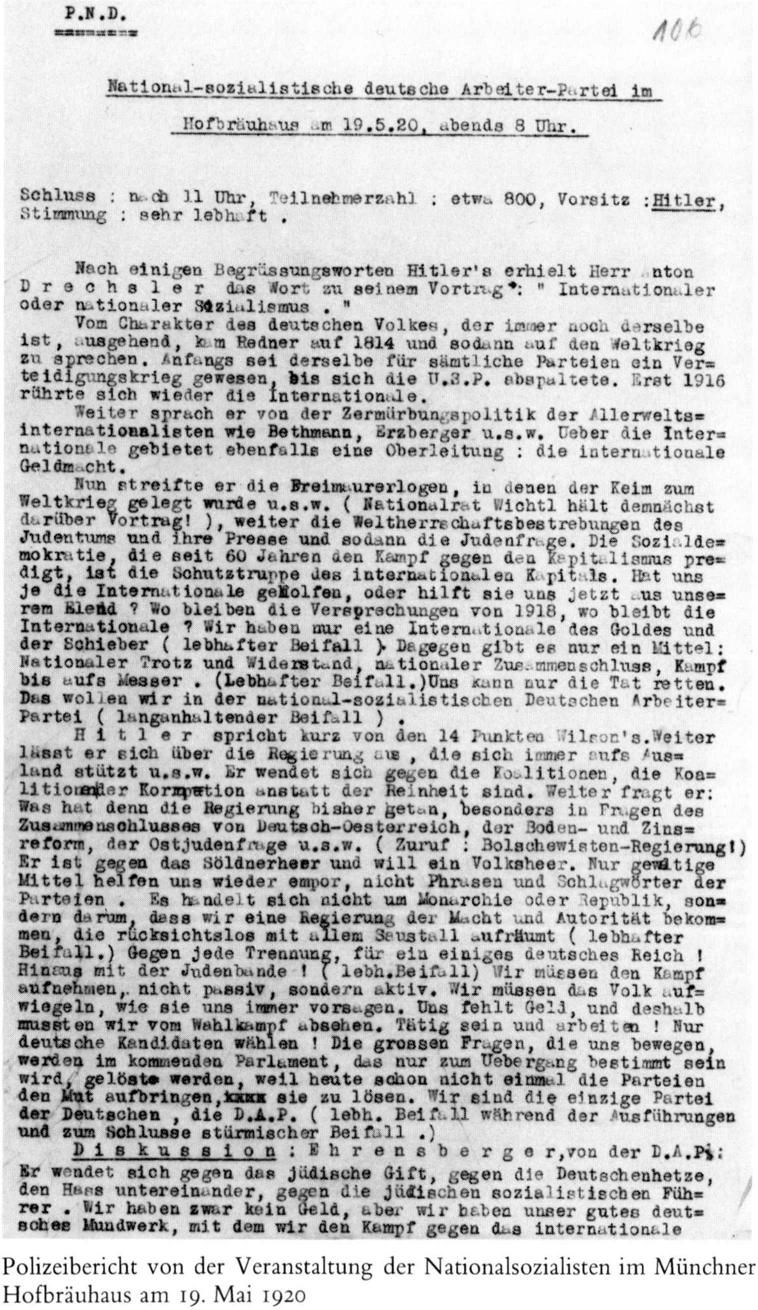

P.N.D.

106

National-sozialistische deutsche Arbeiter-Partei im Hofbräuhaus am 19.5.20, abends 8 Uhr.

Schluss : nach 11 Uhr, Teilnehmerzahl : etwa 800, Vorsitz :Hitler, Stimmung : sehr lebhaft .

Nach einigen Begrüssungsworten Hitler's erhielt Herr Anton D r e c h s l e r das Wort zu seinem Vortrag: " Internationaler oder nationaler Sozialismus . "

Vom Charakter des deutschen Volkes, der immer noch derselbe ist, ausgehend, kam Redner auf 1814 und sodann auf den Weltkrieg zu sprechen. Anfangs sei derselbe für sämtliche Parteien ein Verteidigungskrieg gewesen, bis sich die U.S.P. abspaltete. Erst 1916 rührte sich wieder die Internationale.

Weiter sprach er von der Zermürbungspolitik der Allerweltsinternationalisten wie Bethmann, Erzberger u.s.w. Ueber die Internationale gebietet ebenfalls eine Oberleitung : die internationale Geldmacht.

Nun streifte er die Freimaurerlogen, in denen der Keim zum Weltkrieg gelegt wurde u.s.w. (Nationalrat Wichtl hält demnächst darüber Vortrag!), weiter die Weltherrschaftsbestrebungen des Judentums und ihre Presse und sodann die Judenfrage. Die Sozialdemokratie, die seit 60 Jahren den Kampf gegen den Kapitalismus predigt, ist die Schutztruppe des internationalen Kapitals. Hat uns je die Internationale geholfen, oder hilft sie uns jetzt aus unserem Elend ? Wo bleiben die Versprechungen von 1918, wo bleibt die Internationale ? Wir haben nur eine Internationale des Goldes und der Schieber (lebhafter Beifall) Dagegen gibt es nur ein Mittel: Nationaler Trotz und Widerstand, nationaler Zusammenschluss, Kampf bis aufs Messer . (Lebhafter Beifall.)Uns kann nur die Tat retten. Das wollen wir in der national-sozialistischen Deutschen Arbeiter-Partei (langanhaltender Beifall) .

H i t l e r spricht kurz von den 14 Punkten Wilson's.Weiter lässt er sich über die Regierung aus , die sich immer aufs Ausland stützt u.s.w. Er wendet sich gegen die Koalitionen, die Koalitionen der Korruption anstatt der Reinheit sind. Weiter fragt er: Was hat denn die Regierung bisher getan, besonders in Fragen des Zusammenschlusses von Deutsch-Oesterreich, der Boden- und Zinsreform, der Ostjudenfrage u.s.w. (Zuruf : Bolschewisten-Regierung!) Er ist gegen das Söldnerheer und will ein Volksheer. Nur gewaltige Mittel helfen uns wieder empor, nicht Phrasen und Schlagwörter der Parteien . Es handelt sich nicht um Monarchie oder Republik, sondern darum, dass wir eine Regierung der Macht und Autorität bekommen, die rücksichtslos mit allem Saustall aufräumt (lebhafter Beifall.) Gegen jede Trennung, für ein einiges deutsches Reich ! Hinaus mit der Judenbande ! (lebh.Beifall) Wir müssen den Kampf aufnehmen, nicht passiv, sondern aktiv. Wir müssen das Volk aufwiegeln, wie sie uns immer versagen. Uns fehlt Geld, und deshalb mussten wir vom Wahlkampf absehen. Tätig sein und arbeiten ! Nur deutsche Kandidaten wählen ! Die grossen Fragen, die uns bewegen, werden im kommenden Parlament, das nur zum Uebergang bestimmt sein wird, gelöst werden, weil heute schon nicht einmal die Parteien den Mut aufbringen, sie zu lösen. Wir sind die einzige Partei der Deutschen , die D.A.P. (lebh. Beifall während der Ausführungen und zum Schlusse stürmischer Beifall .)

D i s k u s s i o n : E h r e n s b e r g e r ,von der D.A.P.: Er wendet sich gegen das jüdische Gift, gegen die Deutschenhetze, den Hass untereinander, gegen die jüdischen sozialistischen Führer . Wir haben zwar kein Geld, aber wir haben unser gutes deutsches Mundwerk, mit dem wir den Kampf gegen das internationale

Polizeibericht von der Veranstaltung der Nationalsozialisten im Münchner Hofbräuhaus am 19. Mai 1920

Judentum aufnehmen wollen. Bitte um Geldspenden ! (Beifall)

S t i e f e l bespricht kurz die " Segnungen " der Revolution. Lassen Sie sich nicht verhetzen, schauen Sie sich die Parteien an ! Nicht Bayern gegen Preussen! Nehmt die preussischen Junker in Schutz ! Wir wollen beim Reich bleiben in guten und bösen Zeiten! (lebh.Beifall.) Er schliesst mit dem niederländischen Dankgebet . (lebh.Beifall)

Rechtsanwalt R u t z : Keine Stimme einem Juden ! Die eigentliche Judenpartei ist heute die demokratische Partei (Sehr richtig !) Mehr politischer Mut, nicht soviel Angst und Vertrauensseligkeit ! Handelsminister Hamm will an dem altehrwürdigen Geschlecht der Juden nicht rühren. Das ist kein Anwalt des deutschen Volkes! Solche Männer müssen hinaus ! Wählen Sie nur nationale Kandidaten, deutsch - national ! (lebhafter Beifall)

H i t l e r wendet sich etwas gegen die Wahlagitation des Vorredners und gibt bekannt, dass die Wahlparole einzig und allein die Parteileitung ausgibt .

K ö r n e r fragt an, ob die Erklärung des " Kampf " - Redakteurs Nutt bekannt sei, der sein Amt niedergelegt hat, da er nicht weiter die Arbeiter belügen will (Bravo ! Lüge ! Hört ! Unruhe.) Auch ein weiteres führendes U.S.P.-Mitglied steht auf unserer Seite und wird demnächst hervortreten (lebhafter Beifall) .

K e p l e r , ein junger Student, Sozialist, protestiert dagegen, dass die D.A.P. den Namen des Sozialismus zu dem ihrigen macht (Oho ! Unruhe !).Wo steht denn auf dem Programm etwas vom Sozialismus ? (Oho ! Runter ! Schluss ! Unruhe!)

(H i t l e r bittet, Kepler ausreden zu lassen, er wird ihn dann selbst abfertigen .)

Wo sind da Arbeiter ? (Runter ! Wird verprügelt und hinausgeworfen trotz Protest des Vorsitzenden. Grosse Unruhe.)

H i t l e r wendet sich nun scharf gegen diesen 17jährigen jungen Mann, der ja gar nicht weiss, was arbeiten heisst und noch nichts erlebt hat. Ist die Forderung der Brechung der Zinsknechtschaft keine sozialistsische Forderung ?

Dietrich E c k a r t beleuchtet den jüdischen Charakter und fordert zum Zusammenarbeiten auf, um das Unrecht wieder gut zu machen . (lebh. Beifall)

K n e i l wendet sich gegen Rathenau und dessen Kriegsgesellschaften. Wir sind deutsche Arbeiter und wollen deutsche Arbeiter sein. (lebh.Beifall) Nur einen deutschen Sozialismus. Tritt für den deutsch-nationalen Handlungsgehilfen-Verband ein, der mit der D.A.P. geht und steht . (lebh. Beifall) Nationaler Zusammenschluss aller schaffenden Stände ! (lebh.Beifall.)

Ein Gegner (U.S.P. - wahrscheinlich Lingenöhr von der Sektion Obersendling) bittet, die Gegner ruhig sprechen zu lassen und nimmt K e p l e r in Schutz (Unruhe.) Jeder Arbeiter soll gegen jeden Terror, sei er von rechts oder links, sein. Nicht auf die Wahlen kommt es an, sondern was jetzt ist (Dauernd Zwischenrufe und Unruhe.) : Ernährungslage. Was hat denn die Regierung Kahr - Pöhner bis jetzt getan? Und diese Regierung ist doch sicher nicht jüdisch! Gegen die Reichswehr, die soviel Geld verdient (Rote Armee !) und gegen Dr. H e i m . Ja, wer ist denn schuld, dass eine Rote Armee ins Leben gerufen wurde ? (Juden ! Unruhe !) Eine Regierung kann sich nur halten, wenn sie für ausreichende Lebensmittel sorgt.Nicht die rohe Gewalt entscheidet, sondern die Vernunft ! Unser Volk muss wieder erzogen werden .(Schluss ! Unruhe !) Lassen Sie mich ausreden, sonst schaden Sie ihrer Partei und zersplittern sie, wie es bei den sozialistischen Parteien der Fall ist . (Seine ganzen Ausführunegn waren sehr ruhig und der D.A.P. im Grunde nicht feindlich.)

H i t l e r widerlegt einige Punkte des Vorredners. Auch in Bayern regiert nicht Kahr, sondern es regieren die Juden.(Beifall) Er tritt für ausreichenden Lebensunterhalt der Handarbeiter ein. Dafür: Preisabbau, aber nicht sozialistische Phrasen . (lebh.B.)

Da es bereits 11 Uhr war, kamen die anderen Diskussionsredner nicht mehr zum Wort. Nach Schluss wollte sich noch ein Redner,der sich auch gegen die Internationale wandte, Gehör verschaffen,was ihm aber nicht mehr gelang .

=========

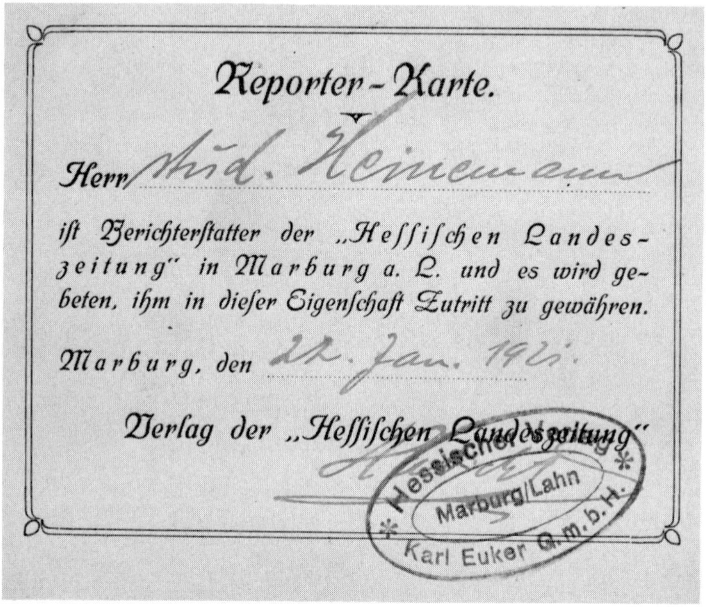

Reporter-Karte.

Herr stud. Heinemann

ist Berichterstatter der „Hessischen Landeszeitung" in Marburg a. L. und es wird gebeten, ihm in dieser Eigenschaft Zutritt zu gewähren.

Marburg, den 22. Jan. 1921.

Verlag der „Hessischen Landeszeitung"

Hessischer Verlag Marburg/Lahn Karl Euker G.m.b.H.

Presseausweis der »Hessischen Landeszeitung« für Gustav Heinemann

Unruhen in Mitteldeutschland, März 1921.
Teilnehmer am Aufstand werden von Polizisten in Eisleben abgeführt

Gruppenbild der Kommilitonen vom 19. Februar 1921. Obere Reihe v.l.n.r. Wilhelm Tegethoff, Venghaus, Alfons Tegethoff, Scheller; untere Reihe: Seidel, Ernst Pegel, Auerbach, Gustav Heinemann

Sonntagsausflug im Juni 1921, v.l.n.r. Gustav Heinemann, Eva Fincke, Ilse Fincke, Anneliese Hahn, Wilhelm Röpke, Ernst Pegel, Isa Boldt

Ausflug der staatswissenschaftlichen Fachschaft am 25. Juni 1921 nach Ockershausen. In der unteren Reihe 3. v.l. Alfons Tegethoff, dann Gustav Heinemann; in der zweiten Reihe sitzend v.l.n.r. Prof. Lotz, Wilhelm Röpke, unbekannt, Prof. Troeltsch, Frau Arndt, Prof. Köppe, Frau Troeltsch, Prof. Arndt, Frau Köppe; in der nächstfolgenden Reihe stehend ganz links Isa Boldt und Anneliese Hahn; hinter Prof. Köppe und Frau Troeltsch Eva Fincke und schräg hinter dieser Ilse Fincke

Alfons Tegethoff und Gustav Heinemann am Tage ihrer Promotion

1921

Januar 1921

1. (Samstag) Ich lese augenblicklich gesammelte, während des Krieges in der Schweiz erschienene Aufsätze und Aufrufe (Nippold: Kriegsaufsätze; Almanach der Freien Zeitung in Bern; Herron[141]) über und gegen Deutschland. Sie geben eine Anschauung davon, wie Deutschland im Auslande beurteilt wurde. Das monarchisch-militaristische Deutschland wird als die Verkörperung des Bösen empfunden und leidenschaftlich bekämpft. Ich will niemals bestreiten, daß dieser Kampf trotz mancher Übertreibung ein ehrlicher war und gar manches schonungslos beim rechten Namen nannte. Aber er ist einseitig, nicht vorurteilsfrei und darum nicht objektiv. Der alte, Europa bedrohende und darum bekämpfte deutsche Obrigkeitsstaat ist zusammengebrochen. Die Ziele der Länder des demokratischen Kreuzzuges müßten also heute erreicht sein. Wie weit aber sind wir davon noch entfernt. Frankreich entpuppt sich deutlich als Europas Störenfried (Genfer Völkerbundversammlung!). Die Vorkämpfer einer neuen Weltordnung werden deshalb heute, wenn sie Einsicht und Ehrlichkeit genug besitzen (wie augenscheinlich Herron) ihre Front herumwerfen müssen. Der deutsche Pazifismus muß zu Schanden werden, wenn Völkerbund und 14 Punkte bleiben, was sie heute sind: Farce! Deutschland soll angeblich der alleinige Kriegsverbrecher sein. Darüber zu streiten ist jetzt müßig. All die spitzigen Federn mögen heute mit gleicher Ausdauer und Leidenschaft gegen die Friedensverbrecher von Versailles schreiben.
2. (Sonntag) Das unerbittliche: Ich muß! Ich soll! der täglichen Arbeit müssen wir befreien zu einem: Ich kann! Ich will! Vollendet aber wird die Erlösung von einer seelentötenden Mechanik erst in einem: Ich darf, was ich kann und will!
3. In Düsseldorf, Dr. Hoff; Unterhaltung über Gewinnbeteiligung und Kleinaktie.

   Unsere Zeit hat in ihrem Hang zur Spezialisierung und zur Auflösung alles Universal-umfassenden auch die Kunst an einen Beruf, an Berufsmenschen ausgeliefert. Das Ergebnis ist eine Ausrottung jedes unmittelbaren Kunstempfindens aus dem

Volke. Von Dilettanten in der Kunst zu reden, ist der größte Widersinn. Es gibt wohl große und kleine, gute und schlechte Künstler. Künstler aber ist jeder Mensch und sollte es sein.

4. Morgens in Barmen. – Nachmittags wurde Vater von Dr. Keller und Leimkugel aufgesucht, um ihm ein Mandat zum preußischen Landtag anzutragen. Er soll Spitzenkandidat im Wahlkreis Düsseldorf-Ost werden.

5. Vater lehnt die Annahme der Kandidatur aus persönlichen und geschäftlichen Gründen ab. Wandel kandidiert für die D.V.P.

7. Abends Mitgliederversammlung der D.D.P. Ansprache über Parteitag und wirtschaftliche Fragen.
Es ist ein Zeichen von hoher Bildung, wenn der Mensch Allem vorurteilsfrei gegenüber zu treten vermag. Die Erkenntnis, etwas ablehnen zu müssen, soll hart erkämpft werden. Nichts kann beschämender sein, als sich eingestehen zu müssen, leichtfertig verdammt zu haben.

8. Im Stadttheater: Der Postillon von Lonjumeau.

9. (Sonntag) Ich las gestern und heute: Der Einzelne und seine Kunst von Mielke. Ein sehr lesenswertes Buch. Seine Mahnungen und Vorschläge sind heute beherzigenswerter als je. Auch die Kunst wird dazu beitragen müssen, unserer Zeit wieder Seele zu geben.

11. Nach Marburg.

12. Der Wille zur Erreichung eines großen Ziels, das Erkennen seiner Bedeutung und das Ahnen einer Lust, auf den Höhen der Menschheit zu schweben, verbunden mit der Erkenntnis der Unzulänglichkeit seiner Kräfte oder Fähigkeiten ist für den Menschen eine bittere Tragik.

15. Ich brachte heuer im Seminar von Prof. Köppe mein Referat über »Moderne Preisbildungstheorien« (Oppenheimer, Liefmann, Cassel) zum Vortrag. Es wurde sehr günstig beurteilt, insbesondere auch in seinen ganz selbständigen kritischen Partien und der Ableitung einiger spezieller Ergebnisse. – Unsere theoretische Nationalökonomie krankt daran, daß sie nicht in der Lage ist, vor lauter Wust und Wirrwarr der verschiedensten, meist schon hundert und tausendmal widerlegten Theorien zu klaren und positiven Ergebnissen zu kommen. Mag es auch in der Tat nicht möglich sein, daß sich eine volkswirtschaftliche Anschauungsweise oder Auffassung allgemein durchsetzt, so

sollte man doch wenigstens in speziellen Ergebnissen zu einer Einigung kommen können. Ich habe dieses in meinem Referat versucht und, wie ich glaube und aus den Äußerungen der Zuhörer entnehme, mit Erfolg.
Abends Tabakskollegium bei Pegel[142]. Debatte über Staatsauffassungen und Staatsformen.

16. (Sonntag) Ausflug mit Damen zum Frauenberg.

17. Wenn man England in einem Satze kennzeichnen will, so muß man sagen: Es besitzt keine geschriebene Verfassung!

18. 50jähriges Bestehen des Deutschen Reiches. Vormittags Feier in der Universitäts-Kirche. Busch hielt die Festrede und verherrlichte, um die Proportionalität zu wahren, 48 Minuten die Vergangenheit, insbesondere die Monarchie, und degradierte 2 Minuten die Gegenwart, insbesondere die Republik. – Abends Mitgliederversammlung der D.D.P. Prof. Rade sprach.

20. Sind Demokratie und soziales Empfinden nicht Zeichen der Verweichlichung? Die Masse stürmt gegen das Individuum und will es zu sich herunterziehen. Solange wir nicht die Gewißheit haben, daß auch die Demokratie ein höheres Kulturleben – und dazu ist doch der Mensch da, nicht zum vegetieren – ermöglicht, so lange ist jedes Nachgeben Feigheit. Wir müssen entweder den felsenfesten Glauben an die bessere Gemeinschaft des Volkes haben oder aber den rücksichtslosen Mut zum Sklavenhalter. Ein Drittes sehe ich nicht. Von oben gesehen, ist Demokratie Neid – oder Bewußtsein eigener Schuld; von unten gesehen ist Aristokratie Brutalität – oder gottgewollt. Beide Male kann nur etwas Übergreifendes Versöhnung bringen: eine außerirdische Weltordnung (Mittelalter) oder der Glaube an eine bessere Zukunft auf Erden. – Entscheide!

21. Versammlung der D.V.P. in den Stadtsälen. In Herrn v. Kardorff[143] hatte die D.V.P. einen ihrer namhaftesten Führer als Redner gewonnen. v. Kardorff, von einer sehr großen, schlanken Figur, redete in schnell herausgestoßenen, abgehackten Worten. Seine Stärke liegt in seinem Ethos und seiner rücksichtslosen Wahrhaftigkeit. – Scharfe Auseinandersetzung mit den Deutschnationalen!

22. Abends bei mir Tabakskollegium.

24. Vortrag von Geh. Rat Traeger über Politik. Ich schrieb einen Bericht für die Hess. Landeszeitung.

25. Prof. Otto: England und Indien, mit Lichtbildern. Bedeutungsvolle Fragen. Religiöser Menschheitsbund.
27. Wir haben Geschichte gelitten, jetzt wollen wir sie leiten!
28. In den Stadtsälen sehr gut besuchte demokratische Versammlung. Dr. Gertrud Bäumer[144] als Rednerin! Ausgezeichneter Vortrag. In überaus ruhiger, ausgeglichener Weise entwickelte sie ihre Gedanken, und ihre Gedanken waren Programme! Kein Steiten und Zanken, kein Wortedreschen! Solche Frauen sind eine große Bereicherung des öffentlichen Lebens. »Freude am überlegenen Menschen«. – Als Frau Dr. Bäumer nach der Versammlung wieder nach Berlin reiste, begleitete ich sie noch mit Herrn Euker[145] zur Bahn.
30. Nach Sickertshausen und Lollar. Nachmittags mit Karl Nordmann im Wagen über Land. Friedelhausen und Staufenberg. – Abends zu einem sog. offenen Abend bei Prof. Rade. Vorlesen, Musik, Unterhaltung. Von der Wand schaute ein lebensgroßes Gemälde Friedrich Naumann's herab in unverkennbarer Ähnlichkeit mit seiner Schwester, Frau Prof. Rade. – Extensive und intensive Kultur.
31. Vortrag Traeger.

Februar 1921

1. Mut zur Inkonsequenz: Maurenbrecher[146].
4. Zentrumsversammlung: Sanitätsrat Dr. Stemmler-Ems. Die Rede war eine selten bombastische Deklamation, weiter nichts. – Bericht geschrieben.
6. (Sonntag) Bei Pegel Wilhelm Tegetthoffs Geburtstag gefeiert.
7. Traeger. Bericht geschrieben.
9. Meine Doktorarbeit macht mir viel Kummer, sie will gar nicht vorankommen, weil es mir an Material fehlt.
11. Deutschnationale Versammlung. Dr. Hoelscher sprach. Sehr lächerlicher, gänzlich zusammenhangloser Vortrag, meist Anekdoten.
12. Vormittags Deutschnationale Versammlung, Reichstagsabgeordneter Lind[147]. – Abends demokratische Versammlung in den Stadtsälen: Dr. Gessler![148] Ein sehr ernster, verantwortungsbewußter Vortrag, keine Polemik. Nachher noch mit Dr. Gessler zusammen. Bericht geschrieben.

13. (Sonntag) Abends bei Rade. Unterhaltung über allerlei Studentisches.
14. Vortrag Traeger.
17. Prof. Bredt hat eine neue Partei gegründet und hielt heute abend in der Universität darüber einen Vortrag: »Zurückgehen auf Adam Smith«. Schutz der produktiven Klassen gegen Ausbeutung durch Beamtenheere. Keine Einschränkung der Wirtschaft und des Erwerbsinnes. Die bürgerlichen Parteien werden gesprengt werden, weil sie in der Frage des Eigentums verschiedenartige Interessen umspannen. Die alten, aus den 48er Jahren stammenden Gegensätze zwischen den Parteien sind heute überlebt. Wir haben und behalten Volksherrschaft, freiestes Wahlrecht usw. Hierum zu streiten, ist nicht mehr an der Zeit. Lediglich wirtschaftliche Fragen werden uns künftig trennen. Sozialistische oder individualistische Wirtschaft? Durch das Nachlaufen hinter Arbeitern und Beamten haben die bürgerlichen Parteien allesamt mit großen Kreisen des Bürgertums verdorben. Deshalb die neue Partei, die sich mit aller Kraft gegen jedwede Beschränkung des freien Eigentums einsetzen will. – Bei konsequenter Durchführung des Programms entstehen unhaltbare Ergebnisse. Manchestertum! Haus- und Terrainspekulanten im Hintergrund.
18. Geh. Rat Troeltsch hatte heute abend seine Doktoranden zu sich eingeladen. Besonderer Anlaß dazu war ihm das bestandene oder kurz bevorstehende Examen dreier seiner besten Schüler (Clemen, Röpke, Wiskemann). Troeltsch's Freude über dieses Zusammentreffen war außerordentlich und ergreifend. Ein selten schöner Abend.
20. (Sonntag) Preußenwahlen. Morgens Stimmzettel verteilt. Abends auf dem Landratsamt telefonisch mitgeteilte Ergebnisse mitgeschrieben und nachher im Kaffee Hildemann verlesen.
23. Wir haben arge Verluste bei der Wahl erlitten: 26 Demokraten. – Röpke machte Dr. Examen. Summa cum laude!
27. (Sonntag) In Lollar.

März 1921

2. Nach Hause. Röpke bei uns.
4. Die Londoner Verhandlung[149] seit Mittwoch im Gang. Trübe Aussichten.
5. Morgens mit Vater und Röpke auf Zeche Sülzer-Neuack eingefahren. Äußerst interessant. – Nachmittags kurze Zeit in der Schwurgerichtsverhandlung über die Vorgänge am Wasserturm März 1920.
8. Abends Vortrag vom Monistenbund, über Weltall und Gottesidee. – »Sanktionen«[150] in Kraft.
12. Bei Thomas bis 4 Uhr früh Geburtstag gefeiert.
14. Ich arbeite jetzt mit großem Vergnügen das sehr gute Buch von Gide und Rist »Geschichte der volkswirtschaftlichen Lehrmeinungen« durch.
    Gestern nachmittag mit Vater im Musikvereinskonzert (Saalbau). Ausgezeichnet, besonders Strauß: Also sprach Zarathustra.
18. Stadttheater: Hebbel's Judith. Großartige und begeistert entgegengenommene Erstaufführung. Frl. Stuckering in der Titelrolle lebhaft gefeiert. – Die gedrungene menschliche Übermenschlichkeit überwältigt. Zwei leidenschaftliche Menschen spielen mit der verabscheuungswürdigen Welt. »Wer sich selbst aus der Welt wegdenken und einen Ersatzmann nennen kann, der gehört nicht mehr hinein!« Wie das Weib das Recht hat, von einem Mann zu verlangen, daß er ein Held sei – ein Held um ihretwillen –, so will der Mann das Recht haben, den Göttern zu trotzen, über die Erde zu herrschen und im Genuß zu schwelgen. Holofernes wird auf dem Gipfel seiner Überhebung wie ein Untier geschlachtet und Israel feiert Judith als seine Retterin. Aber Judith kommt uns menschlich nicht nahe. Denn sie gab ihre weibliche Ehre nicht aus idealen Gründen hin, sondern weil sie selber Lust verspürte. Nur ihre bei aller Leidenschaftlichkeit großartige Härte gegen sich selbst zwingt zur Bewunderung.
19. Ich lese in Spenglers[151] Untergang des Abendlandes. Großartige Konzeption. Ich bin freudig überrascht, in seinen Unterscheidungen einer Physiognomik der Kulturen Gedanken zu finden, die ich selbst in anderer Sichtung bereits verfolgt habe. Ich stellte nicht Kulturkreise gegenüber, sondern vielmehr Anschauungsweisen innerhalb unserer abendländischen Kultur. Die geschlos-

sene Einheitlichkeit eines Kulturkreises wird sich nur in den umfassendsten Grundzügen behaupten lassen; darüber hinaus können, soviel ich sehe, auch innerhalb eines Kulturkreises wieder deutlich unterscheidbare Weltbilder auseinander gehalten werden. – Hoffentlich ist Spenglers Beweismaterial tatsächlich richtig und vollständig; jedenfalls kann man es nur bei gewaltiger Sachkenntnis nachprüfen. Seine Schlußfolgerungen haben etwas Bestechendes, aber ich glaube, daß sich die Menschen instinktiv dagegen wehren werden.
Der Gedanke eines unendlichen Fortschrittes ist den Menschen angenehmer!

20. (Sonntag) Abends bei Richters Verlobung gefeiert. Bis 1/2 5 Uhr früh. – Oberschlesiens Schicksalstag[152]. Wir sind alle zuversichtlich.

21. Oberschlesien ist unser geblieben! Ein deutscher Sieg von unendlicher Bedeutung. – Morgens mit einem cand. rer. pol. Stöcker unter Dr. Schiffers Führung das Kruppsche Chemische Laboratorium angesehen.

25. (Karfreitag) Seit einigen Tagen wieder Unruhen in Mitteldeutschland[153]. Die kommunistische Frühjahrsoffensive beginnt!

27. (Ostern) Unruhige Ostern. Der Versuch, gestern einen Generalstreik anzuzetteln, schlug fehl.

28. Nachmittags Zusammenstoß zwischen Sicherheitswehr und Demonstranten in der Stadt. Ungefähr 60 Tote und Verwundete. Freitag schrieb ich an Röpke: »Den moskowitischen Göttern soll zum Osterfeste geopfert werden!« Es blieb nicht aus.

29. Ich las dieser Tage eine Biographie über Justus Möser[154] (von Rupprecht). Die sehr konsequente Durchführung seiner Auffassung der Dinge gefällt mir an Möser.

April 1921

2. Eltern und Heidi für eine Woche nach Eschwege und Thüringen.

3. (Sonntag) Erst wenn der Mensch alles Irrationale überwunden und jede nicht selbst für Recht erkannte Autorität ausgeschaltet hat, kommt er zu dem vollen Bewußtsein, daß alles nur in ihm selbst, in seiner vernunftmäßigen Erkenntnis und seinem für sittlich gehaltenen Willen begründet sein kann. Dieser Zeitpunkt

bedeutet für ihn die Wegscheide und erfüllt ihn mit der größten Verantwortung vor sich selbst. Er ist, wenn er von einem Gefühl der Unzulänglichkeit der eigenen Kräfte zur Meisterung der gewaltigen Probleme begleitet ist, vielleicht der qualvollste, der ihm jemals begegnen kann. Aber er ist auch zugleich der Zeitpunkt, in dem sich die größte Spannkraft der Seele beweisen kann, wenn sie mit unerbittlichem Willen die Nacht zu durchdringen sucht, welche das plötzliche oder allmähliche Verlöschen aller außer ihr stehenden Kräfte über sie ausgegossen hat. Unsere ganze Jugenderziehung beruht auf der nur zu unbewußten Voraussetzung, daß gewisse Kräfte und Autoritäten als schlechthin gegeben über jede Begründung erhaben sind (Gott und religiöse Ethik, ein zugunsten bestimmter Gewalten gepflegter Historizismus (Monarchie!) u. a.). In dem Augenblick, wo ein Mensch den Glauben an diese »Gegebenheiten« verliert, wird ihm ein ganzes Fundament entzogen: er schwebt frei und tastet nach neuem Halt. Denn kein Mensch von ernster Lebensauffassung kann ohne Kompaß durchs Leben gehen. Ein Lebensweg der Gedankenlosigkeit ist ihm von selbst genommen; einen Lebensweg unter den Fittichen eines allein selig machenden Glaubens hat er als Irrtum empfunden und abgelehnt; einen Lebensweg begründet auf möglichst vollkommener Erkenntnis und vertretbarer Zielsetzung will er einschlagen. Seine Schritte gehen – vorerst – ins Dunkle. Es kann Nacht um ihn bleiben sein Leben lang, wenn er keinen Grund aller Dinge findet. Er kann an einem Sinn des Lebens verzweifeln und einem mit hoffnungslos eisigem Gleichmut getragenen Pessimismus verfallen, durchdrungen von der Wertlosigkeit aller Ziele. Sein Leben würde eine einzige große Enttäuschung sein. – Aber er kann auch Quellen höchster Kraft finden und die Welt mit einem großen, unerschütterlichen Wollen umspannen. Er kann gleichsam einen neuen Glauben an den Wert der Dinge, an neue, mit großer Gewißheit erfaßte Ideale finden, ohne indessen der Hypothese eines Gottes zu bedürfen.

4. Im Vortrag im Monistenbund. Pflanzl: »Vom Werden des Lebens«.

5. In einem Antiquariat in der Viehoferstraße verschiedene ausgezeichnete Bücher erstanden, darunter Möser »Patriotische Phantasien«[155] in Erstausgabe.

6. Es gehört zu den schönsten Erfahrungen eines Lebens, daß man noch in jedem Menschen, den man anfänglich geringschätzig behandelte, behandeln zu können glaubte, etwas Erhabenes, etwas Suchendes und Strebendes fand.
7. Ein Tagebuch als Altar des eigenen Ich!
9. Im Saalbau findet heute, morgen und übermorgen ein großer Wohltätigkeitsbazar zum Besten der Kriegerwaisen statt. Ich war heute da, um den Betrieb einmal kennen zu lernen. Vom Standpunkt des Vergnügens aus konnte zweifellos jeder zufrieden sein und vollauf zu seinem Recht kommen. Aber es mußte einem eigenartig zu Mute werden, wenn man an den Zweck der Veranstaltung dachte. Wer sich quantitativ am meisten amüsierte, war der größte Wohltäter! Unsere Kriegerwaisen tanzen nicht, sitzen nicht im Kabarett oder in der Bar, aber sie finden wenigstens »Wohltäter«, die es gerne für sie tun! Kann man an einer solchen Gesellschaft nicht verzweifeln?
14. Heidi[156] ist gestern zum ersten Mal in die Schule gegangen. Nachdem wir ihr tagelang vorgeredet hatten, wie schön es dort sei, zog sie gestern mit der Überzeugung hin, daß ihr ein großes Ereignis bevorstehe. Sie saß aber gestern kaum einen Augenblick in der Bank, als sie schon anfing, ihr Butterbrot zu verzehren. Heute brachte sie es bereits fertig, ihren Regenschirm zu vertauschen und sich außerdem auf dem Heimweg zu verlaufen, weil angeblich »unter dem Regenschirm die Straßen so ganz anders ausgesehen hätten«!
22. Abends im Monistenbund Vortrag von Prof. Verweyen-Bonn[157] über »Goethes Weltbild und der Einheitsgedanke«. Nachher mit Prof. Verweyen bei Richters zusammen. Großartige Eindrücke und Anregungen.
24. (Sonntag) Versammlung der Deutschen Friedensgesellschaft[158] im Saalbau. Hellmuth v. Gerlach[159] sprach. – Die Ferien sind wieder einmal vorüber. Dreierlei habe ich getan, um sie auszunutzen: Gide und Rist durchgearbeitet, Juristerei wiederholt und meine Doktorarbeit über die Spartätigkeit der Kruppschen Arbeiter in Angriff genommen. Im Übrigen vielerlei gelesen und nicht zuletzt manches mal vergnügt gefeiert.

Mai 1921

25. Mein Tagebuch habe ich arg vernachlässigt. Warum? An innerlichen wie äußeren Begebenheiten fehlte es sicherlich nicht. Vielleicht waren sie sogar viel zu stark, um ruhige Betrachtung aufkommen zu lassen. – Über Pfingsten war ich zu Hause. Schöne Tage. Viel mit Hildburg R.[160] zusammen an der Ruhr. Wenig gearbeitet. Einmal im Theater: Wagners Tannhäuser. Meine erste Wagneroper!! – Politisch ereignete sich inzwischen: Annahme des Londoner Ultimatums[161]. Damit dürften wir endlich den Tiefpunkt erreicht haben. Regierungswechsel; neuer Linkskurs. Poleneinfall in Oberschlesien. – Heute trug ich im Staatswissenschaftlichen Seminar des Grafen Degenfeld[162] mein Referat über Marx'ens Wert- und Mehrwertlehre vor. Für mich selbst bedeutete das Referat eine gute Einführung in das kolossale Marxistische Ideengebäude. – Damit habe ich jetzt meine notwendigen Seminararbeiten alle geliefert. Auch juristische Scheine habe ich genug. Die Sicht ist also frei für die Doktorarbeit und die vielerlei noch zu ergänzenden Lücken in meiner volkswirtschaftlichen Ausbildung. Hoffentlich ist meine Willens- und Arbeitskraft groß genug, um die Aufgabe vor Beginn des Winters zu schmeißen! Ich brenne ordentlich darauf, aus diesem volkswirtschaftlichen Trockenschwimmen endlich herauszukommen. Aber Marburg im Sommer ist auch nicht ohne Versuchungen! – Dazu noch allerlei Sehnsucht nach Essen! – Kampf ist das Leben!

26. Aus allem etwas machen!

27. Demokratie ist für mich die Verantwortlichkeit jeder politischen, wirtschaftlichen und geistigen Macht vor der Gesamtheit.

28. Abends mit Edwin Gild auf meiner Bude große Probleme erörtert.

29. (Sonntag) Nachmittag zur Salatkirmes nach Ziegenhain. Trachtenfest.

Juni 1921

2. Sitzung des akademischen Presseamtes, dessen Mitglied als Vertreter der nicht dem Hochschulring[163] angehörenden Studenten ich bin.

5. (Sonntag) Tagesausflug. Von Fendingen zum Lehnhof und zurück durchs Ilsetal. Frl. Eva und Ilse Fincke[164], Frl. Hahn[165], Frl. Strudel, Pegel und Röpke.

6. Wenn ich einen alten gebrechlichen Mann über die Straße gehen sehe, frage ich mich, was man im Alter noch vom Leben hat. Wenn es nichts mehr ist, warum *warten* wir dann noch auf ein erlösendes Ende?

9. Die Stellung eines Menschen in der Gesellschaft beruht auf seiner Geltung und seinem Wert. Der im Leben stehende Mann muß diesen seinen Wert bewiesen haben oder beweisen. Den jungen, sich zur Lebensfahrt rüstenden Menschen aber beurteilt man nach den Hoffnungen, die man in ihn setzt. Die Gesellschaft läßt von ihm einen Wechsel auf die Zukunft gelten. Wehe dem jungen Menschen, der diesen Wechsel zur rechten Zeit nicht einlösen kann! Man wird ihn bald merken lassen, daß man mehr von ihm erwartete. Als »guter Kerl« mag er geduldet und hingenommen bleiben, aber seine Rolle als ganzer Mann ist ausgespielt. Es mag Menschen geben, die sich dessen gar nicht bewußt werden. Aber es kann auch sein, daß es einen Menschen zur Verzweiflung treibt. Oder ihn in eine Rolle hineinzwingt, der er ja nicht gewachsen ist und die er vielleicht nur mit unlauteren Mitteln spielen kann. Der Zusammenbruch dieser vorgetäuschten oder angemaßten Bedeutung schwebt wie ein Verhängnis über ihm.
Ein solcher Mensch dramatisch dargestellt!

10. Ich bin unzufrieden mit der demokratischen Partei, denn sie ist nicht, was sie sein soll: eine Partei gegen den Klassenkampf, unbeeinflußt von jedweden wirtschaftlichen Sonderinteressen, eine Partei der Vergeistigung aller Lebenszusammenhänge. Die demokratische Partei kann nicht loskommen von bürgerlich-kapitalistischen Neigungen. Aus nationalliberalem und fortschrittlichem Lager ererbte Parteiführer belasten sie zu sehr. Die Jugend muß die demokratische Partei erobern – oder sie wird an ihrer Zwiespältigkeit zu Grunde gehen!

11. Es gibt zweierlei Arten des Tagebuchschreibens: entweder spricht der Verfasser nur von seinem Ich oder er erzählt unpersönlich-neutral. Ersteres ist leidenschaftlicher und subjektiver, letzteres mehr beurteilend, ruhiger.

12. (Sonntag) Vormittags mit Frl. Hahn und Frl. Boldt[166] nach

Werda gerudert. Nachmittags in Lollar. Abends bei Prof. Rade. Aussprache über die christlich kommunistische Siedlung »Das Neue Werk«[167] bei Schlüchtern und ihre Bestrebungen.

14. Ausgezeichneter Vortrag von Röpke über »Deutschland unter dem Druck der Reparation«. Ich schrieb einen Bericht für die Hess. Landeszeitung.

15. Vortrag von Prof. Brachmann[168] über »Student und Politik«. Sehr feine Gedanken. – Ich habe die Überzeugung, daß wir in Deutschland auf dem besten Wege sind, unser beinahe sprichwörtliches Unverständnis für politische Dinge abzustreifen. – Bericht geschrieben.

Nach dem Vortrag noch mit Frl. Hahn und Boldt zum Bis-
uns, in uns ist alles. Kein denkender Mensch wird um die Frage
marckturm. Herrliche Abendstimmung und launige Unterhaltung.

16. In Werda gerudert bei Sang und Lautespiel. Wundervoller Abend: Sonnenuntergang und Mondenschein. Übers Schloß nach Hause.

17. Nur den souveränen Menschen kann ich achten. Den Menschen, der sich nur verpflichtet fühlt aus eigenem, freiem Willen, aus eigener, freier Überzeugung, aus einem in ihm selbst begründeten Glauben. Zu einem solchen Menschen will ich werden, obwohl oder gerade weil ich weiß, welche Verantwortung darin liegt. Über alles will ich mir Rechenschaft abgeben. Ich leugne alles schlechthin Verbindlich-sein-wollende. Nichts ist außer herumkommen: Welchen Sinn hat das Leben? Jede allgemein gültig sein wollende Antwort hierauf muß ich zurückweisen. Damit stehe ich in schroffstem Gegensatz zu aller Religion, soweit sie dogmatisch ist. Nur was ich aus mir selbst heraus bejahe, kann ich als Antwort gelten lassen. Was andere Menschen dachten und lehrten, kann Wegweiser und Baustein sein – nicht mehr!

Ist es nicht wert, sein Leben an diese Frage zu setzen?

18. Abends Sonnenwend- und Bismarckfeier am Bismarckturm.

19. Ausflug nach Wetzlar-Braunfels mit Röpke und Frl. Eva und Ilse Fincke, Frl. Hahn, Frl. Boldt. 5.40 ab Marburg. In Wetzlar das Lottehaus aufgesucht, dann Wanderung über den Stopelberg nach Braunfels. Sehr anregende Aussprache mit Frl. Hahn.

Gestern abend war Hochzeit bei Richters. Frl. Dr. Isabel Richter heiratet Herrn Koch. Prof. Verweyen hielt die Traurede und wohnt bei uns.

20. Je zwangloser Fähigkeiten und gute Eigenschaften eines Menschen zum Ausdruck gelangen, umso mehr wirken sie.

22. Abends Spaziergang mit Frl. Hahn zum Bismarckturm. Wir saßen dort lange, vor uns das Lahntal mit den Lichtern der Stadt, die Silhouette des Schlosses auf der jenseitigen Höhe am bedeckten und dunklen Himmel nur schwach erkennbar; hinter uns über die bewaldeten Höhenrücken hinwegschauend der verklärte Mond, oft von Wolken verdeckt. – Wovon spricht man bei solcher Stimmung? Vom Glauben an die Welt trotz aller Weltschmerzen! Ideal und Erdenschwere.

23. In einer Versammlung der Studentengruppe der Zentrumspartei hörte ich eben den Landtagsabgeordneten Frhr. v. Papen[169], ehemaligen Militärattaché in New York, über »Deutschland und Nordamerika« reden. – Er schilderte die vollkommen falsche Auffassung und Behandlung amerikanischer Dinge an Hand seiner Erlebnisse. – v. Papen ist ein nüchterner, ganz auf die praktische Beurteilung der Dinge eingestellter Politiker. – Bericht geschrieben.
Was kann den Menschen innerlich freier machen, als seine Zeitgeschichte zu verstehen und zu überblicken? Wer nur eine einzelne Tatsache erkennt, kann sich bedrückt oder zu unbegründeten Hoffnungen verleitet fühlen. Erst im Zusammenhang aller Dinge gewinnen wir eine ruhige Ausgeglichenheit.

25. Heute abend veranstaltete die Staatswissenschaftliche Fachschaft einen Ball bei Ruppersberg in Ockershausen. Frl. Hahn als Tischdame. – Es war ein selten schönes Fest; noch nie habe ich so viel getanzt. Bei herrlichem Morgensonnenschein gingen wir um 1/2 5 Uhr nach Hause.

26. (Sonntag) Sonntag abend auf meiner Bude. Von fern her schallt Musik, dazwischen frohes Singen »Student sein, wenn die Veilchen blühen ...« – Hans Kästner besuchte mich heute von Gießen; ich empfing ihn einigermaßen verkatert im Bett. Heute nachmittag machten wir mit Frl. I. und E. Fincke, Frl. Kramberg, Röpke und Pegel einen Spaziergang zum Frauenberg.
»Das ist des Lebens höchste Feier, Herr, laß sie nie zu Ende sein ...!«

28. Heute abend Vortrag von Geheimrat Natorp über »Stunden bei

Tagore«. Dieser Vortrag war mir wie eine Predigt vom Göttlichsten in der Welt, von *dem* Menschen.

29. Abends bei Röpke zum Thee. Hernach aufs Schloß, wo wir beim Mitternachtsschlag der Schloßuhr Frl. Hahn zu ihrem 21. Geburtstag gratulierten.
30. Im Ockershäuser Waffelhäuschen Geburtstagsfeier.

Juli 1921

1. Abends bei Frl. Fincke's eingeladen. – Um 12 Uhr Vater von der Bahn abgeholt.
2. Morgens mit Vater durch Marburg spaziert. Frühschoppen. Nachmittags zum Frauenberg; nach einem Regenschauer herrlichste Aussicht. Nach dem Abendessen bei Röpke eine Erdbeerbowle angesetzt. Dr. Brüggenhoff gerät noch in unseren Kreis. Vater fährt in der Nacht um 4 Uhr weiter nach Leipzig. Ich glaube, daß er einen guten Eindruck von hier mitnimmt.
3. Abends zum Fachschaftsball der Pharmazeuten auf dem Hansenhaus. Ich habe Frl. Boldt versprochen, bis zum nächsten Sonntag nicht zu rauchen!
4. Festhalten will ich jeden Tag, aber er zerrinnt mir unter den Händen. Ich stemme mich gegen den Strom der Zeit – was nützt es? Unwiderstehlich schiebt er mich vorwärts. Vor mir liegt, zwar noch nicht recht vorstellbar, aber doch unabänderlich festgelegt, ein Tag, an dem ich Rechenschaft geben soll über das, was ich fertig gebracht habe. Noch fehlt mir die sieghafte Zuversicht. Soll sie von selbst kommen? Gewiß nicht! Sie will errungen sein – durch Arbeit!
5. Ist das Leben nur ein großer Vexierwalzer? Gestern und heute habe ich gewaltig mit mir gerungen. Ich glaube, daß ich es nun überwunden habe.
6. Abends mit Familie Hahn zum Frauenberg –!–
10. (Sonntag) Nachmittags bei Troeltsch eingeladen. Zu Ehren von Prof. Otto, der eine Berufung nach Berlin abgelehnt hat, waren die Hauptstützen der Marburger demokratischen Partei versammelt. Während wir bei Tee und Gebäck in den unteren Räumen des Hauses verteilt saßen, wurde Prof. Otto in mehreren Reden gefeiert. Zuletzt sprach Prof. Otto selbst. Es war ergreifend.

»Von Führertum kann keine Rede mehr sein«. Er erzählte, wie er mehrfach in seinem Leben große und verlockende Aufgaben vor sich sah (Wahlrechtsfrage im preuß. Abgeordnetenhaus; Anknüpfung einer Verbindung zwischen deutschen und türkischen Volksvertretern 1918, Berufung nach Berlin), aber stets durch seine tückische Krankheit verhindert wurde, sich ihr voll und ganz hinzugeben. Gerne würde er Jahre seines Lebens für die Aufgaben geopfert haben, es konnte nicht sein. Zuletzt entwikkelte er uns seine Ansicht über das Wesen der Demokratie: Heranziehung aller Volksgenossen zu tätiger, verantwortungsbewußter Mitarbeit am Ganzen. Individualismus.

15. Dr. Stadtler[170] »Der Weg zur nationalen Einheitsfront«.

17. (Sonntag) Sozialistentag in Marburg. Statt des verhinderten Scheidemann redete Abg. Erich Kuttner[171], Vorwärtsredakteur. Es war nichts als platte, negativste und geistlose Demagogie.

18. Abends mit Röpke bei Prof. Otto. Vorbesprechung für politische Veranstaltungen im Wintersemester.

20. Asta-Wahlen. Ich bin für das Wintersemester 21/22 gewählt worden.

22. Abends auf dem Hansenhaus meine Geburtstagsfeier. Frl. Boldt und Frl. I. Fincke fehlten leider. Sonst waren wir Siebenschläfer fröhlich beisammen und warteten bei einer Bowle auf die Mitternachtsstunde, die mich ein Jahr älter werden lassen sollte. Es war das erste mal, daß ich mich nicht mehr darüber freute, wieder einen Kreis meines Daseins vollendet zu haben.–

23. Nachts um 2 Uhr machte ich noch mit Ernst Pegel einen Spaziergang. Wir drangen auf den Friedhof in Ockershausen ein und wandelten lange durch seine dunklen Wege. Der Mond schien durch das Gezweig der Lebensbäume und Eichen und gab den Kreuzen auf den Gräbern einen fahlen, totenbleichen Widerschein. Nur leise bewegte der Wind die laue, fast schwüle Luft; rieselnd rauschten die Blätter der Bäume. Einige Insekten zirpten im Grase, sonst war alles Frieden und Ruhe. Aus den Gräbern sprachen Generationen zu uns, sie erzählten von Schmerzen und Freuden, von Lebenskampf und Erlösung in ewiger Ruhe. Jahr um Jahr, Tag um Tag kommen wir ihnen näher, stets sollen wir gerüstet sein. Aber mein Leben ist noch jung. Wer einen eigenen Lebensweg sucht, den niemand gehen kann außer uns selbst und

von dem niemand weiß, wohin er führt, kann nicht in der Jugend schon zum Letzten bereit sein. Noch hänge ich mit allen Fasern am Leben, weil es noch Kampf ist. Die schweigenden Gräber aber mahnen, es Sieg werden zu lassen. Wir stiegen den Hang hinan, an der Kapelle vorbei, bis wir rückwärtsschauend über Gräber und Bäume hinweg in die Ebene des Lahntals und auf die jenseitigen nebelumhauchten Höhen hinausblickten. – Lange lagen wir auf einem Abhang im Grase; der Mond und die Sterne am Himmel standen in endloser Ferne. Endlos schien alles zu sein. Ein leichter Schlaf umfing mich. Ich schied aus der Welt und mir war es, als glitt ich langsam, langsam aus aller Schwere hinaus. Ich schwebte frei, fiel langsam, dann schneller und schneller – jählings in einen gähnenden, dunklen und endlosen Abgrund – ins Nichts. Mein Körper löste sich und zerstob Stück um Stück in tausende von Atomen – in Nichts. Mein Denken erlosch. In Raum und Zeit blieb kein Ich mehr. – »Gustav« sprach eine Stimme, erschrocken fuhr ich empor und starrte fassungslos um mich. Durch Zweige und Grabkreuze blickte still der Mond und warf fahle Schatten bis zu meinen Füßen. Langsam stieg Leben in mir empor und füllte den Körper wie eine leere Form. Aus dem Nichts kam mein Ich herauf und gab mir langsam wieder Gedanken. Dann erst ließen meine Augen das merkwürdige Bild, das schon lange in ihnen lag, zu mir kommen. Ich war wieder in der Welt. – »Du warst eingeschlafen. Laß uns nun weitergehen; die Kälte des Bodens ist nicht gut.« – Wir standen auf und gingen schweigend weiter. Gibt es ein Fortleben nach dem Tode? frug es in mir. Mein Ich war wie mein Körper in Nichts verflossen und ausgetilgt gewesen. Nur hier leben wir und nur einmal. Das muß uns hart machen. Es gibt kein Spielen und kein Vergeben. Tragen müssen wir, was wir auf uns laden. Darum sollten wir in jedem Augenblick nur Endgültiges tun. – Warum fürchten wir Menschen uns noch, gigantisch zu sein? Alle Fesseln sind nur Selbstbetrug. Die Welt und das Leben gehören uns voll und ganz. Ein großes Wollen muß über uns kommen! Jeder Mensch sei ein Revolutionär und gestalte sich und sein Leben allein aus sich heraus. Wage – kämpfe – und im Siegen sterbe!

Nachmittags Spaziergang zum Waffelhäuschen. Abends in Bükkings Garten und bei Pegel.

24. (Sonntag) Abends bei Prof. Rade. Es war recht langweilig; Frau Prof. Rade las Missionsgeschichten aus dem Urwald vor.

25. Frl. Hahn einen langen Brief geschrieben: Bruchstücke einer Konfession. ». . . Was Sie in mir angeregt haben, hat bisher noch kein Mensch vermocht. Der Gedankenaustausch mit Ihnen war mir Veranlassung, mir selbst Klarheit und Rechenschaft über mein eigenes Wesen zu geben. Wir weckten in uns Gedankengänge, die uns wohl beide zu Ergebnissen führten, die zwar in uns lagen, uns aber noch nie bewußt geworden waren. Indem wir uns aussprachen, entdeckten wir uns selbst. – Ich glaubte im Anfang, in Ihnen eine gleiche Seele gefunden zu haben, einen Menschen gerade so wie ich selber war – oder mir zu sein schien. Einen Menschen, glücklich mit sich selbst. Dem die rauhe Welt nichts war und der sich vor ihr scheute. Der ihren Staub königlich tragen wollte. Der in glücklichen Stunden, auf Wasser und Bergeshöhen, auf Wanderfahrten und trauten Spaziergängen, in strahlender Sonne und lieblichem Mondenschein das Glück der Seele mit vollen Zügen in sich aufnahm. Sommernachtstraum – Märchenstimmung! Und dabei stets von tiefem Ernst getragen, stets grübelnd und zum Verzicht bereit. So gaben wir uns. Ich gestehe gern, daß es Tage gab, an denen ich nur an Sie denken konnte, und Sie suchte, als suchte ich mich selber. Ich liebte Sie oder fing an, es zu tun. – Und das entsetzte mich, als ich es mir eingestand. In mir wehrte sich etwas. Ich wollte nicht so sein, wie ich mich gegeben hatte, weil es nicht mein wahres, mein ganzes Ich war. Der unterdrückte Teil meines Ich stand plötzlich auf und kämpfte um sein Recht. Bis er siegte. Es waren wehe Stunden. Ich wußte Sie glücklich am Rhein. Als Sie zurückkamen, war meine Märchenstimmung verflogen. Ich hatte den Eindruck, als ob auch Sie mir anders entgegentraten als in den ersten Wochen. Das schmerzte mich; bis es mich endlich bestärkte und ich einsah, daß nun alles umso mehr sein mußte. – Sie merkten, daß etwas in mir vorging und frugen. Aber ich wich noch aus, weil ich immer noch nicht mit mir fertig war. Sie glaubten, es läge an Ihnen. Daß ich diesen Gedanken nicht sofort und restlos von Ihnen nahm oder nehmen konnte, werfe ich mir heute vor. Denn er ist so grundlos. Deshalb heute diese Zeilen, nachdem ich wieder ein Stück weiter mit mir bin. Es ist langsam freier um mich geworden, und wenn ich mich noch nicht ganz

herausgewunden habe, so weiß ich doch, daß es bald so weit sein wird. – Wie bin ich denn nun und was soll alles heißen? Ich habe mich zu passiv werden lassen; dagegen bäumt es sich in mir auf. Ich will den Staub der Erde nicht tragen – und sei es königlich! Ich will ihn abschütteln und niedertreten! Ich will mich nicht vor der Welt verstecken, meine Seele soll stark sein und nicht zerbrechen können! Ich will nicht verzichten, sondern mich durchsetzen! Ich will nicht bescheiden sein, sondern dem Leben den Kampf ansagen! Ich will endlich den Weg gehen, den außer mir niemand gehen kann! Ich will! – Noch fühle ich immer wieder, wie zerrissen ich bin. Noch ist alles Trümmerfeld und Chaos. Noch klingt alles wie Phrase. Sollte einmal ein Augenblick kommen, wo ich mir eingestehen muß, daß alles Phrase blieb, so werde ich nicht darüber zerbrechen, weil ich dann eben nur eine kleine Seele gewesen bin. Oder soll ich den Anlauf gar nicht erst wagen, weil irgendetwas in mir sagt: wie närrisch mußt du dir vorkommen, wenn alles zerflattert und ein Spießbürger aus dir wird wie aus so vielen, allzuvielen anderen? Nein! Nur will ich Selbstkritik mit auf den Weg nehmen und meine vielleicht schon sehr bald erreichten Grenzen erkennen. Zu nichts erzieht sich der Mensch schwerer als zum Wollen und zur Tatkraft. Ziel und Voraussetzung hängen hier so eng zusammen. Darum kann es nur Stück um Stück gehen. Und darum müssen wir Menschen uns gegenseitig weiterhelfen. –

Sie haben mich dazu gebracht, daß ich einige Klarheit über mich erlangte. Wenn Sie mich erst irregeleitet haben, so glaube ich jetzt umso richtiger zu gehen. Dafür danke ich Ihnen, *allezeit*. – Wenn ich Ihnen in diesen Zeilen gestanden habe, wie ich zu Ihnen stehe, so habe ich dabei die beruhigende Gewißheit, daß ich Ihnen nicht wehe tu. Ich bin nicht Ihr Alles. Etwas anderes würde mir schrecklich gewesen sein. Daß ich mich aber nur teilweise von Ihnen loslösen mag, ist allzu natürlich, weil wir trotz allem geistig weitgehend verwandt bleiben. Wenn ich Ihnen dauernd Einiges sagen kann, so lassen Sie uns Freunde bleiben oder werden . . . Es grüßt Sie herzlichst Ihr Gustav W. Heinemann.« – – –

26. Heute abend war die erste ASTA-Sitzung. Es ging recht lebhaft zu. Hauptstreitpunkte waren die Ämterbesetzungen und der Weiterbezug oder die Aufbestellung der Zeitung »Die Studen-

tenschaft«. Meine beiden Anträge auf Lösung der Beziehungen zu der Zeitung gingen nach vielem Hin und Her endlich durch. – Ich war während der Kammersitzung wie elektrisiert und brachte es fertig, mich einmal einige Stunden selbst zu vergessen. Kampf ist das Leben.

27. Alfred Gebel hat ein gutes Examen gemacht. – Was ich schon seit einiger Zeit kommen sah, teilte mir Willi Röpke heute mit: er hat sich mit Frl. Eva Fincke verlobt. Hoffentlich sieht er die Welt nicht zu rosig! Von Herzen alles Gute!

28. Mit Abg. Nuschke und mehreren demokratischen Professoren abends in Bückings Garten bei politischer Unterhaltung.

29. Frl. Hahn hatte mir ein Buch gegeben, in das ich ihr eines unserer so oft gesungenen Lieder einschreiben sollte. Ich tat es und setzte hinzu: »Wenn Sie in späteren Tagen die Seiten dieses Buches durchblättern und dabei an unser Sommersemester 1921 mit seinen heiteren und ernsten Stunden zurückdenken, so sollen Sie es in dem Bewußtsein tun, daß Ihnen das Leben gehalten hat, was es versprach.«

30. Nachmittagsausflug nach Brauerbach mit Frl. Hahn, Frl. Boldt und Herrn Sch. – Auf meinen Brief an Frl. Hahn habe ich noch keine Antwort. Ich hatte gehofft, sie auf dem Spaziergang zu bekommen. Aber nein. – Ich weiß wirklich nicht mehr, ob ich mich für einen dummen Jungen halten soll oder was sonst. Nachdem ich im Anfang des Semesters zu Frl. Hahn in ein so schönes freundschaftliches Verhältnis gekommen war, in ihr einen vertrauten Menschen gefunden hatte und gerade nach meiner plötzlichen Selbstbesinnung am sehnlichsten wünschte, ein dauerndes Freundschaftsband zu knüpfen, um das Semester mit einem positiven Gewinn ausklingen zu lassen, muß ich in den letzten Wochen mehr und mehr sehen, daß alles, was so schön anfing, im Sande zu verlaufen scheint. Frl. Hahn meidet geflissentlich eine Aussprache mit mir. Sch. ist mein Nachfolger geworden. Mir kommt das Semester wie ein großer Vexierwalzer vor. Machmal möchte ich das Schlechteste von den Menschen glauben, glauben, daß alles boshafte Absicht von ihnen ist, wenn sie mich so behandeln. Wenn Frl. Hahn oder Sch. mir zum Geburtstag »Erinnerungen an das SS 1921« schenken, höre ich es manchmal schadenfroh lachen »Sie spotten Deiner auch noch!« – Und doch kann es nicht so sein; so abgrundtief habe ich mich

nicht getäuscht. Ich gebe die Hoffnung nicht auf, daß der Bann noch vor Semesterschluß irgendwie gebrochen wird. Sonst würde mir die Erinnerung an dieses Semester gräßlich sein. In dem Brief an Frl. Hahn glaubte ich zu sehr, daß der Wandel auf meiner Seite begründet ist. Auf der Gegenseite spielt auch etwas.

31. Nachmittags bei Röpke Verlobungsfeier. Letztes Zusammensein unseres Kreises in diesem Semester. – Frl. Hahn weicht wieder aus. Morgen ist der letzte Tag, den ich noch abwarte. Es fällt mir stündlich schwerer, ruhig Blut zu bewahren und nicht die ganze Schale meiner Bitternis in Spott und Ironie vorzeitig auszugießen.

August 1921

1. Endlich, endlich – endlich! Heute mittag kam es zu der Aussprache, auf die ich seit Tagen und Wochen wartete. Eine Tragödie der Irrungen hat mit uns gespielt. Die Lösung ist die denkbar klarste, aber sie war mir zu unwahrscheinlich, als daß ich bis zum letzten Augenblick noch von selbst an sie hätte glauben können. Frl. Hahn und Sch. haben sich heimlich verlobt! – Unter diesen Umständen mußte sich Frl. Hahn mir gegenüber freilich zurückhalten. Sie glaubte, ich würde merken, was vorginge und gestand doch zugleich wieder, daß sie selbst erst in den letzten Tagen gewußt habe, wie sie zu Sch. stünde. Wie konnte *ich* da klar sehen? Wenn also Frl. Hahn erst in den letzten 10 Tagen etwa in der Lage war, mir zu sagen, wie alles sei, so wollte es das Schicksal, daß ich ihr gerade an dem Abend, an dem sie mir alles mitteilen wollte – auf dem Rückweg von meiner Geburtstagsfeier im Hansenhaus – meinerseits auswich, weil ich einmal deutlich zeigen wollte, daß ich ganz gut ohne sie gehen konnte. Daraufhin war die Verstimmung auch ihrerseits eingetreten und eine Aussprache unterblieb – bis heute. Erlöst und erleichtert gingen wir in herzlicher Freundschaft auseinander. Mein Brief vom 25. 6. hatte bei seiner gründlichen Verkennung der Dinge auch nicht gerade zu einer rechtzeitigen Klärung beigetragen.
Abends war ich bei Amtsrichter Dr. Ludwig, Schwiegersohn von Geh. Rat Arndt[172], eingeladen. Es gelang mir, mich um 11 Uhr davonzustehlen und ein mit Frl. Hahn und Sch. verabrede-

tes Zusammentreffen einzuhalten. Bis 1 Uhr saßen wir drei an der Lahn und ließen das Sommersemester noch einmal an uns vorüberziehen. Für zwei junge Paare soll das Sommerglück zum Lebensglück werden. Während mir aber bei Röpke graut vor der Götter Neide, wollen hier zwei Menschen um ihr Lebensglück kämpfen. Große Hindernisse stehen ihrem gemeinsamen Lebensweg entgegen. Aber mit jugendlichem Selbstvertrauen und dem Bewußtsein einer Verantwortung für das Liebste, was sie haben, treten sie ihn an. – Als ich die beiden in hoffnungsfrohem und zärtlichem Verstehen neben mir sitzen sah, kam ich mir vor wie ein uralter Mann. Mein einziger Wunsch war, als beider Freund ihrem Wege folgen zu dürfen. Außer Frl. Boldt und mir weiß niemand und sollen insbesondere die Eltern nicht wissen, was sich hier anspinnt. – Jugend, Jugend – selige Jugend!

2. Nachmittags in größerer Gesellschaft mit Prof. Otto, Rade, Troeltsch, Deutschbein[173], Jacobsohn u. a. Ausflug zur Dammühle. Viele Ausländer, auch ein Inder, waren unter uns, sodaß es an angeregter Unterhaltung nicht mangeln konnte.

3. Scheller bestand heute das Rigorosum. Abends mit Röpke und Tegethoff eine kleine Feier bei Kratz. Um 12 Uhr brachten wir Röpke zur Bahn.

4. Ich bin noch einen Tag länger in Marburg geblieben als nötig, um noch einmal mit Frl. Hahn, Frl. Boldt und Sch. einen Ausflug zum Frauenberg machen zu können. Nachdem es gestern zum ersten Mal im ganzen Semester geregnet hatte, war heute die Luft abgekühlt und herrlich zum Wandern. –
Noch einmal stand ich mit Frl. Hahn allein auf der Ruine des Frauenberges, noch einmal ließen wir unsere Augen über die weite Gegend, in die wir so manchen Ausflug gemacht hatten, hinwegstreifen, noch einmal tauschten wir unsere Gedanken aus – und noch einmal versprachen wir uns treue Freundschaft für allezeit. – – Nach einem ausgezeichneten Mittagessen lagen wir noch lange am Bergeshang und schauten über Wälder, Dörfer und Felder zum fernen Gleiberg hinüber, der wie ein Märchen aus vergangenen Zeiten aus der Ebene bei Gießen emporragt. Wir sprachen nicht viel; etwas Ernstes und Feierliches lag über uns. Wir alle fühlten, daß mit diesen letzten Tagen ein Stück herrlichster Jugend zu Ende geht. Auf dem Rückweg entriß uns die sinkende Sonne Stunde um Stunde des letzten Sommerglük-

kes. Aller Übermut des ganzen Semesters erstarb mit ihr. – Nach dem Abendessen wanderten wir vier nach Wehrda hinaus. Noch einmal wollten wir rudern. Wir saßen zu vieren im Boot, vorne und hinten leuchtete traulich ein Lampion. Schweigend glitten wir durch das tief schwarze Wasser; die Bergeshöhen, die Sträucher und Wiesen zogen langsam an uns vorüber. Hoch am Himmel standen die Sterne. In einer kleinen Bucht unter hängenden Zweigen stiegen wir an Land, banden die Lampions ins Geäst und lagerten uns am Hang des Weges. Frl. Hahn spielte Laute und noch einmal sangen wir all unsere Lieder in das schweigende Dunkel hinaus. Gegen 11 Uhr gings mit kräftigem Ruderschlag heimwärts; die Nacht wurde kühl. Ein Lied nach dem anderen erklang leise von unseren Lippen. Die Lampions verlöschten langsam. Als wir zurückkamen, strich ein kühler Wind durch die Nacht, sodaß uns fröstelte. – Der Abschied schnitt mir ins Herz, aber ich biß die Zähne zusammen. Sch. ging zuletzt mit an meiner Wohnung vorbei, und auch wir schieden in herzlicher Freundschaft. Als ich die Treppe in meinem Hause emporstieg, taumelte ich nur noch, Tränen traten mir in die Augen.

5. Früh morgens reiste ich über Laasphe-Kreuzthal ab. Marburg wurde von der Morgensonne golden bestrahlt, als ich davonfuhr und noch einmal alles betrachtete. Wehrda zog vorüber, später Biedenkopf, Lasaphe und das Ilsetal. – Ich las krampfhaft in Heilbronns Grundriß des Bürgerlichen Rechts, um keine Erinnerungen aufkommen zu lassen. Und doch lag mir Marburg immer wieder im Kopf. – Als ich hinter Hagen weit und breit nur noch Zechen, Fabriken, Schornsteine, verrußte Straßen und Großstadtbilder sah, war es mir, als ob ich untertauchte in einem tiefen und alles erstickenden Meer. Eine ganz andere Welt umgab mich.

6. Ich habe heute den ganzen Tag in meinem Zimmer aufgeräumt und insbesondere meine Bibliothek in das neue, eine ganze Wand einnehmende Regal eingeordnet. Jetzt ist alles fertig und lange stand ich betrachtend davor, bis mir Goethe's Werther in die Hand fiel. Bis tief in die Nacht hinein las ich darin . . .

8. Lore nach Langeoog abgereist, wo Vater sie erwartet.

9. Ich las Paul Keller[174]: Ferien vom Ich. – Meine »Ferien vom Ich« sind umgekehrter Art; ich werfe mich ganz und gar auf meine

Arbeit, gehe morgens zur Fabrik, hetze die Wege mit einer Zeitung vorm Gesicht daher, arbeite auch nachmittags noch zu Hause – und will auf diese Weise Marburg vergessen. Schon jetzt kommt es mir so vor, als ob das Sommersemester weit, weit hinter mir liege. Im Gewühl der Großstadt suche ich meine »Ferien vom Ich«. Aber es soll nicht nur Betäubung sein, sondern positive Tat und Freude am Lebenskampf werden!

10. Ich fühle mich unglücklich, unbefriedigt in all dem Negativen, in dem chaotischen Trümmerfeld, das ich seit Jahr und Tag um mich herum getürmt habe. Ja, getürmt habe, denn ich bin es doch letzten Endes selber gewesen, der alles Geglaubte, alles für groß und feststehend Gehaltene niederriß. Ich wollte alles prüfen und alles zerrann. Ich wollte nichts blindlings als gegeben hinnehmen – bis ich gar nichts mehr hatte. Wie ein Kind sitze ich nun inmitten eines ausgeschütteten Baukastens; die Steine liegen wirr durcheinander. Aber ich suche nach einem Grundriß, nach dem ich die Steine zu einem mit ganzer Kraft bejahten Gebäude aufeinandersetzen kann. Denn ich will heraus aus dem Nichts. Ich will nicht verzweifeln und müde am Leben leiden.

11. Heute las ich noch einmal Otto Brauns nachgelassene Schriften. Die auch nicht einen Augenblick zweifelhafte Hinwendung zum Positiven, Aufbauenden und Bejahenden ist bewunderungswürdig. Sie gibt seiner Person bei aller Reichhaltigkeit ihrer Interessen etwas unendlich Geschlossenes, in jeder Beziehung Ungebrochenes. Sein ganzes Leben ist ein sieghafter Anlauf zum Höchsten gewesen. – Wie würde er heute wirken? – –
Es wird lange dauern, bis ich all das, was im Sommersemester in mir vorgegangen ist, verarbeitet oder auch nur erfaßt haben werden. Ich komme erst nachträglich langsam zu einem wirklichen Bewußtsein meiner Gedanken und Handlungen.

12. Warum kann man nicht mit einem einzigen Satz auf die Höhen des Lebens hinaufspringen? Warum nicht mit einem kräftigen Ruck in das große Räderwerk der Zeit eingreifen? Es geht alles so schneckenhaft, so ohne Begeisterung, ohne Ekstase. Der Alltag will uns erdrücken.
Abends bei Tellering ein ödes Bier- und Schnapsgelage.

13. Entweder ist alles nichtig und nichts oder unsagbar groß und bedeutend. Diese Alternative quält mich unausgesetzt, weil ich mich weder zum einen noch zum anderen endgültig herauswin-

den und finden kann. Vielleicht läßt sich die Antwort erst am Ende des Lebens geben, und doch muß ich sie irgendwie vorwegnehmen.

14. (Sonntag) Seit mehreren Jahren war ich heute zum ersten male wieder in der Kirche; indessen nur zur Predigt. Anknüpfend an das Wort »Selig sind die Sanftmütigen, denn sie werden das Erdreich besitzen« forderte der Prediger zur Ergebenheit in Gott auf. – Ich hörte der Predigt mit dem Gefühl zu, ein Außenstehender ohne jeden innerlichen Anteil zu sein; ein Mensch, den das alles gar nichts anginge. Manchmal glaubte ich Mitleid mit den gläubigen Zuhörern haben zu müssen. Und doch mußte ich mir immer wieder sagen, daß jeder hohe Glaube, ungeachtet seines Gegenstandes, als eine Quelle der Kraft von unschätzbarem Werte ist. – Wie ein ruheloser Wanderer verließ ich die Kirche; unstet und flüchtig muß ich weiter suchen und suchen.

15. Rabeners[175] Briefe (Leipzig, 1772) gelesen. Eine gute Einleitung von Weiße über R.' Leben und vorzüglichen Charakter. Die Briefe teils neckisch-unterhaltsam, teils freundschaftlich-mitteilsam. Im Ganzen nichts Bedeutendes; am gehaltvollsten der Briefwechsel mit Cramer und Gellert.

17. Ich suche nach einer Quelle der Lebenskraft, der Leidenschaft und Begeisterung. Ich suche nach einer Verantwortung. – Hamlet gelesen.

18. Fahrrad gekauft.
Ich lese in diesen Tagen mit größtem Interesse Eckart v. Sydow[176] »Die Kultur der Dekadenz«. Er gibt darin eine feine psychische Analyse des dekadenten, d. h. lebensverneinenden Menschen und ich bin entsetzt über die viel verwandten Saiten, die das Buch in mir anklingen läßt!

19. Einen langen Brief an Frl. Hahn geschrieben [Anh. 5].

20. Die Marburger Geschehnisse muß ich noch einmal im Zusammenhang darstellen. Während des Semesters sind sie mir nicht immer in ihrer Bedeutung bewußt geworden; erst gegen Ende gewann ich ein klares Bild. –
Röpke und Pegel veranlaßten mich eines schönen Sonntags, an einem Spaziergang mit Frl. Hahn und Frl. Boldt – die Röpke durch sein Tennisspiel kennen gelernt hatte – teilzunehmen. Beide Damen waren im ersten Semester und freuten sich, Marburg und seine Umgebung kennen zu lernen. Wir wanderten

also nachmittags nach Brauerbach, tranken dort Kaffee und fanden uns nach einigen Irrfahrten wieder nach Marburg zurück. Unterwegs unterhielt ich mich lange mit Frl. H. Spengler war der Ausgangspunkt, Monismus und manches andere folgten. Wir fanden ein weitgehendes gegenseitiges Verständnis füreinander.
Diesem ersten gemeinsamen Ausflug folgten bald abendliche Aufstiege zum Schloß oder neue Fahrten in die nähere und weitere Umgebung. Eines abends brachten Frl. H. und Frl. B. ihre Stettiner Freundinnen, Geschwister Fincke, zu einem Spaziergang zum Schloß mit. Hier lernte Röpke seine spätere Braut kennen (Absturz der Guitarre von der Schloßmauer!). Ich war viel mit Frl. H. zusammen und wir lernten uns immer besser kennen und verstehen. An manchem Abend gingen wir noch, nachdem wir die anderen nach Hause begleitet hatten, an der Lahn entlang und ein Händedruck bekräftigte unsere Weltverlorenheit. Viele unendlich schöne Stunden waren das!
Frl. H. neigte meist zu einer ungewöhnlichen Lebensverneinung und vieles von mir kam dem entgegen. Und doch war es nicht mein ganzes Ich. So kam dann der Augenblick, wo ich mich langsam und schmerzvoll loslösen mußte. Ich fühlte mich in eine falsche Bahn gezogen. Aber ich machte nicht den nachhaltigen Versuch, Frl. H. auf meinen anderen Weg mitzunehmen. Das hätte ein Verhältnis zu ihr vorausgesetzt, zu dem weder sie neigte, noch das ich in meinen jungen Jahren einzugehen gewillt war. Mein Bestreben beschränkte sich darauf, zu ihr in ein Verhältnis dauernder Freundschaft zu treten. Das aber schien lange zu meiner großen Betrübnis nicht gelingen zu wollen. Frl. H. zog sich deutlich von mir zurück; Sch. trat bei ihr mehr und mehr in den Vordergrund. Ich sah mich vor ein Rätsel, um nicht zu sagen vor eine bittere Enttäuschung gestellt. Sollte unser Entgegenkommen in der ersten Hälfte des Semesters nur ein Vexierspiel gewesen sein? Sollte alles im Sande verlaufen, gerade als hätte niemals ein inniges Vertrauen zwischen uns bestanden? Ich wollte es nicht glauben! Das Semester eilte dem Ende zu und sein Ausgang schien endgültig negativ bleiben zu sollen. Eine unendliche Bitternis stieg in mir auf. Teils glaubte ich allen Wandel auf meiner Seite begründet und versuchte ein Entgegenkommen, teils glaubte ich mich genarrt und war zuletzt nahe

daran, mich mit bitterem Spott ganz abzuwenden. Ein Versuch zur Aussprache scheiterte lange – fast zu lange. Am letzten Tage endlich fand alles seine Lösung. Frl. H. gestand mir ihr Verhältnis zu Sch. und alles wurde mir klar – und, so möchte ich beinah sagen, selbstverständlich. Sch. war mehr als ihr Freund! Das ließ ich ihm freudig und gern, nachdem ich schon vorher von selbst auf das Höchste verzichtet hatte. Aber als Freundin sollte er mir Frl. H. lassen. So kam es auch und nun sah ich das Semester wieder mit anderen Augen. Ich war freudig erleichtert und befreit, und wir verlebten alle zusammen die letzten Tage des einzig schönen Sommers in allseitiger Freundschaft.

22\. Vielseitigkeit der Interessen ist etwas Schönes und – Gefährliches! Wenn sie einen Menschen wirklich wertvoll machen soll, darf sie nicht Arbeitskraft und Energie in Zersplitterung aufreiben. Dann wird Vielseitigkeit Untergang statt Erhebung und Bereicherung. Es gehört eine große Spannkraft dazu, um alles »interessante« zu wirklichem Eigentum zu verarbeiten, um alles in ureigenste Beziehung zu seinem Ich zu setzen, um es ihm unterzuordnen und dienstbar zu machen. Kann das Ich nicht mit ganzer Zielbewußtheit und Zeugungskraft obenauf bleiben, so wird es sofort zum Spielball und die Laune regiert.
Bewußte Beschränkung ist die einzige Nutzanwendung hiervon. Wie denn überhaupt nichts darüber geht, daß der Mensch sich selbst in der Hand hat. »Herr, führe uns nicht in Versuchung!« d. h. setze uns keine so reichhaltig gefüllten Bücherschränke aufs Zimmer! –

28\. (Sonntag) Mutter und Heidi reisten heute nach Langeoog ab. Ich habe nun das Reich alleine!

29\. Die vor wenigen Tagen erfolgte Ermordung Erzbergers[177] löst ungeahnte Weiterungen aus. Die Mörder und geistigen Hintermänner mögen sich schon heute darüber klar sein, daß die Tat nicht nur ein abscheuliches Verbrechen, sondern eine ebenso große Dummheit war. – Das entschlossene und geschlossene Eintreten der Sozialisten für diesen bürgerlichen Politiker ist bei alledem das Erhebende.

30\. Meine Doktorarbeit nimmt mich in diesen Ferien sehr gefangen. Seit einigen Wochen arbeite ich morgens auf der Krupp'schen Centralregistratur. Dort werden mir Akten zur Verfügung gestellt. Und dort komme ich nicht in Versuchung abgelenkt zu werden. Denn das Schwerste bei dieser Arbeit ist der stete Kampf gegen das Chaos in mir; unablässig will es meine Gedanken in Anspruch nehmen.

31. Moralisches Manchestertum muß ebenso Schiffbruch machen wie wirtschaftliches. Dieses wurde einfach durch die Gewalt der Dinge eingezäumt und gefesselt. Soll auch jenes durch rohe Gewalt in Schranken geschlagen werden? Das wäre ewiger Unfriede. Ehe es vergewaltigt wird, soll es sich selbst bereinigen. Wo aber liegen die (selbstbegründeten) Schranken des Individuums?

September 1921

1. Ich las Thomas Mann »Königliche Hoheit«[178]. Die Weltfremdheit Wilhelms II. ist darin gut widergespiegelt. (?)

2. Brief an Lemmer [Anh. 6].
In den letzten Tagen las ich: Carlyle[179]: Helden und Heldenverehrung und das Heldentümliche in der Geschichte. Mangels einer eigenen geschlossenen Gesamteinstellung fällt es mir schwer, eine klare und eindeutige Ansicht über das Buch zu gewinnen. Jedenfalls aber ist Carlyle's Auffassung begeisternd. Es liegt etwas von dem darin, was mir Burckhardts Kultur der Renaissance immer wieder so anziehend und erhebend macht: der große Mensch! Wie aber kommt es, daß immer wieder das Kleinliche, Relativierende, »Milieu« begeistert an ihm emporzüngelt, um ihn von seiner einsamen Höhe herabzuzerren? Ressentiment – würde Nietzsche sagen. – Es bleibt unverkennbar, daß die großen Helden der Geschichte erst die Getriebenen waren, ehe sie die Treibenden und Gestaltenden wurden: Mohammed, Luther(!), Cromwell, Napoleon. Ihre Größe liegt weniger darin, daß sie die Aufgaben, die ihnen zufielen und zu denen sie sich gedrängt fühlten, auf sich nahmen, als daß sie sie später weit über ihr anfängliches Ausmaß hinausführten. Erst in dem Augenblick, in dem sie die Konsequenzen anfänglich gar nicht ermessener Auswirkungen ihres Auftretens und Handelns auf sich nehmen und bejahen, beginnt ihr wahrhaft eigener Weg, beginnt das Heldenhafte. Am klarsten scheint mir das bei Luther zu sein. Das Wort: Es muß die Zeit erfüllet sein! bleibt doch

wahr, insofern die Zeit ihre Helden erst aufruft und in ihre Rolle hineinzwingt. Noch kein wirklicher Held ist in aller Naivität mit dem ausgeklügelten Ziel an die Welt herangetreten, sie so oder so aus den Angeln zu heben. In der Renaissance liegt vielfach ein solch gewolltes »Heldentum«; deshalb auch hier der scharfe Zug ins Verbrecherische.

3. Ich bin oft entsetzt, wenn ich gewahr werde, welche Menge von bedeutenden Büchern mir noch unbekannt ist. Es gibt ein gewisses Minimum, das man unbedingt in sich verarbeitet haben muß. Dieses Minimum ist nicht gering! – Die Jugend ist meiner Meinung nach dazu da, daß der Mensch alles Bedeutsame in sich aufnimmt und durchdringt. Erst langsam wird die Zeit kommen, wo es den Menschen drängt, das Erworbene der Welt in irgendeiner Form zurückzugeben. Zwar verliert auch ein Baum manche unreife Frucht, ehe er reife gibt. Aber die unreifen Früchte sind nichts als Kilometersteine und Vorboten.

4. (Sonntag) Mutter feiert heute ihren Geburtstag mit Heidi allein auf Langeoog. Vater und Lore kamen heute morgen zurück.

8. Ich besuche jetzt im Zusammenhang mit meiner Arbeit Gewerkschaftsvertreter, Genossenschaften usw. und erhalte dabei mancherlei interessante Einblicke. Meine Arbeit macht mir jetzt Freude.

11. (Sonntag) Nachmittags bei Richters. Herr Prof. Richter wollte gerne Frau Schott, die heute als Agathe in Webers »Freischütz« zum ersten Male vor dem neuen Intendanten singt, ein günstiges Auditorium verschaffen. Ich bestieg deshalb mit Alfried Richter den Olymp, um im 2. Akt nach dem Lied »Meine Pulse schlagen« mit ihm einen Beifallssturm zu entfesseln. Es klappte vorzüglich. Trotz des Schimpfens zweier Türschließer rissen wir erst den 2. Rang, dann das halbe Theater mit. Zum Schluß dauerten die Ovationen wohl 1/4 Stunde. Alfrieds Blumenstrauß wurde auf die Bühne gebracht, während ich aus dem 2. Rang in das klatschende Publikum »Frau Schott! Frau Schott!« hinunterschrie. Claqueur comme il faut!

13. Halévy's Oper »Die Jüdin« im Stadttheater gesehen. Wunderbar dramatische Szenen.

15. Gestern morgen nach Barmen gefahren. Mit Tante Emmi[180] auf Reppkotten übernachtet. Abends lange Unterhaltung!

16. Im Stadttheater Hebbels Herodes und Mariamne gesehen. – Der

Herodes wurde sehr gut gespielt (Kenne). Die Mariamne darf, wenn sie zum ersten Mal auf die Bühne tritt, nicht zu zurückhaltend gespielt werden, – trotz der Ermordung ihres Bruders. Nur dann kann ihr Zurückziehen in sich selbst angesichts der Zweifel des Herodes und der Mißachtung ihrer freien Persönlichkeit scharf hervortreten. – Mariamne liebt Herodes; sie will ihm voll und ganz gehören, sie will mit ihm leben und sterben. Aber sie will es tun aus eigenem freiem Willen, nicht gezwungen durch despotische Gewalt. Das empfindet Herodes nicht. Wie er in allen Menschen nur Werkzeuge und Dinge sieht, so kommt er auch keinen Augenblick auf den Gedanken, daß sein Weib einen Anspruch auf freien Willen haben kann, ja haben muß. Er stellt sie unter das Schwert, wo er es für eine Selbstverständlichkeit halten sollte, daß Mariamne seinen Tod niemals überleben kann. Das durch diese brutale Selbstherrlichkeit verletzte Weib lehnt sich auf. Die Verwicklung türmt sich höher und höher. Herodes bleibt blind. Mariamne aber kann ihn nur lieben, wenn sie ihre Persönlichkeit von ihm aus freien Stücken geachtet weiß. Durch den Tod rettet sie sich selbst. – Anklänge an Judith. Aber dort hat sich das Weib selbst erniedrigt und die Leidenschaft über den freien-hohen Willen siegen lassen.

17. Wer immer strebend sich bemüht, der wird sich selbst erlösen!

18. (Sonntag) Morgens für die vom Büro für Arbeiterangelegenheiten Gefallenen eine Trauerfeier in der Kaupenhöhe. Vater sprach die Gedächtnisrede. – Nachmittags mehrere Stunden mit Hildburg R. zusammen. Trotz ihrer gar so jungen Jahre quält sie eine verzweifelnde Lebensstimmung. Nachdem sie den Kirchenglauben abgestreift hat, sucht sie selbst eine Antwort auf die Fragen des Woher und Wozu des Lebens zu finden. Sie hat sich ganz auf sich selbst gestellt und sieht nun vorerst nichts als Wirrnis und Dunkelheit um sich herum. Ich halte sie für mutig und stark genug, nach diesem ersten Schritt der Abkehr vom allgemeingültig-sein-Wollenden auch den zweiten schwereren des unermüdlichen Suchens nach dem für uns gültigen selbstbejahten Lebensinhalt zu tun. Aber jetzt wird sie es noch nicht können; Rüstzeug und Erfahrung fehlen noch allzu sehr. Drum wäre es besser für sie, wenn sie jetzt noch manches von alledem sorg- und ahnungslos vergessen könnte. Es rührt der Mensch in seiner Einfalt an das Höchste und Letzte, als wäre es nur das Allerklein-

ste. Aber das ist vielleicht das Schönste dabei: Langsam will sich mit ihm selbst das Hohe unter seinen Händen entfalten und immer grenzenloser, überwältigender ausbreiten. Immer weiter läßt es ihn zurück, bis es dann endlich in seiner ganzen Kraft und Endlosigkeit vor ihm steht. Er blickt an ihm empor und versucht ihm nachzukommen; er umschlingt es als ein aus ihm selbst herausgeborenes Stück seines Ich; er stellt sein Leben in seinen Dienst und dient doch nur sich selber. Und wie es mit ihm kam, so wird es mit ihm vergehen.

19. Alle jugendliche Einseitigkeit darf nur vorübergehend sein. Als solche ist sie vielleicht eine Notwendigkeit für den die Welt nur langsam und in all ihren Teilen nacheinander erfassenden jungen Menschen. Sie verliert sich mit wachsendem Gesichtsfeld und zunehmender Durchdringung der Probleme. Es bleibt aber ein Vorrecht der Jugend, einen scharf theoretischen Standpunkt herauszuarbeiten, wenn nur ein feinfühlendes historisches Verständnis sie dem Tatsächlichen gegenüber rücksichtsvoll auftreten läßt. Sonst muß und wird ihn das Leben gewaltsam abschleifen. Die Jugend wird das Gegebene niemals als solches hinnehmen können oder dürfen. Sie tritt zunächst allem Seienden receptiv gegenüber und wird entweder hineinwachsen und die Gegebenheiten aus sich selbst heraus bejahend hinnehmen oder aber sie wird sie mit eigener und neuer Zielsetzung umgestalten. So wird unserer Umgebung stets neues Leben eingehaucht und alles mit frischem Blute durchgossen. Die beiden großen Lager der Beharrung und des Weiterstrebens werden stets mit neuen Streitern besetzt und immer wieder muß alles von neuem ausgefochten werden. In einer Zeit aber wie der unsrigen, wo die Verhältnisse gewaltsam vorwärtsgestürmt sind, ohne die Menschen mitreißen zu können, harrt der Jugend die doppelte Aufgabe, das Neue nicht nur zu bejahen, sondern es auch gleichzeitig aus eigenem Geiste heraus aufzubauen. Sie muß hier konservativ und reformierend zugleich sein. Es ist schwer, beides glücklich zu verbinden und die Gefahr ist doppelt wie die Aufgabe: es kann das Konservative ins Reaktionäre, und das Reformierende ins Revolutionäre entarten. Die proletarische Jugend neigt hierhin, die bürgerliche und sonderlich die akademische dorthin.

20. Ich las Knut Hamsun's[181] Roman »Kinder ihrer Zeit«. Seine Art und Weise, nur aus dem Handeln und Sprechen der Menschen

ihr Inneres, Seelisches deutlich zu machen, gefällt mir sehr. Die Personen treten ungemein plastisch hervor und ihr Charakter gräbt sich dem Leser so fest ein, als wäre er Jahre lang mit ihnen umgegangen. – Die Figur des Holmsen, der trotz aller ehelichen und wirtschaftlichen Zerrüttungen um ihn herum eine unbeugsame Herrennatur bewahrt, ist sehr gut gelungen. –
Ein anderes Buch: Gertrud Bäumer[182]: »Studien über Frauen« regte mich ungemein an. Eigenartige Menschen bilden und leben sich aus; sie kämpfen um ihr Recht auf Eigenart. Der Kampf für ihre eigene Person ist zugleich, wenn auch nicht immer bewußt, mit einem Kampf um die größere Sache verbunden. Muß es so nicht immer sein? Wo sich beides verbindet, fehlt es selten an Größe.

23. Nach Düsseldorf, um Hoffmanns[183] Haus zu verwahren.

24. Morgens tüchtig an meiner Arbeit geschafft. Das macht Freude! Abends im Schauspielhaus Goethes Tasso. Eine einzigartige und packende Aufführung.

25. (Sonntag) Tüchtig gearbeitet. – Ich las Hans Bethge[184] »Hölderlin« und »Vincent van Gogh's Briefe an seinen Bruder und Freund[185].

26. Zu Vaters 57. Geburtstag nach Hause. – Besprechung mit Direktor Vielhaber.

27. Zurück nach Düsseldorf. Abends im Stadttheater Strindberg's »Totentanz«. Zwei Menschen machen sich in ihrer abgeschlossenen Einsamkeit, Bosheit, Grausamkeit und selbstquälerischen Neigung das Leben zur wahren Hölle. Sie verachten das Leben und können doch nicht los von ihm. Sie stehen sich gegenseitig im Wege und können sich nicht ausweichen. Die Angst vor dem Tode, dem großen Unbegreiflichen erstickt das Leben, ehe noch der Tod gekommen ist. Resigniert und mit zweifelhaften Zukunftsaussichten leben sie schließlich weiter. – Ein düsteres, niederdrückendes Seelengemälde. Es zeigt, wohin ein Leben ohne Glauben und Ziel, ohne Selbstverantwortung und Selbsterziehung für uns alle in mehr oder minder ähnlicher Form nur zu leicht führen kann.

28. Hoffmanns plötzlich zurück wegen des schlechten Befindens von Onkel Alex[186].

29. Ich las R. Rollands Michelangelo[187]. Großartig. Die starre Eigenart des Genies und der ewig gebrochene Wille. Ein Leben voller Leiden.

30. Napoleons Briefe an seine erste Gemahlin Josephine de Beauharnais. Hier öffnet sich die Gefühlsseite des sonst so starren und kalten Willensmenschen. Von den tragischen Konflikten seiner Seele im italienischen Feldzug zwischen der Pflicht und der Liebesleidenschaft, von der wahnsinnigen Eifersucht, bis zur abgeklärten Freundschaft nach der Scheidung. Viele schöne Einzelzüge Napoleon's. –
Zurück nach Essen.

Oktober 1921

1. Heute habe ich einen selten glücklichen Tag. An meiner Arbeit bin ich um 2 wichtige Abschnitte weitergekommen, was mich gewaltig freut. Außerdem erhielt ich gute Briefe. Die Liebe ist die ärgste Erschütterung des Monismus, denn sie ist unvernünftig und göttlich.
4. Lehmann-Quartett im Kammermusiksaal. Frl. Regina Schmidt sang sehr gut. Zum Schluß Mozart; herrlich. Dunkler Saal, auf der Bühne unter einer hohen gedämpften Stehlampe die vier Musikanten in feierlichem Anzug, zur Seite der Flügel und einige Sessel im Halbdunkel – so muß man Mozart hören. – Musik regt meine Gedanken wunderbar an und gibt mir mancherlei schöne Einfälle.
6. Vortrag im Monistenbund von D. Plate-Bremen: Die Entwicklungsstufen der Liebe und der Ehe. Von der Sklavenstellung der Frau zur Gleichberechtigung, von der körperlichen Wertschätzung (Arbeitstier) zur seelischen Wertschätzung der Frau. Entstehung der romantischen Liebe. Vier Entwicklungsstufen: Urzeit, verwandtschaftliche, familiale und personale Stufe. – Immer mehr Aufgaben der Familie gehen auf Staat und Gesellschaft über, die Allgemeinheit nimmt Interesse an den Kindern. Ehe als geistige Gemeinschaft. Nachher bei uns bei Brot, Bier und Kuchen versammelt. Richters und Herr Plate und Herr Pflanzl.
8. Im Stadttheater Schrekers Oper »Die Schatzgräber«. Frau Schott und Favre als Els und Elis, Gröbke als Narr sehr gut. Schrekers Musik ist unruhig flackernd; zwar gefällig, aber ohne tieferen Eindruck. Die Handlung packend, gut aufgebaut und vorbereitet.

9. (Sonntag) Von 3 Uhr nachmittags bis 11 Uhr abends an meiner Arbeit gesessen und 8 Aktenseiten voll geschrieben.

10. Nachmittags mit Hildburg R. eine Radtour zur Meysenburg. Ein Sommer, der nicht sterben will!

11. Im Stadtheater »Martha«.

12. Flauberts Briefe an George Sand. Ein Mensch, der nicht ins Leben paßt und alles mit Schmerzen empfindet, schüttet sein Herz vor einer bewunderten und verehrten Frau aus.

13. Ugo Foscolo[188] »Die letzten Briefe des Jacopo Ortas«. Eine Wertheriade. Vieles unausgeglichen und nicht fein genug.

14. Oberschlesien soll geteilt werden; deutsche Städte sollen an Polen fallen. Ein weiser »Völkerbund« will es so. –
Haha! Wahnsinn, du siegst! Wenn es selbst die Glut des Weltkrieges nicht vermochte, Vernunft in die Völker und ihre erkorenen Führer zu bringen – wann und wie soll es dann gelingen? Diejenigen, die für Recht und große Ideen zu kämpfen vorgaben, sind heute in ihrem Siegesrausch unfähig, ihren großen Hymnen treu zu sein. Und das bekehrte Deutschland ist bald wieder anders bekehrt. Solche Taten des Völkerbundes müssen alles ersticken. –
Heute nachmittag habe ich den ersten Teil meiner Doktorarbeit an Troeltsch abgeschickt!!!!!

16. (Sonntag) Abends Tanz im Bootshaus. Mondscheinspaziergang mit H.

17. Das allmähliche Gelingen und Fertigwerden meiner Arbeit macht mir Freude. Aber der Stoff an sich entspricht so wenig wie nur möglich meinem Innersten, weil es sich nicht um Einzigartiges sondern um Massenhaftes handelt.
»Lohengrin«. Herrlich! Frau Schott als Elsa. – Hoch über alles Zweifels Macht soll Liebe stehen!
Der Chor der sog. Edlen wirkte durch die plebejischen Gesichter denkbar unedel.

24. Langer Spaziergang mit H. R. – Abends bei Lindners[189].

25. Vortrag von Prof. Richter in der Volkshochschule über neuere Philosophie.

26. Im Schauspielhaus Gerhart Hauptmann »Biberpelz«. Schauspielerisch sehr gut. – – Mutter hat Asthma-Anfall.

27. Nach Marburg. Bei Röpke zum Abendessen. – Es ist kalt und regnerisch, alles grau in grau. Von dem herrlichen Sommer ist

nichts mehr zu verspüren. Alles ist verflogen. Traumspiele. Nüchtern ist des Lebens Alltag. – Wenn alles läuft, wie ich denke, werde ich in 6–7 Wochen mein Doktorexamen gemacht haben. Gestern nachmittag wurde meine Arbeit so gut wie fertig.

29. Politisch waren die letzten Tage von schweren Sorgen getragen. Die Berliner Reichstagskomödianten haben ein nicht mehr zu verstehendes Theater aufgeführt. Die Koalition ist sich einig, daß Oberschlesiens Teilung nicht Wirth's[190] Schuld ist, daß seine Politik die richtige war und vor allem bleibt. Ergebnis: man stürzt ihn; besonders die eifrigen »Demokraten«. – Die große Koalition scheitert, weil die Deutsche Volkspartei nicht will; sie muß sich ihre rechte Schulter decken. Ergebnis: die Demokraten gehen auch nicht in die Regierung; nur Gessler wird »beurlaubt«. Man schielt nach rechts, teilt zwar den Wirth'schen Standpunkt so gut wie ganz, aber man muß doch so tun, als wollte man etwas anderes, als wollte man dasselbe wie die Rechtsparteien. Ergebnis: man spricht Wirth das Vertrauen aus (wahrscheinlich weil die eigenen Minister nicht mehr in seinem Kabinett sitzen) und stimmt gleich hinterher für ein merkwürdiges Quasi-Mißtrauensvotum der Rechtsparteien. – Mein Verstand kommt nicht mehr mit. Wenn der Bremer Parteitag keine gründliche Wandlung bringt, ist die D.D.P. wert, daß sie an sich selbst, an ihrer Ziel- und Willenslosigkeit zu Grunde geht.

31. Heute gab ich meine Doktorarbeit an Troeltsch ab. Nur das Schlußkapitel fehlt noch.

November 1921

1. Asta-Sitzung. Streit um die Zeitung.
2. Mutter teilt mir heute mit, daß Onkel Alex Sonntag nacht gestorben ist. Er hat ausgelitten. Tante Elli![191]
8. Ich las Balzac »Frau von 30 Jahren«. Psychologisch sehr fein. Der Schluß zu abenteuerlich.
9. Eine Kommission zur Untersuchung der Verantwortlichkeit für den Weiterbezug der Wochenschrift »Die Studentenschaft« nimmt mir viel Zeit weg. Nach 5 langen Sitzungen, davon 2 mit Zeugenvernehmungen, sind wir 5 Inquisitoren heute abend zum Schluß gekommen. Ich setzte den langen Bericht auf.

13. (Sonntag) Ausflug zur Dammühle.

17. Nun liegt auch das Schlußkapitel meiner Arbeit fertig da. Was monatelang mein einziges Streben war, ist jetzt getan. Ein wunderbares Gefühl der Erleichterung liegt über mir, zumal ich die Empfindung habe, daß ich aus dem Thema machte, was sich nur eben daraus machen ließ. Dank meiner besonderen Stellung zu Krupp habe ich Untersuchungsmöglichkeiten gehabt, wie sie sonst niemandem geboten worden wären. – Mit der Freude über die getane Arbeit mischt sich wie gegenüber jedem geistigen Kinde ein gewisser Widerwille. Ich mag nichts mehr davon sehen und hören. Das Wort Nietzsches, das mir bei der Betrachtung der 28 000 Kruppschen Sparer so oft durch den Kopf ging: »Der Teufel hole sie und die Statistik«, hat nun vollends gesiegt. Nicht Massen, sondern Individuen sind der Beobachtung wert.

20. (Sonntag) Nachmittags Ausflug mit Frl. Boldt und Frl. Fincke und Röpke über Augustenruhe, Weißenstein nach Goßfelden. Herrliche Landschaften und überaus lustige Stimmung.

25. Troeltsch ist mit meiner Arbeit einverstanden und zufrieden. Einen methodischen »Fehler«, den er mir nachweisen wollte, konnte ich in seiner völligen Richtigkeit nachweisen. – Das Pauken geht lustig weiter. Wenn ich auch über manche Lücken, besonders in Finanzwissenschaft, entsetzt bin, so handelt es sich nicht um das Ob? sondern nur um das Wann? und Wie? des Examens!

Vorgestern Rade's Bericht über den Bremer Parteitag. Die Opposition hat sich sehr deutlich bemerkbar gemacht!! Erkelenz als Vorsitzer des Parteivorstandes!

Washingtoner Konferenz über Land- und Seeabrüstung. Briand enttäuscht. Hoffentlich erkennt die Welt bald das wahre Gesicht Frankreichs!

27. (Sonntag) Nachmittags mit Tegethoffs und anderen zum Frauenberg. Wald und Feld im Rauhreif. Zurück mit Gesang unter sternklarem Himmel. –

Warum fühle ich mich so schrecklich einsam in der Welt? Ich behaupte, daß es nicht einen Menschen gibt, der mich durch und durch kennt.

28. Sich aus Lust am Leben – erschießen!

29. Es ist kalt auf meiner Bude. Ich habe bislang noch nicht geheizt und werde nicht heizen. Ich bin kein Gemütlichkeitsfanatiker

oder wenigstens dann nicht, wenn es Umstände macht. – – Aus dem Unterhaus ertönt Hauskonzert. Wie an anderen Abenden lese ich ein oder zwei Kapitel im »Zarathustra« und gehe zu Bett. Es wird wieder lange dauern, bis ich einschlafe. Wenn der Körper schon längst müde ist und die Augen zufallen, will der Verstandskasten immer noch nicht zur Ruhe kommen. Er macht die verwegensten Jagden, ehe er sich bändigen läßt. – Besteht der Mensch aus zwei Teilen, die unablässig miteinander in Fehde liegen? Bald hat der eine recht und muß sich dem anderen gefügig machen, und bald umgekehrt?
Gestern meldete ich mich beim Dekan zum Examen. Jetzt muß im wesentlichen alles von selber werden.

Dezember 1921

4. (Sonntag) Heute abend feierten wir wieder bei Frl. Fincke den Adventssonntag. Eine kleine, verunglückte Kiefer, die wir vorige Woche im Wald fanden, brachten wir wieder zu einem normalen Aussehen und schmückten sie mit einigen Kerzen.

6. Heute bin ich erst ein ganz kleiner Mann und dann wieder ein etwas größerer geworden. Der Universitätspedell ließ mich heute mittag wissen, daß meine Arbeit von Troeltsch bloß mit Gut bezeichnet worden ist. Darüber habe ich mich schmählich geärgert und ich hätte am liebsten den ganzen Krempel hingeschmissen. Über einen Dr. rer. pol. mit Gut kann man sich mehr schämen als freuen. Ich hatte fest mit Sehr gut gerechnet. In den nächsten Tagen werde ich das Gutachten zu sehen kriegen. Sollte Troeltsch darin der Meinung sein, daß mir meine Arbeit wegen meiner besonderen Beziehungen zu Krupp zu leicht geworden sei, so werde ich das nicht ruhig einstecken. Weil es nicht wahr ist.

Jetzt eben am Abend war Kammersitzung. Ich wurde zum 2. Vorsitzenden der Marburger Studentenschaft gewählt und freue mich darauf, nach den Weihnachtsferien die Geschäfte übernehmen zu können. Im Übrigen war die Sitzung insofern interessant, als heute mehr als sonst neben den wirtschaftlichen Fragen der Studentenschaft auch die kulturellen, hochschulreformerischen zur Sprache kamen. Es ist bitter not, daß auch in dieser

Richtung einmal Gehöriges geleistet wird. Die studentische Bewegung droht heute in gewerkschaftlichen und organisatorischen Dingen unterzugehen. Sie liegen so überaus nahe und sind brennend. Aber der geistige Gehalt darf der studentischen Bewegung nicht abhanden kommen. Die ablehnende Stellung des deutschen Studenten zur demokratischen Entwicklung unserer Zeit ertötet ein Hineinwachsen der deutschen Studentenschaft in das Volk und ein Hinauswachsen zu wirklichem Führertum. Gerade die heutige Studentenschaft wäre berufen, eine Verbindung zwischen dem gleichen Recht aller und dem Sonderrecht der einzelnen Persönlichkeit zu suchen.

Eine fernere Aufgabe ist der Kampf gegen das Versinken und Versanden der Studenten in Fachwissenschaft und Praxis. Die Universität soll Menschen, aber nicht Berufsmenschen erziehen.

9\. Heute morgen sah ich Troeltsch' Gutachten über meine Arbeit. Ich habe den Eindruck, als ob T. durchaus unterschätzt, was mich die Arbeit gekostet hat. Außerdem moniert er meine Ausführungen über Stundenlohn und Spartätigkeit, obwohl er sich bei der zweiten Aussprache mit meiner Auffassung einverstanden erklärte. Das ist mir rätselhaft! – Ich muß mich in das Unabänderliche fügen! [Anh. 7 und 8]

12\. Heute abend Geburtstagsfeier bei Frl. Boldt.

13\. Abends Spaziergang im Mondschein zum Schloß.

14\. Vortrag von Pastor Mennicke- Berlin über »Die innere Lage des Proletariats in ihrer Beziehung zur Krisis unserer Kultur«. Sehr gut.

20\. 12 Uhr Nachts! Morgen vormittag wird die Examensschlacht geschlagen! Bis eben war ich bei Alfons [Tegethoff] und habe noch dies und das kurz zum letztenmal angesehen. – Im Grunde genommen tut es mir leid, daß ich nun Examen machen soll. Jetzt ist man eigentlich erst so weit, daß man selbständig arbeiten kann, daß man das ganze Gebiet überblickt und langsam durchdringt. Soll das gerade die Voraussetzung fürs Examen sein? Jetzt müßte eigentlich noch eine Zeit der Vertiefung und Erweiterung folgen, ehe man Rechenschaft ablegt. Schließlich hat man doch gerade jetzt entdeckt, wo es noch an manchem fehlt. Ein Gebäude im Rohbau, aber noch ohne allen Verputz und eine hinlängliche Einrichtung. – Nun aber, es muß sein. Ich werde leidlich davon kommen. Schließlich tröste ich mich damit, daß ich nach

dem Examen noch besonders Gelegenheit habe vieles nachzutragen. Noch scheide ich nicht von der Universität! –
Gute Nacht!

21. Als ich gestern Nacht im Bette lag, hörte ich mit einem Male aus dem Unterhause »O du fröhliche, o du selige« singen und spielen. Da dachte ich zum ersten Mal so recht an Weihnachten, obwohl es nur noch wenige Tage bis dahin sind. –
Von 1/2 11–1 Uhr stieg heute morgen die Prüfung. Es ging glänzend. Ohne die geringste Aufregung dachte ich nur daran, mit Sehr gut davon zu kommen, um doch noch vor einem vollends »guten« Examen bewahrt zu bleiben. – Zuerst Paul Mayer. Er fing mit Sachenrecht an, sprang in altdeutsches und römisches Recht über, sodaß mir etwas unheimlich wurde. Hernach im Handelsrecht war ich vollkommen sicher. Nur vergriff ich mich mehrfach in den juristischen Fachausdrücken (Vertreter, Beauftragter u. ä.), obwohl ich stets das Richtige meinte. Hier fehlen noch Übung und selbstverständliche Geläufigkeit. Ich hatte den Eindruck, daß mich M. nur auf Gut prüfte. Erst in den letzten 10 Minuten kamen wir tiefer in die Dinge hinein. M. war zufrieden mit der Prüfung, Ergebnis vermutlich Gut bis Sehr gut. – Dann Arndt. Er frug mich: »Was wissen Sie vom Tarifwesen?« Im Handumdrehen entwickelte ich ihm Wesen und Geschichte des Tarifvertrages, Unabdingbarkeit, Allgemeinverbindlichkeit, Haftung der Parteien usw. Arndt staunte und frug, ob ich das Gebiet besonders studiert hätte. Keineswegs. Nach weiteren 10–15 kurzen, aber scharfen Gängen aus Staats-, Verwaltungs- und Gewerberecht stand die Partie so, daß ich A. aufforderte, mich auf Sehr gut zu prüfen. »Das habe ich bereits nach Ihrer ersten Antwort getan. Ich gebe Ihnen Sehr gut!« – Obwohl ich fühlte, noch mehr leisten zu können, ließ ich es dabei bewenden. Eine noch bessere Zensur in diesem einen Prüfungsfach hätte mir insgesamt doch nichts genutzt. Es wäre nur Übermut gewesen. – Bei Köppe war es ur-urgemütlich. Wir unterhielten uns 3/4 Stunden über Geld- und Bankwesen und kamen erst zuletzt auf Finanzwissenschaft. Ich hatte immer das Gefühl: Wann fängt denn nun endlich die Prüfung an? Zum Schluß äußerte K. seine Freude, sich so wissenschaftlich mit mir unterhalten zu haben. Ergebnis sicherlich Sehr gut. – Der Höhepunkt der Prüfung war bei Troeltsch. T. gab mir aus allen

Gebieten sehr komplizierte Fragen. Es war so, als ob er mir ein Knäuel nach dem anderen hinwarf, damit ich es auseinandertüftele. Alles klappte herrlich. Ergebnis sicher Sehr gut. – Während des ganzen Examens war es mir immer eine besondere Freude, wenn ich irgendein besonderes Wissen gut anbringen konnte. Oft staunte ich selbst über das, was ich alles wußte.

Kurz nach Schluß der Prüfung verkündete der Dekan Alfons und mir das Ergebnis. Alfons, der in einem anderen Raum geprüft worden war, hatte im Mündlichen Gut. – Mein Sehr gutes Prädikat war mir eine rechte Genugtuung für die daneben gelungene Arbeit!

22. Nachmittags mit Alfons nach Warburg.
Abends kam ich zu Hause an.

24. Froher Weihnachtsabend. Hoffmanns bei uns.

26. Abends mit Lore bei Richters.

27. Spaziergang mit Hildburg.

28. War man bereits früher als Student für die »höheren Töchter« der Gegenstand eines gewissen Neides, so scheint dieses Gefühl dem jungen Doktor gegenüber noch ganz besonders obzuwalten. Wenigstens drängt sich mir diese Empfindung oft genug auf. Ich sehe darin den ziemlich unbewußten Ausdruck für das Mißverhältnis zwischen den den »höheren Töchtern« und den »höheren Söhnen« gebotenen Bildungsmöglichkeiten. Die höhere Tochter lernt von allem nur ein bißchen. Auf der Schule lernt sie etwas Sprachen und Literatur, später oder daneben etwas Musik oder einige Hand- und Kunstfertigkeiten. Das Universitätsstudium ist die Ausnahme. Für eine eigene Ausbildung fehlt es oft an Gelegenheiten oder neben den Hausarbeiten an Zeit. Trotz allem aber verlangen die Gesellschaft oder ein inneres Bedürfnis Verständnis und engere Vertrautheit für und mit all diesen Dingen. Die »höhere Tochter« will Mensch sein und muß immer noch Frau sein. – Wie ganz anders steht hier der »höhere Sohn«. Mindestens eine bestimmte Berufsausbildung und Betätigung im praktischen Leben sind selbstverständlich. Das Universitätsstudium ist, wenn nicht die Regel, so doch auch nicht eine Ausnahme. Stets aber ist der »höhere Sohn« in der Lage, sich eine solche Legitimation zu erwerben, daß er auf irgendeinem Gebiet schlechterdings mitreden kann und für voll angesehen wird. Das ist es wohl letzten Endes, was ihn so oft zum

Gegenstand eines nicht immer versteckten Neides seitens seiner Altersgefährtinnen macht. –
Abends Ball in der Kaupenhöhe. Bis 3 Uhr getanzt.
Brief an Frl. Hahn [Anh. 9].

29. Spaziergang mit H. – Nachdem ich in den letzten Wochen vor dem Examen doch erheblich mehr gearbeitet habe als sonst, aber freilich immer noch viel weniger als die meisten oder vielleicht alle Marburger Examenskandidaten, die ich kennen lernte, ist es mir jetzt eine gewisse Wohltat, einmal ganz andere Gedanken im Kopf herumzutragen. Vor dem Examen hatte ich manchmal das Gefühl, daß mein Kopf zum Zerspringen voll sei. Sehr vieles habe ich erst in den letzten Wochen gelernt, während es bei den Meisten nur einer Auffrischung bedurfte. Schön war es doch, die ganze volkswirtschaftliche und angrenzende juristische Materie noch einmal im Zusammenhang an sich vorüberziehen zu lassen! Die große Rechenschaft!

30. Brief an Röpke. – Abends bei uns großer und fideler Hausball bis um 3 Uhr früh.

31. Brief an Frl. I. Fincke. – Nachmittags ein Spaziergang mit Hildburg. Wir zwei nehmen aus diesem Jahr eine herzliche Freundschaft mit, indem wir uns einig fühlen gegen Alles, was schlechthin zwingend sein will. Wer aber in der Welt seinen Weg selber sucht, wird von mancher großen und kleinen Seelenqual verfolgt. Hier wird bloßes Verständnis schon zur Hilfe und Bestärkung. Ich freue mich unendlich, daß ich als der Ältere Hildburg in Manchem weiterhelfen kann.

Wenn auch dieses Jahr wiederum unter immer noch wenig erfreulichen wirtschaftlichen und außenpolitischen Umständen zu Ende geht, so halte ich es doch einfach für unsere Pflicht, daß wir zuversichtlich bleiben. Die Wirrsale der Zeit dürfen für die Jugend nur das eine Bewußtsein bringen, daß ihrer unendliche Aufgaben harren und ihr wie kaum einer anderen Raum zu freudiger Kraftentfaltung gegeben ist.

1922

Januar 1922

1. (Sonntag) Richters zum Mittagessen bis abends bei uns.

2. Ich las die Biographie von Kohut über D. F. Strauß[192]. Die Begeisterung, die mir schon Strauß' Bild einflößte, konnte ich beim näheren Kennenlernen dieses feinsinnigen und vielseitigen Menschen nur vertiefen. – Mit unendlicher Charakterfestigkeit verfolgt er seinen eigenen Weg. In seiner Entwicklung vom gläubigen Protestantismus zum Monismus einerseits und seiner unverhohlenen Abwendung von der politischen Demokratie andererseits liegt scheinbar ein gewisser Widerstreit, zumal gemessen an den politischen Konsequenzen, die der heutige Deutsche Monistenbund aus seiner Weltanschauung zu ziehen versucht. Jedoch kann ich diesen Widerstreit eben nur für einen scheinbaren halten, indem beiden Stellungnahmen die Betonung eines souveränen, nur aus sich heraus gebundenen Ich als dem Träger der kulturellen Werte zu Grunde liegt. Faßt man den Monismus (was er jedoch keineswegs ist) einmal als bloße Negation des absoluten Glaubens und der damit gegebenen Tendenzen zur Theokratie, so ist sein politisches Gegenstück keineswegs die Demokratie als bloße Negation des Absolutismus. Demokratie ist insofern nur eine Umkehrung der Abhängigkeitsverhältnisse, nicht ihre Aufhebung. Das Individuum dient zwar nicht mehr dem Fürsten, dafür aber dem Volke als oberstem Willensfaktor. Das vollkommenste Gegenstück würde der politische Anarchismus, die Herrschaftslosigkeit sein. Darin liegt die völligste Freiheit des Individuums, zugleich aber auch die Unmöglichkeit seiner Betätigung, besonders sofern es politisch interessiert ist. Politik ist Machtstreben, Gestaltungswille. Ganz abgesehen davon, daß jede Kulturentfaltung soziale Schichtungen, Abhängigkeiten und Auswahl voraussetzt, drängt deshalb der politische Betätigungswille des Individuums zu aristokratischen Herrschaftsformen, wobei ich unter Aristokratie die Herrschaft vieler Bester verstehe, die in sich das Recht zur Herrschaft fühlen und von oben wie von unten gleich unabhängig sein wollen. Die unendliche Schwierigkeit liegt in der Erkennung und Anerkennung dieser Besten. Strauß hielt in dieser

Beziehung wohl, wenigstens für seine Zeit, die konstitutionelle Monarchie für die beste Staatsform. Da in jeder monarchischen Institution etwas Irrationales liegt, ist eine solche Auffassung vom monistischen Standpunkt nicht gerade konsequent. Indessen: ist das Individuum, der große Mensch, etwas Rationales? Mir scheint die Demokratie die beste Auslese zu gewährleisten und damit eine Herrschaft der Besten. Nur die weitgehende Abhängigkeit der Führer von der »Masse« empfinde ich ebenso schmerzlich, wie den häßlichen, politischen Agitationsbetrieb, den eine Demokratie mit sich zu bringen pflegt. – Strauß' politische Auffassung ist nicht das Wesentliche an ihm. Der Schwerpunkt seiner Bedeutung liegt in seiner Religionsphilosophie. Hier hat er in seiner Bibelkritik bahnbrechend gewirkt und den Monismus gefördert.

3. Ferdinand Lassalle[193] von Stefan Großmann. – Ein unbändiger Charakter!

4. Bismarcks 3. Band[194] ist von einer fabelhaften Bitternis, oft Gehässigkeit durchzogen. Dadurch leidet das durch Bismarcks Autorität sonst gegebene Gefühl des überragenden Wertes seiner Erinnerungen und Darlegungen. Unbegreiflich bleibt mir, wie Bismarck bei der von ihm selbst empfundenen und so stark betonten Bedeutung der möglichst langen Fortdauer seiner Kanzlerschaft (namentlich für die auswärtige Politik) angesichts seiner trotzdem von dem ebenso unerfahrenen wie selbstherrlichen Wilhelm II. erzwungenen Entlassung den ihn befriedigenden Gedanken hat, daß sich in solchen Handlungen ein erfreuliches monarchisches Selbstbewußtsein und Selbstbestätigung offenbare. Angesichts der vernichtenden, an Wilhelm II. geübten Kritik, muß die der Person des Monarchen schlechthin beigemessene Bedeutung doppelt als ein Widerspruch (Seite 44) auffallen. Trotz aller monarchischen Befangenheit hat, glaube ich, keiner der monarchischen Staatsform durch die genaue Charakterisierung eines der äußerlich großartigsten Monarchen wie nicht zuletzt auch durch die Beleuchtung höfischer Verhältnisse einen ärgeren Stoß versetzt als gerade Bismarck. – Im Übrigen bringt der 3. Band wenig für das Verständnis der großen Politik. Seine Bedeutung liegt überwiegend in der Schilderung personaler Dinge. –

Nachmittags bei herrlichstem Schneewetter ein Spaziergang mit

Hildburg durch den Stadtwald und Krupp'schen Wald. Aus letzterem konnten wir uns nur wieder befreien, indem wir das mit einbrechender Dunkelheit geschlossene Tor überstiegen.

5. Wie falsch die Behauptung von einem angeborenen, natürlichen Gottesglauben ist, hat Heidi kürzlich auf das Schlagendste bewiesen. Sie kam einmal von der Straße rein und erzählte Mutter: »Eben sagte die Walpurga, daß das Christkindchen gerade bei ihnen wäre. Und der Bubi sagte, bei ihnen wäre es auch gerade. Und du hast gesagt, bei uns wäre es auch. Gibt es denn 3 Christkindchen?« – »Das Christkindchen ist überall. Es ist nicht wie ein Mensch, der nur an einer Stelle sein kann, sondern ein himmlisches Wesen«. So und ähnlich versuchte Mutter den Widerspruch zu erklären. Aber Heidi lehnte diese »unnatürliche« Erklärung energisch ab. »Ach Mutter, so was gibt es doch gar nicht. Es gibt nur Menschen und Tiere!« – Ein anderes Mal forderte der Nikolaus, der angeblich durch ihr Schlafzimmerfenster nachschauen können sollte, ob sie artig sei, ihren lebhaften Widerspruch heraus. »So lange Beine hat der Nikolaus gar nicht, daß er von der Straße in mein Zimmer sehen kann!« – Bei solcher Sinnesart ist ihr ein persönlicher, unsichtbarer und unerklärlicher Gott vollends ein Unding. Sie versteht ihn nicht; deshalb gibt es ihn nicht.

6. Im Stadttheater Bernhard »Der Brief des Uria«. Erstaufführung. Ich bedaure, das Stück (mangels eines Textbuches) nicht zuvor gelesen zu haben. Trotz meines ausgezeichneten Platzes (Loge) habe ich nicht alle Feinheiten verstehen können.
Nachmittags Spaziergang mit Hildburg.

7. Heute nachmittag ein einzig schöner Spaziergang mit H. durch den Stadtwald. Der Wald im Schnee gab die herrlichsten Bilder; dazu ein wunderbar gefärbter Abendhimmel.
Ich glaube, in jeder innigen Freundschaft zum anderen Geschlecht klingt auch ein Ton von Liebe an.

8. (Sonntag) Noch nie habe ich so faule und schöne Ferien gehabt wie eben diese. Diese Tage und Wochen sind nichts als ein Genuß des reinen Daseins. Befriedigt, sorglos, freudvoll, angeregt und das alles getragen von einer relativ großen inneren Windstille. Eine völlige Ablenkung und Ausspannung der Gedanken. Es ist mir, als ob ich nach der Eilfahrt und dem Sturm der letzten 8 – 10 Monate ein Stück Leben im Bummelzug

durchreiste. – Aber es ist nur eine Ruhe vor neuem Sturm. Das kann und soll nicht anders sein! Das Gefühl, die seelischen Bewegungen des Sommersemesters nunmehr völlig überwunden zu haben, wird bald wieder einer das Innerste ergreifenden und erfüllenden Auseinandersetzung mit Problemen der Weltanschauung und Politik weichen. Die letzten Jahre waren ein Niederbrechen alter Bewußtseinsinhalte, die letzten Monate ein oft wehes Bewußtwerden der dadurch geschlagenen Wunden. Nunmehr bin ich auf einem Punkte angelangt, daß ich alle dem einigermaßen ruhig und gelassen gegenüberstehe. Ich empfinde jetzt den Tiefengehalt der mich bewegenden Fragen und gehe nun bewußt an die Aufgabe des Aufbaues heran. Meine von allem Anfang an recht bestimmte politische Orientierung kann nicht darüber hinwegtäuschen, daß ich auch hier noch nicht mit mir fertig bin. Die Bejahung der Demokratie ergab sich mir aus überwiegend negativen Momenten. Ich wußte, was ich nicht wollte, und fand dann nur noch die Demokratie übrig. Soweit sie bloße Form ist, werde ich an ihr wohl festhalten. Aber es dreht sich noch um die tiefere und entscheidende, erst viel später herausgefundene Frage, ob die Demokratie einer Volkskultur oder einer aristokratischen Kultur dienen soll. Die Bejahung der ersteren scheint mir die Demokratie als Form mit Konsequenz zu fordern; die Bejahung der letzteren als geeignetster Weg zur Auslese der Besten. Höchstens von letzterem Punkte aus könnte ich mir eine Abwendung von der Demokratie denken.
Wenn ich in meiner Weltanschauung heute dem Monismus zuneige, so geschieht auch das wesentlich aus dem Negativen der Abkehr von Dualismus und der Kirche. Aber ich ringe noch um die Einordnung des Geistigen und Gefühlsmäßigen in den Ablauf des Weltgeschehens. Bloßes Naturgesetz und Rationalismus wollen mich nicht befriedigen. – Diesen weltanschaulichen und politischen (was freilich sehr eng gefaßt ist) Fragen sehe ich heute ohne Qual ins Auge. Das Gefühl des Unbefriedigtseins mangels einer voll und ganz bejahten Stellungnahme drängt mich indessen unablässig zur Beschäftigung mit ihnen.
In meiner wissenschaftlichen Ausbildung habe ich jetzt gleichfalls einen bedeutsamen Punkt erreicht. Das Gebiet der Volkswirtschaft liegt soweit abgeschlossen vor mir, daß ich mich in ihm zu Hause fühlen kann, daß ich mich in ihm einigermaßen

selbständig zu bewegen vermag. Nunmehr drehe ich das Steuer auf die Juristerei. Auch hier liegt also Arbeit vor mir.
In wenigen Tagen sind die Ferien zu Ende. Dann beginnen ein neues Ringen und ein neues Hindernisrennen.

9. In Barmen. Großmamas [Walter] Steuererklärung bearbeitet. – Abends im Essener Kaiserhof ein sog. »Kaiserhofabend«. Geh. Rat Oncken[195] sprach in ganz hervorragender Weise über die französische Rheinlandpolitik seit dem 17. Jahrhundert. Sehr feine Parallelen zwischen der Politik Ludwigs XIV., der französischen Revolution und Napoleons sowie des heutigen Frankreichs. Danach zu Hause noch lange mit Vater beisammen gesessen. Wir unterhielten uns über Charakterfestigkeit, Selbstbewußtsein und innere Freiheit der Menschen im heutigen Berufsleben. Unsere heutige Wirtschaftsordnung übt hier mit ihrem auf Konkurrenz gestellten Erwerbsstreben und der steigenden wirtschaftlichen Verunselbständigung der Menschen einen überaus bedauernswerten Einfluß aus. Der harte Kampf um die wirtschaftliche Existenz nimmt den Menschen so gefangen, daß ihm wenig von den übrigen Seiten des Lebens bleibt. Das Gefühl wirtschaftlicher Abhängigkeit macht ihn willenlos und oft charakterlos. Man ist versucht zu sagen: Was hülfe es dem Menschen, wenn er die ganze Welt gewönne und nähme doch Schaden an seiner Seele ? – Ich sagte Vater, er möchte doch einmal Erinnerungen aus seinem Leben und aus seiner Zeit niederschreiben[196]. Er würde gar Vieles und Interessantes zu sagen haben.

10. Mit Hildburg nachmittags nach Werden und zu Fuß über die Platte zurück. – Abends Hauptversammlung der Essener Demokratischen Partei.

11. Abschied von den schönsten Ferien! Morgen gehts nach Marburg. – Abends besuchte ich noch eine Zusammenkunft unserer jungen Demokratischen Jugendgruppe. Sofort nach Beendigung der Besprechungen verlassen H. und ich fluchtartig die Gesellschaft, um zu vermeiden, daß sich uns jemand auf dem Heimweg anschlösse. Sogar Alfried ließen wir im Stich. Zum Abschied wollten wir noch einmal allein sein. Nun wird das Leben wieder Kampf!

12. Marburg. – Abends bei einer guten Pulle aus Vaters Weinschrank mit Röpke zusammen. Wir erzählten uns von unseren Ferien und Zukunftsplänen.

13. Das Briefeschreiben ist mittlerweile ein arg teures Vergnügen geworden (2 Mark!). Hoffentlich fühlt sich nun jeder Briefschreiber veranlaßt, den inneren Wert seiner Briefe einigermaßen diesen Kosten entsprechen zu lassen!

14. Brief an Frau Dr. Isa Koch[197]. – Einsamer Spaziergang über die Lahnhöhen.

15. (Sonntag) Nachmittags Spaziergang nach Amöneburg. Landschaft im Schnee.

18. Ich habe mir selber den Krieg erklärt. Ich will nicht mehr jeden Tag rauchen! Ich will nicht mehr morgens endlose Betrachtungen darüber anstellen, ob ich wohl aufstehen soll oder noch nicht! Ich will nicht mehr semesterlang mit abgerissenen Knöpfen oder mit Löchern in den Taschen umherlaufen! Ich will nicht mehr vor lauter Unordnung in Schränken und Schubladen umkommen! Ich will nicht mehr Briefe wochenlang unbeantwortet liegen lassen! Ich will nicht mehr alle Besorgungen bis auf die letzte Minute verschieben! – Jeden Tag will ich wenigstens einmal über meine Bummelei siegen; jeden Augenblick will ich auf das Nützlichste verwenden!

20. Nachmittags nach Frankfurt. Hans Kästner holt mich am Bahnhof ab. Einladung von Rackles zum Abendessen in die »Blumensäle«. Kabarett und Tanz.

21. Nachmittags die Kelterei und Kellerei angesehen. Abends im Neuen Operetten-Theater »Die Tanzgräfin«.

22. (Sonntag) Zum Mittagessen bei Rackles. Abends zurück nach Marburg.

23. Nach den zwei Frankfurter Tagen bin ich wieder für lange Zeit vom Großstadtleben kuriert. Sinnentaumel und schreiendste Gegensätze. Hier behagt mir die ruhige Arbeit wieder.

24. Warum ist unser Wollen so gräßlich klein? Warum sind wir immer mit einem Minimum zufrieden? Die Instinkte der Behaglichkeit und Bequemlichkeit führen ein wahrhaft tyrannisches Regiment über uns! Deshalb: die ärgste Fehde gilt uns selber!

25. In der deutschen Studentenschaft stehen – wieder einmal – schwere Kämpfe bevor. Ein Spruchhof zu Göttingen hat die Erlanger Verfassung der Deutschen Studentenschaft abgetan und eine Notverfassung erlassen. Deren wichtigste Punkte sind: Anerkennung des Staatsbürgerprinzips, Beschränkung der Deutschen Studentenschaft auf die reichsdeutschen Hochschulen

(kein Großdeutschland!), Beschränkung des Aufgabenkreises der Studentenschaft auf Wirtschaftshilfe, Leibesübungen und einige reine Verwaltungsangelegenheiten (also keine kulturelle und soziale Arbeit der Studentenschaften). – Der Hochschulring[198] läuft besonders gegen den ersten Punkt Sturm; er kann vom Antisemitismus nicht lassen. Die großdeutsche Frage hängt mit dieser aufs Engste zusammen, da die deutsch-österreichischen Schulen nach national-völkischen Gesichtspunkten organisiert sind und unbedingt bleiben wollen. – Aufs Äußerste bedauerlich erscheint mir die Einstellung der Studentenschaften auf rein wirtschaftliche und sportliche Angelegenheiten. Sollen sie in der Tat zu Gewerkschaften werden? Vom Standpunkt der nicht korporierten Studenten ist eine solche Orientierung besonders auch um dessentwillen abzulehnen, weil damit dem festorganisierten und auf den Korporationen basierten Hochschulring die Behandlung der kulturellen und sozialen Aufgaben so gut wie ausschließlich zufallen muß, da die Nichtkorporierten fast jeden Zusammenhaltes entbehren und in den Ämtern der Studentenschaften ihr Tätigkeitsfeld verlieren. Der Hochschulring wird die den Studentenschaften entzogenen Aufgaben nunmehr von sich aus in die Hand nehmen. Die Finkenschaft kann das nicht. Die Arbeit in den Ämtern aber halte ich, wie ich an mir selbst erfahren konnte, für eine sehr geeignete und vorteilhafte Erziehungsstätte. –

Es wird nun der Streit um die Anerkennung oder Ablehnung der Göttinger Notverfassung entbrennen. Das Ende vom Lied wird sein, daß sich jede Studentenschaft selbständig macht. Ein allgemeiner Studententag wird entscheiden müssen.

26. Der erweiterte Vorstand gegen die Göttinger Verfassung, besonders gegen die Art ihres Zustandekommens!

27. Ich las Haeckels[199] Briefe aus seiner Studentenzeit. Ein wundervolles Buch! Ein selten inniges und offenes Verhältnis zwischen ihm und seinen Eltern. Reich an kulturellen, politischen und sozialen Bildern. Am interessantesten der Kampf Haeckels mit sich selbst. Dämmernder und sich verstärkender Zwiespalt zwischen Glauben und Wissenschaft. Die Leidenschaft zur Erkenntnis blieb Sieger. Gegenstück von D. F. Strauß!

28. Seit gestern habe ich die Vertretung des aus persönlichen Gründen einstweilen von der Geschäftsführung zurückgetretenen

1. Vorsitzenden der Marburger Studentenschaft, phil. Kurt Dammann, übernommen. Zu einer bewegteren Zeit konnte mir das kaum passieren!

29. (Sonntag) Ausflug zum Christenberg. Schneelandschaft, Nebel und etwas Regen. Über Melnau zurück, ganz zu Fuß. Herrlich frische Luft. –
Auf meiner Bude sieht es heute abend wild aus. Eben erst, um 10 Uhr, als es mir doch zu kalt wurde, habe ich den Ofen angemacht. Bücher, Briefe, Papier, Abendbrotreste (!), Zigarren, eine Flasche Frankfurter Obstwein, genähte Kleidungsstücke stehen und liegen um mich herum. Ich hause wie ein Untier. Und fühle, wie einsam ich bin. Seit 10 Tagen kam keinerlei Post in meine Hände. – Nietzsches Briefe (Auswahl von Oehler, Inselverlag) las ich eben zu Ende. Sie sind im Ganzen etwas eintönig, im Einzelnen aber oft überaus fein und anregend. Ein Gefühl der herben und doch stolzen Vereinsamung, diese als Folge eines wahndurchzogenen Umstürzens aller Überlieferungen, bricht in den letzten Jahren immer stärker durch. Ich glaube, der geistige Nietzsche ist ohne den körperlichen gar nicht zu verstehen.

31. In der morgigen Kammersitzung soll die Entscheidung über Marburgs Stellungnahme zum Göttinger Diktat erfolgen. Einstweilen wird der Streit der Meinungen in den einzelnen Ämtern und Fraktionen ausgefochten. Ich trete überall mit Nachdruck für meine von Anfang an ablehnende Stellungnahme ein. Den größten Erfolg erzielte ich bislang heute abend in einer Fraktionssitzung der Freien–Deutschen Gruppe, wo ich meinen anfangs ganz überwiegend abgelehnten Standpunkt schließlich *einhellig* durchsetzte. Faktische Gesichtspunkte haben dabei wohl den Ausschlag gegeben. Die Unfähigkeit der Studentenschaft als solcher zu kultureller und sozialer Arbeit ist der zumeist für die Göttinger Notverfassung ins Feld geführte Gedanke. Ich vermag ihn nur *sehr* beschränkt anzuerkennen.

Februar 1922

1. In der Sitzung des erweiterten Vorstandes ging heute nachmittag die von mir vorgeschlagene Entschließung zur Göttinger Verfassung mit 7 gegen 3 Stimmen durch. –

Abends Kammersitzung. Ich hatte die Versammlungsleitung. Die etwa 1 1/2stündige Debatte war sehr ruhig und sachlich, trotz heißen Kampfes. Sikorski vertrat die vom erweiterten Vorstand angenommene Entschließung ausgezeichnet. Die Gegner hatten keine guten Redner. Unsere Entschließung wurde mit 29 gegen 17 Stimmen angenommen!! Dagegen stimmte der Waffenring, dafür die schwarzen Verbindungen[200] (der Hochschulring war also gespalten) und die Freie-Deutsche Gruppe. – In kleinem Kreise veranstalteten wir hernach bei Kratz eine Art Siegesfeier!

Ich glaube, daß ich für mich in Anspruch nehmen darf, sehr wesentlich zu diesem Ausgang der Angelegenheit beigetragen zu haben.

2. Ich las heute Ernst Haeckels Rede »Der Monismus als Band zwischen Religion und Wissenschaft«[201]. – »Jeder große Fortschritt der tieferen Erkenntnis bedeutet eine Ablösung vom überlieferten Dualismus, eine Annäherung an den Monismus«. Widerlegung der Annahme einer persönlichen Unsterblichkeit. Nur der ganze Kosmos ist unsterblich. – In seinem Glaubensbekenntnis hält Haeckel an einer von allen Dogmen und Offenbarungen entkleideten, »auf vernünftiger Anthropologie gegründeten« Sittenlehre als dem Kern aller wahren Religion fest. Ich vermisse die Begründung für diese inhaltlich bestehen gelassene christliche Sittenlehre (Nächstenliebe aus Zweckmäßigkeit?). – Sehr einleuchtend die Bevorzugung des Amphitheismus (Glaube an Gott und Teufel) als einer vernünftigeren Welterklärung vor dem Monotheismus. – Pantheistischer Ausklang. Gott als der Geist des Guten, des Schönen und des Wahren.

3. Als Ergänzung des Gestrigen Haeckels Studien über monistische Religion »Gott-Natur«. Eine durchgehende Parallele zwischen Monismus und Dualismus. – Die entscheidendste Konsequenz der monistischen Weltanschauung ist die Loslösung der christlichen Ethik, die Haeckel im Ganzen unangetastet wissen will, von ihrer dogmatischen und offenbarungsmäßigen Begründung. Sie soll verbindlich sein und bleiben, aber worauf beruht die Kraft ihrer Normen? (Der Jurist würde sie als ein Konglomerat von Naturalobligationen ansprechen!). Haeckel versucht sie aus zweckmäßiger Entwicklung zu erklären. Aber ich habe den Eindruck, als ob er dieser Begründung der Sittenlehre selbst

nicht sehr viel zutraut, indem er z. B. an anderer Stelle (S. 32) sagt, der Glaube an eine Unsterblichkeit der Seele kann »auch praktisch für viele Aufgaben der Lebensführung, insbesondere für die Schule und Erziehung von großem Nutzen sein«. Hier scheint mir eine Anerkennung des Wertes einer offenbarungsmäßigen Umkleidung der Sittenlehre durchzuklingen. – Eine Ableitung der sittlichen Gesetze aus einer natürlichen, aus Zweckmäßigkeit geborenen Entwicklung erfaßt alle die Normen nicht, die sich inhaltlich nur auf mich selbst beziehen und zu keiner sozialen Auswirkung führen wollen. Ihre Verbindlichkeit kann ich nur aus mir selber heraus fühlen und anerkennen.
Wie kann ich z. B. eine Antwort auf die Frage ableiten, ob ich mir selbst das Leben nehmen darf?

4. Über Nacht gewaltiger Schneefall. Wegen des Eisenbahnerstreiks zu Fuß nach Lollar. Ein beschwerliches Wandern; und doch brauchte ich für die 20 km nur 2 Stunden und 50 Minuten. Wunderbare Landschaft; zumal im Abendsonnenschein!!

5. (Sonntag) Die unerquicklichen Verhältnisse in Lollar machen einen Besuch dortselbst nicht zu einem Vergnügen. Karl Nordmann verfällt mehr und mehr dem Trunk und damit dem Ruin. Zwischen dem Ober- und Unterhaus sind die Beziehungen allein auf seine Frau und zwei Kinder beschränkt. Dagegen der alte Onkel Karl! – Nachmittags in 2 1/2 Stunden zurück. Eisiger Gegenwind.

9. D. F. Strauß »Der alte und der neue Glaube«[202] gelesen. Die Ausbeute an Positivem empfinde ich als gering.

12. (Sonntag) Brief an Frl. Hahn.

13. Holzwarth, Vors. der Deutschen Studentenschaft hier. Eröffnung der Schulungswoche.

15. Ein Vortrag von Pfarrer Gogarten[203] über »Offenbarung und Zeit« blieb mir schlechthin unverständlich. Anderen Zuhörern, die ich darüber sprach, ging es nicht besser. Wie denken sich eigentlich Menschen wie Gogarten ihr Wirken, wenn sie nicht einmal von akademischen Zuhörern verstanden werden?

19. (Sonntag) Freitag abend zu Großmutters [Heinemann] 77. Geburtstag nach Eschwege. Mein Kommen war eine freudige Überraschung. Ich fand sie munter und bei guter Gesundheit trotz einiger Altersbeschwerden. Heute abend wieder zurück. – Bei aller fürsorglichen Aufnahme hätte ich nicht länger bleiben

mögen, selbst wenn ich gekonnt hätte. Das von den kleinsten Alltagssorgen und kleinstädtischer Neugier erfüllte Leben würde mich erstickt haben.
Meine Hoffnung, hier etwas Post vorzufinden, wurde wieder schmählich enttäuscht.

20. Wahlen zur Kammer des Sommersemesters. Als Leiter des Wahlausschusses habe ich nun meine letzte Funktion ausgeübt. Im Sommer werde ich nicht mehr mitmachen.
Wieder einmal geht in diesen Wochen eine Teuerungswelle über das Land. Und wieder versuchen alle Stände, sofern sie nur eben können, durch Erhöhung ihrer Einnahmen über Wasser zu bleiben. Ein Lohnkampf folgt dem anderen; als Wirkung geboren, wird er selbst wieder zur Ursache. So geht der Kreislauf unabsehbar weiter. Aber es ist doch nicht so, als stünden am Ende jeder Bewegung wiederum alle gleich zueinander. Immer weiteren Kreisen wird der Atem eingeschnürt, der Lebensspielraum enger gezogen. Wir alle sind dazu verurteilt, über kurz oder lang unsere Lebensansprüche einschneidend herabzumindern. Mag der Kampf zwischen den wirtschaftlich Mächtigen auch noch so arg toben, so wird doch keiner ganz über Wasser bleiben. Die Zwangsläufigkeit dieser Entwicklung schwebt uns allen bewußt oder unbewußt vor. Wir wehren uns instinktiv, und doch wird es nicht helfen. Aus den Tiefen dringt bereits das Wehklagen der Niedergetretenen zu uns empor. Es peitscht den Egoismus, daß wir einem ähnlichen Schicksal zu entrinnen versuchen. Sollten wir nicht aber eine Schicksalsgemeinschaft sein, in der keiner auf Kosten des anderen triumphiert? Und sollte nicht besonders die Deutsche Studentenschaft hier ein Vorbild sein?
Es fällt uns schwer, daß wir uns solche Gedankengänge ganz zu eigen machen. Der Glaube, daß das Leben trotz eines äußeren Niederganges nicht ärmer zu werden braucht, ist noch nicht stark genug.

21. Wohl die schönste Briefsammlung, die mir bis jetzt begegnet ist, ist die Schleiermacher'sche (Meisner, bei Perthes-Gotha, 1922). Mit einem seltenen Reichtum feiner Gedanken bekleidet Schleiermacher in seinen Briefen die inneren und äußeren Erlebnisse und Schicksale seines Werdeganges, und mit tiefer Feinfühligkeit nimmt er an den Angelegenheiten seines Freundeskreises teil. – Mit Schleiermacher will ich mich noch mehr beschäftigen.

Dagegen erscheint mir eine Weiterverfolgung der auf der Naturwissenschaft fußenden Philosophen als ziemlich unfruchtbar. Besonders Haeckel hat mir wenig gegeben; nur von seinen Briefen aus der Brautzeit erhoffe ich noch etwas.

22. Einjähriges Stiftungsfest des Studentenheims e. V. Als Vorstandsmitglied der Studentenschaft war ich eingeladen worden.

23. Zwischen der verzweifelnden Erkenntnis, daß uns Menschen in keiner Weise Vollkommenheit beschert ist und jemals beschert sein wird, und der schwelgenden Hoffnung, daß es doch einmal sein möchte, führt ein schmaler Weg zur Versöhnung und Befreiung. Das ist ein unablässiges Streben und Kämpfen; ein Arbeiten an uns selbst und an unserem Platze. Indem wir dabei mühselig und langsam fortschreiten, uns entwickeln und aus [uns] selbst heraus gestalten, erfüllt uns ein stolzes Bewußtsein von dem Sinn unseres Lebens.

24. Heute abend fand die letzte Kammersitzung des Semesters statt. Mit dem ganzen Vorstand wurde auch mir Entlastung erteilt. Meine letzten Handlungen waren mehrere Anträge auf Verfassungsänderung, darunter vor allem auf Eingliederung eines Schiedsgerichts zur Austragung sachlicher Streitigkeiten zwischen Mitgliedern des Vorstandes und der Ämter und zur Vermeidung persönlicher Differenzen. Die Anträge fanden einstimmige Annahme. – Am 27. ds. werde ich meine Geschäfte an meinen Nachfolger übergeben und damit eine in neun Semestern wenig unterbrochene hochschulpolitische Betätigung einstellen. Für mich persönlich war diese Betätigung ohne Frage wertvoll; inwiefern sie über kleine Tagesarbeit hinaus der Sache gedient hat, vermag ich nicht anzugeben. – Mein Bestreben ist stets dahin gegangen, zu einer Eingliederung der Deutschen Studentenschaft als politischer Machtfaktor und kulturelle Bewegung in die deutsche Volksgemeinschaft im Sinne meiner demokratischen Anschauungen beizutragen. Das bedingte im Großen und Ganzen vorwiegend einen Kampf gegen nationalistische, reaktionäre und auch antisemitische Bestrebungen, während ein Kampf gegen Links eigentlich nur in Zeiten des Aufruhrs als Zeitfreiwilliger in Frage kam. Nicht nebenher, sondern in enger Verbindung mit Hochschulpolitik ging für mich stets auch eine Betätigung als Staatsbürger und Mitglied der Demokratischen Partei. Erst durch meine ablehnende Stellung zur Göttinger

Notverfassung kam ich mit Letzterem in Konflikte. Wie die Artikel der demokratischen Tageszeitungen und vor allem die jüngsten Debatten zum Kultusetat im Preußischen Landtag zeigten, sehen die auf eine mittlere oder eine linke Linie eingestellten Parteipolitiker in der durch die Notverfassung angebahnten »Entpolitisierung« der Studentenschaft einen Gesundungsprozeß. Hier weiche ich ab und bleibe bei meiner von Anfang an eingenommenen Stellung. Ich kann mich des Eindruckes nicht erwehren, daß die Begrüßung der jüngsten Entwicklung zu sehr von einer blinden Furcht oder Abneigung der deutschnational-antisemitischen Tendenz der Studentenschaft bestimmt ist. Man glaubt, daß sich die Studentenschaft durch ihre Göttinger Notverfassung selbst als unbequemer politischer Machtfaktor ausgeschaltet habe. Aber das Gegenteil wird der Fall sein, weil alles der Studentenschaft als solcher Genommene dem Hochschulring zufällt und ihn darin zu einer ganz ungestörten Arbeit kommen läßt, während den freiheitlich-fortschrittlichen Teilen der Studentenschaft jede Möglichkeit fehlt, dem auf den Korporationen fest fußenden Hochschulring auch nur eine annähernd gewachsene Organisation entgegenzustellen. Und selbst wenn das Letztere doch möglich sein sollte, würde ich der neusten Entwicklung widerstreben. Hat die Deutsche Studentenschaft wirklich ihre Aufgabe erfüllt, wenn sie sich in mehrere Lager gespalten und in verschiedenen politischen Organisationen den Parteimächten außerhalb der Hochschulen eingliedert oder zur Verfügung stellt? Unser aller großes Ziel ist die Volksgemeinschaft. Sollte da nicht die Studentenschaft vielmehr zunächst in sich den Gedanken der Gemeinschaft verwirklichen, und zwar nicht nur in wirtschaftlichen Angelegenheiten (in dieser Beziehung würde sie in Vielem dem Ganzen gegenüber auch wieder nur ein Interessentenzweckverband sein), sondern eben auch in kulturellen Dingen? Nur mit einer solchen Zielsetzung kann die Studentenschaft zugleich dem Gedanken einer Volksgemeinschaft dienen. Die Deutsche Studentenschaft hat stets in Zeiten vaterländischer Nöte (1813, 1848, 1870, 1914) eine Rolle gespielt und zwar bisher stets als Anführer oder hervorragender Faktor eines national- oder parteipolitischen Elans. Heute sieht sie ihre Rolle wiederum in einer ähnlichen Richtung: sie würde die Sturmfahne eines Befreiungskrieges mit aufopfernder Begeisterung vorantragen wollen; sie

würde einer Wiederherstellung alter glanzvoller Zustände innerhalb des Staates nicht minder freudig dienen. Die Ziele sind ehrbar, und doch – sie gehen in die Irre. Heute kann es nicht auf opferfreudigen Kampf um äußere oder innere Ziele ankommen, sondern nur auf ein nicht minder opferfreudiges Entsagen und Einordnen. Die Gedanken der Macht und des Rechtes stehen sich hier gegenüber. Die Jugend neigt dazu, das Machtvolle für das allein Kraftvolle zu halten. Deshalb findet sie sich so schwer in den Gedanken des Rechtes.
Scheidung der Geister! Ich sehe sie so: Die Mehrheit der Studentenschaft will Kampf. Darin hemmt sie die Göttinger Notverfassung nicht, sondern darin gibt sie ihr neue Freiheit. Eine Minderheit der Studentenschaft will Recht, d. h. Gemeinschaft. Deshalb keine Auflösung der Studentenschaft in Organisation und Gegenorganisation, sondern Bindung zu gemeinsamer Form. Nur dann kann der Gedanke des Rechtes lebendig werden! Nur dann können wir ihn in die ganze Studentenschaft hineintragen!

25. Nachmittags Spaziergang auf die Höhen hinter Ockershausen. Warmer Sonnenschein als Vorbote eines neuen Frühlings.

»Wenn nach harter Winternacht
lacht die Sonne wieder

. . . .

dann erwacht in unsrer Brust
neue Lebenswonne
und wir preisen voller Lust
Frühlingsglanz und Sonne!«

26. (Sonntag) Nachts bis 3 Uhr gelesen und geschrieben; deshalb heute morgen erst um 1/2 12 Uhr aufgestanden. – Karte von Ernst Lemmer. Er hat Donnerstag in Essen geredet und bei uns gewohnt. – Nach dem Essen mit Röpke einen Spaziergang über den Bismarckturm nach Spiegelslust.
Gestern abend hatte Troeltsch seine Doktoranden und Schüler zu sich eingeladen; nur mich nicht [mit Bleistift nachgetragen: Soll nur ein Irrtum gewesen sein]. Ich scheine es irgendwie mit ihm verdorben zu haben. Schon seit langem, schon vor dem Examen, darnach aber noch mehr, fiel mir seine ungewöhnliche Kühle mir gegenüber auf. Woran es liegt, weiß ich nicht.

27. Bei meinem Durchdenken philosophischer Fragen komme ich

jetzt zu dem Bewußtsein, daß ich in einer argen Sackgasse stecke. Mein Bemühen, alles verstandesmäßig zu erfassen, insbesondere auch auf diesem Wege zu ethischen Postulaten zu gelangen, ist ein verfehltes Beginnen. Das, was ich bislang gar nicht als eine Frage empfand, nämlich ob der Verstand wirklich das vorherrschende oder gar das allein herrschende Seelenvermögen ist, wurde mir auf das schnellste zweifelhaft, als ich darauf stieß, daß das bei weitem keine ausgemachte Sache sei. Unbewußt schwebte mir das wohl schon vor, als ich mich von Haeckel zu Strauß und Schleiermacher wandte. Jetzt deucht mich dieses Bewußtsein geradezu als etwas ganz Hervorragendes! Morgen wird es mir wahrscheinlich nur noch als das Ei des Columbus erscheinen. Schopenhauer.

28. Ist die Weltanschauung ein Ergebnis unseres Denkens oder eine Voraussetzung? Ist der Philosoph Wissenschaftler oder Künstler?

März 1922

1. Das Semester geht morgen zu Ende, aber ich werde noch einige Tage hier bleiben – so sehr es mich aus Marburg forttreibt und so sehr ich mich auf einige Ferienwochen in Essen freue. Einige Lehrbücher des bürgerlichen und des Prozeßrechtes will ich noch in aller Ruhe zu Ende durcharbeiten. Die juristischen Materien fesseln mich jetzt außerordentlich und ich werde immer begeisterter, je mehr ich in ihr klares und feines Gewebe hineinschaue. Darin einmal ganz heimisch zu werden, muß eine Freude sein. Freilich erfaßt mich die Juristerei nicht ganz: jeden Tag, d. h. meist abends, lasse ich mich außerdem 2 oder 3 Stunden in philosophische Fragen ein. Augenblicklich ist Falckenberg's »Geschichte der neueren Philosophie«[204] meine Lektüre. – – Spät abends noch hinauf zum Schloß. Eine dunkle und stürmische Nacht.

2. Heute mittag reisten Frl. Fincke und Frl. Boldt und mit ihnen viele andere bekannte Gesichter ab. Auf dem Bahnhof war arges Gedränge, allenthalten Parole Heimat. Scherzend und lachend, über und über mit Koffern beladen, drängte alles in den Zug. Aus den Fenstern Kopf an Kopf ein langes Winken – und dann das Gefühl, daß das ewig weitertreibende Leben wieder einmal,

wie so oft, gar manches lose und engere Band von Mensch zu Mensch zerschnitt. Nur Zufall wird es sein, wenn wir dem oder jenem fürderhin noch einmal begegnen. Und doch: Student sein! Ja, Student sein!

3. Wenn ich ausziehen wollte, den allgütigen, allvollkommenen und allesregierenden Gott zu suchen, so könnte mir nichts Befremdlicheres passieren, als daß ich ihn wirklich fände. Das ist es eben: Ich will keinen Gott haben! Gottesglaube, und besonders der christliche, bedeutet letzten Endes eine demütige Einstellung zum Leben, eine zufriedene Anerkennung höchster väterlicher Vorsehung in allen angenehmen und unangenehmen Geschehnissen unseres persönlichen Lebens. Ich will aber eine selbstbewußte und kämpferische Einstellung zum Leben: Selbsterlösung durch Lebenssteigerung!

4. Ich kann den Gedanken nicht los werden, daß eine biologische oder soziologische Begründung ethischer Postulate – so wie sie etwa Haeckel versuchte, s. S. 120 – selbst bei weitgehendster Befriedigung des Verstandes doch für das sittliche Wollen nur von geringer Triebkraft ist. Fr. W. Foersters[205] »Lebensführung«, welche ich mir unlängst anschaffte, klingt in einem ähnlichen Sinne aus. Und doch kann hier logischer Weise kein Monist an eine übernatürliche Begründung der Ethik irgendwelche Konzessionen machen. Ob er es praktisch tun soll, ist eine andere Frage, die ich meinerseits nur verneinen kann. Eine Erziehung in biblischer Gottesfurcht steht nun einmal auf schwankender Grundlage. Manch einer wird sie nie in seinem Leben antasten – dann ist es gut gegangen. Manch andrer aber wird sie eines Tages von sich werfen – dann steht er vor dem Nichts. Wird dann jeder dieser »Abtrünnigen« auf mühseligen Pfaden nach einer neuen Befestigung seines Lebens suchen? Er sollte es – freilich. Indessen geht es hier um das Praktische, d. h. Nützlich-Erfolgreiche. Da aber scheinen mir gerade die Tatsachen einer ärgsten Leugnung aller moralischen Bindung in weiten Volkskreisen zu lehren, wie wenig »zweckmäßig« jede praktische Konzession an die alte Erziehungsmethode ist. Einerlei auf welchen Wegen weiten Volkskreisen der »Glaube« abhanden gekommen ist, er ist es und die Folgerungen daraus sind betrübend.

Ich sehe hier noch keinen Ausweg. Und doch wird es einen

geben müssen und zwar ohne Kompromisse. Er wird in dem Glauben liegen müssen, daß das Wahre letztlich auch das Zweckmäßigste ist. – –

Prof. Köppe ließ heute nachmittag durch Röpke bei mir anfragen, ob ich bei günstigen Bedingungen u. U. bereit wäre, den Posten eines Handelsredakteurs bei den in Umbildung begriffenen »Frankfurter Nachrichten« anzunehmen. Im ersten Augenblick war ich ziemlich begeistert. Bei ruhiger Überlegung aber sage ich mir, daß mir als Volkswirtschaftler und Jurist doch ungleich mehr Möglichkeiten offen stehen werden (obwohl es auf Fachwissen bei weitem nicht allein ankommt), daß es also töricht von mir wäre, ohne Not mein iuristisches Studium fahren zu lassen. So lang ich in der glücklichen Lage bin, meine Ausbildung noch weiter vervollkommnen zu können, würde ein solcher Schritt recht kurzsichtig sein. Schließlich will ich mir auch ehrlich eingestehen, daß ich bei allem Drang zu praktischer Betätigung doch gar zu gerne noch ein Semester in unverkaufter Freiheit studieren möchte. Die letzten Semester sind die wertvollsten! – Daß Köppe auf mich verfallen ist, obwohl ich gar nicht sein Schüler war, ist mir immerhin schmeichelhaft.

5. (Sonntag) Nach dem Mittagessen wanderte ich allein zum Frauenberg hinaus. Der Sturm heulte in den Bäumen und trieb graue Wolken am Himmel dahin. Als mir oben von der Ruine aus wieder die weite wogende Welt zu Füßen lag, dachte ich an den letzten Tag des vergangenen Sommersemesters zurück, an dem ich eben dort mit Frl. H. zusammen stand. - - - Auf einsamen Umwegen nach Marburg zurück.

In den Tälern wohnen die Menschen mit ihrem Gott.
Da ist es stickig und dumpf.
Da wird kein kühner Gedanke geboren,
in Fesseln liegen die Kraft und der Geist.
Aber auf den Bergen ist Freiheit!
Da heult der Sturm und die Stirne ist kühl.
Da ballt sich die Faust zu eisernem Wollen,
da sucht der Fuß seinen einsamen Pfad – zur Höhe – empor!

8. Abends um 10 Uhr nach Schluß der Bibliothek wie so manches Mal zu Röpke. R. schafft mächtig an seiner Habilitationsschrift. Er las mir daraus vor und wir diskutierten darüber.

11. Heute wurde mir mein Doktordiplom ausgehändigt. – In dieser Woche habe ich mehr als je gearbeitet. Von früh bis spät habe ich mich in das Bürgerliche Recht eingebohrt. – Nachdem ich gestern vom Justizministerium die Erlaubnis erhalten habe, trotz meines im Herbst hier, bzw. in Kassel, beabsichtigten Referendarexamens Marburg im Sommersemester zu verlassen, steht es nunmehr fest, daß ich im Sommersemester nach Göttingen gehe. Meine Freude ist außerordentlich! Vor einem neuen Sommersemester in Marburg hätte ich mich geradezu gefürchtet. Die Erinnerung an glückliche und schöne Stunden, die einmal waren, hätte mich immerfort gequält. An Marburg bindet mich jetzt nichts mehr; drum fort von hier. Aus der Ferne werde ich Marburg besser zu schätzen wissen und lieb behalten.
Meine Heimreise wird erst Mitte nächster Woche sein. Seit gestern aber ist meine Ruhe vorbei.

12. (Sonntag) Abschiedsbesuche. – Trotz herrlichen Wetters den ganzen Nachmittag zu Hause.

14. Flucht aus Marburg. Morgens früh um 4 Uhr lief ich im Trab zum Bahnhof. Als dann der Zug langsam davonfuhr und der Mond über die bereiften Felder des Lahntals schien, dachte ich wieder an das Sommersemester und seinen so ganz anderen Ausklang zurück. – In neuer Umgebung wächst auch ein neues Leben von selbst; da stört nichts Vergangenes und Unwiederbringliches!
Um ½ 11 Uhr kam ich in Göttingen an. Nach 5stündigem Umherlaufen in der Stadt hatte ich endlich eine zusagende Bude gemietet. Leider fand ich für Frl. Fincke, die im Sommer gleichfalls nach Göttingen will, nichts Endgültiges.
Um 12 Uhr abends zu Hause!!!

16. In der Stadt umhergelaufen. Mehrfach war ich von lebhafter Bautätigkeit oder mancherlei Veränderungen überrascht. Abends in der Kaupenhöhe Lichtbildervortrag über die Berufsgefahren des Bergmanns.

18. Hier umfängt mich wieder ein ganz anderer Lebenskreis. Elternhaus, alte Bekanntenkreise, Großstadt – aber keine Ruhe hier wie dort.

19. (Sonntag) Ich habe in meinem Leben noch keinen Menschen kennen gelernt, der mir etwas Innerliches gegeben hätte. Anregungen empfing ich oft. Aber sie vermehrten letzten Endes nur

die Masse an großen und kleinen Bausteinen, die ich überall um mich herum sehe. Einige wenige Menschen lösten leichte oder tiefe Zweifel in mir aus. Das war schon unendlich viel mehr. Verarbeiten und überwinden muß ich alles alleine.

20. Spaziergang mit H. Abends bei Richters. Hildburg schenkte mir Verweyen »Der religiöse Mensch und seine Probleme«[206]. Ich freue mich sehr darüber.

21. In Barmen. Stundenlanges Bücheraussuchen aus dem Nachlaß von Onkel Alex [Höpker]. – Abends im Essener Schauspielhaus ausgezeichneter Vortrag des Intendanten Fuchs über Molière.

22. Die oft nur wenig verhohlene Geringschätzung, die einem als frisch gebackener Dr. rer. pol. von manchem ergrauten Praktiker entgegengebracht wird, kann ich sehr wohl verstehen. Es ist leider Tatsache, daß der Dr. rer. pol. im allgemeinen nur zu wenig in sich birgt. Ganz abgesehen von dem Mißbrauch, der an vielen Universitäten mit der Verleihung gerade dieses Doktortitels getrieben wird, vermag das volkswirtschaftliche Studium in der Tat wenig für das Leben zu geben. Volkswirtschaftler kann man nicht werden, man muß es einfach sein. Ob man aber einer ist, erweist man erst durch seine praktische Arbeit. Das Universitätsstudium vermag nur eine Auflockerung und Ausrüstung mit dem Notwendigsten zu geben; niemals aber kann es das eigentümliche volkswirtschaftliche Denken und Fühlen da vermitteln, wo es von Haus aus fehlt. Dazu gehört ein gewisser Instinkt, eine politische Begabung. Wenn trotzdem der bloße Titel eines Dr. rer. pol. eine Legitimation dafür sein will oder soll, daß sein Träger ein Volkswirtschaftler ist, so kann das bei Menschen mit bewährter volkswirtschaftlicher Erfahrung nur Befremden auslösen. Dr. rer. pol. sein heißt heute nichts anderes, als daß man sich gewisse historische Kenntnisse und ein bescheidenes Handwerkszeug für die Anfassung volkswirtschaftlicher Probleme angeeignet hat. Ob man beides gehörig anzuwenden weiß, muß sich erst noch zeigen. Die mündliche Prüfung bietet selbst da, wo sie richtig gehandhabt wird (Troeltsch!), nur eine geringe Gewähr dafür, da eine intuitive Einstellung auf den Examinator Vieles ersetzen kann. Die Dissertation könnte bei strenger Handhabung am ehesten eine solche Gewähr sein. Solange es aber für das volkswirtschaftliche Studium keinen anderen Abschluß als das Doktorexamen gibt, muß hier manche

Arbeit durchgehen, die es niemals verdient hätte. Darunter leidet heute der Wert des Dr. rer. pol. ganz allgemein. Wenn seine Erlangung wieder ein Beweis für wahrhaft volkswirtschaftliches Verständnis werden soll, so muß die schon lange schwebende Neuregelung des volkswirtschaftlichen Examens auf das Dringendste verlangt werden. Nur wenn das, was der Dr. rer. pol. heute überwiegend geworden ist, auf ein anderes Examen übergeht, kann er selbst wieder eine gewisse Legitimation für einen wirklichen Volkswirtschaftler bedeuten. – Angesichts dieser Tatsache freue ich mich umsomehr, daß ich Gelegenheit habe, als Jurist zu einem Abschluß zu kommen. Wenn auch der Marburger Dr. rer. pol. von der Entwertung dieses Titels relativ mit am wenigsten betroffen zu werden verdient, so muß ich jetzt doch sagen, daß es töricht von mir gewesen wäre, wegen des bloß »guten Prädikats« meiner Arbeit mein Glück mit einer zweiten Dissertation noch einmal zu versuchen. Der Dr. rer. pol. im allgemeinen hätte es nicht verdient.

24\. Röpke kommt abends, um 2–3 Tage bei uns zu bleiben.

26\. (Sonntag) Abends im Saalbau eine schöne Veranstaltung der Demokratischen Partei. Frau Dr. Lüders[207] sprach sehr wirkungsvoll. – In diesen Tagen, wo uns neue unerhörte Zumutungen der Reparationskommission bedrängen, eröffnete die Demokr. Partei eine Werbewoche. Das bedeutet, daß wir den Mut nicht sinken lassen.

27\. Ich hatte gestern Herrn Hofmann gebeten, Röpke und mir einen Einblick in die ihm unterstellten Betriebe zu gestatten. Er war daraufhin so freundlich, uns ausnahmsweise heute morgen mehrere Stunden durch die 3 großen Krupp'schen Betriebe Modellschreinerei, Gießerei und Kraftfahrzeugbau (Mb4) zu führen und uns, fortschreitend von der technischen Zeichnung über das Modell und die gegossene Form zur fertigen Bearbeitung, eingehende Erklärungen zu allen Arbeitsprozessen zu geben. Ich muß gestehen, daß ich hier zum ersten Mal einen tieferen Einblick in technische Zusammenhänge tat. Die feine Organisation und die bis in die kleinste Einzelheit durchdachte Art der Produktion zwang mir große Bewunderung ab. Ich sah unser Zeitalter recht eigentlich an der Arbeit und ich war begeistert! Aber als uns diese schaffende Welt wieder aus ihrem Bann entlassen hatte, tauchten mir manche Zweifel auf. Machen wir nicht in unbegrenzter Bewunderung der technischen Leistung das Erste zum Letzten? Alle Technik kann nur ein Mittel sein für Kulturzwekke. Unsere heutige Produktionsweise aber hat zugunsten großer und unleugbarer äußerer Erfolge einen der höchsten kulturellen Werte zerschlagen; sie hat das seelische Verhältnis des Arbeitenden zu seinem Werk vernichtet. Wenn ich jetzt an die riesigen lärmerfüllten Hallen des Kraftfahrzeugbaues mit seinen Reihen zahlloser Drehbänke, Fräs- und Bohrmaschinen zurückdenke und an die Hunderte von Menschen, die dort selbst wie ein Rad in das Getriebe der Maschinen eingespannt sind, so faßt mich ein Grauen vor dieser Erniedrigung des Menschen.

28. Wo liegt der Übergang von der monistischen Weltanschauung zu einer sozialen Ethik im Gegensatz zu einer Ethik des Herrenmenschen? Mir scheint ein solcher Übergang, wie ihn z. B. Strauß und Haeckel versuchen, durchaus nicht zwingend gegeben zu sein.

29. Die italienische Renaissance übt eine ganz eigenartige und nachhaltige Anziehung auf mich aus. Immer wieder empfinde ich dort die starken Wurzeln unseres modernen Lebens, immer wieder begeistert mich der dort so wunderbar ausgeprägte Geist des Individualismus. Ständig bin ich bemüht, meine Kenntnis von diesem Zeitabschnitt zu vertiefen, wobei mir Burckhardt[208] den unschätzbaren Leitfaden abgibt. Heute las ich die trotz allem ausgezeichnet in diesen Rahmen passenden Briefe der Dunkelmänner[209]. Sie sind als kulturgeschichtliches Denkmal geradezu köstlich.
Abends bei Richters aus Anlaß des Geburtstages von Frau Prof. Richter.

30. Gregorovius'[210] Briefe an die Gräfin Lovatelli gelesen. Sie geben wegen ihres einseitigen Charakters nur ein schwaches Bild von dem Verfasser.

31. Zum Geburtstag von Geheimrat Looser bei Prof. Fuchs.

April 1922

1. Abends Zusammenkunft des Vereins ehemaliger Rüttenscheider Schüler.

2. Nachmittags mit Richters nach Heisingen, wo Prof. Richter im

Freidenkerverein einen Vortrag über »Die Frau in der christlichen und modernen Weltanschauung« hielt. – Auf dem Heimweg durch den Schellenberger Wald interessante Unterhaltung mit Prof. Richter.

5. Zu Tante Ellis [Höpker] Geburtstag nach Barmen. – Abends hielt ich in der Essener demokrat. Jugendgruppe einen Vortrag über Karl Marx. Es gab mir das Veranlassung, mich noch einmal mit diesem großen Geist zu beschäftigen.

6. Abends in der Kaupenhöhe Lichtbildervortrag von Hutzel über alte und moderne Verfahren der Eisengewinnung.

7. In mir widerstreiten zwei Tendenzen. Auf der einen Seite will ich Ideen und Formen, großen Leitgedanken und Bindungen ergeben sein, auf der anderen einem schrankenlosen Austoben, einem Wollen, Bewegen und Leben an sich. Sorgsames Bedenken und blindes Hingeben, Abwägen und Begeistern drängen sich durcheinander. Das war nicht immer so. Mein regelmäßiger Ausgangspunkt war lange Zeit stets das Rationale. Überall stand der Kopf über dem Herzen. Das Mögliche nur wollte und bejahte ich. Alles Unverständliche und Unfaßbare warf ich aus mir hinaus. Prüfen, erklären, begründen, in Begriffe fassen wollte ich alles. Überkommene Formen mußten vor meinem Verstande bestehen, wenn ich ihre Bindung anerkennen sollte. Erfolgreiche, vernünftige Bewährung war ein Hauptmaßstab. – Politisch gelangte ich so auf Wege der mittleren Linie, wenngleich ich in Erkenntnis begangener Fehler und Versäumnisse der alten politischen Machthaber Deutschlands und ihrer nur zu oft kurzsichtigen, engherzigen, ja egoistischen Motive manche historische Institution und festgewurzelte, weil einfach hingenommene Anschauungsweise der Dinge so rücksichtslos über Bord warf, daß ich mich aus bloßer Verneinung lange Zeit nach Links gedrängt fühlte und oft genug die Grenze übersah oder das von Links Gewollte und von Rechts Bekämpfte schlechthin zu meinem politischen Glaubensbekenntnis machte. Religiös streifte ich alten Gottes- und Kirchenglauben als verstandesmäßig nicht erfaßbar weiter und weiter ab. Überall überwog das Destruktive, weil ich nirgends eine vernünftige Bewährung erkannte. – Aber ich fühlte mich keinen Augenblick wohl in all meinen Trümmern und Verneinungen und unablässig suchte ich sie in Bejahungen umzukleiden. Ich rang um die positive Begründung meines

demokratischen und monistischen Standpunktes. – Politisch war das verhältnismäßig leicht. Es geschah deshalb auch ziemlich unmerklich und unbewußt. Ein Wollen der Gerechtigkeit, ein Glauben an die Gleichwertigkeit aller Menschen, schließlich auch familiäre Überlieferungen kamen praktischen Überlegungen zu Hilfe. Der Schwerpunkt der inneren Auseinandersetzung fiel mehr und mehr auf den Kampf um die Weltanschauung. Auch hier sollte der Verstand wieder den Leitstern abgeben. Aber hier wurde er auf einem Gebiet verwandt, auf dem ihm eine ausschließliche Herrschaft am wenigsten zustand. So kam es denn, daß mir hier seine Unzulänglichkeit offenkundig und damit seine Führerstellung schnell auf der ganzen Linie zweifelhaft wurde. –

Noch geht mir alles durcheinander. Und je nachdem, ob mir ein glücklicher Gedanke im Kopf liegt oder sich die Empfindung vordrängt, daß ich in einem Meer von grausamer Verworrenheit stecke, sehe ich die Welt mit einem Gefühl der Begeisterung oder Beklemmung. –

Im Stadttheater »Fra Diavolo«.

8. Wenn ich Frank Wedekinds erotische Grenzenlosigkeit überdenke, so komme ich weniger wegen der Konsequenzen, mit der sie manche unserer sozialen Institutionen bedroht, zu einer Ablehnung, als wegen der Hemmungslosigkeit, die sie dem Individuum predigt. Ich empfinde es als eine Erniedrigung, wenn der Mensch nicht in sich selbst Maße und Bindungen entwickelt, welche seine Natur in Grenzen bannen. Nicht Lust sondern sieghafte Überwindung macht den Wert unseres Lebens aus.

9. (Sonntag)

Das Leben wird schöner mit jedem Tag,
ich möchte es jauchzend umfassen!
Ein unermüdlicher Strom an Reichtum und Schönheit
ergießt sich brausend in meine Brust.
Ich trinke und trinke und werde nicht satt.
In zitternden Händen will ich es halten
und tief und tiefer in seine Fülle hineinschaun.
Aber es blendet, verwirrt meinen Sinn
vor lauter freudiger Lust.
Unerschöpflich ist seine Gewalt und sein Geheimnis.
Ich kann es nicht bannen in meine kindlichen Formen,

ich kann es nur lieben, ja lieben in aller Inbrunst und Angst.
Ich kann nur wachsen mit seiner Fülle
und es trägt mich empor zu schwellender Lust;
zu himmlischer Weite dehnt es die Brust
und jubelnd ruf ich zum kommenden Morgen:
Das Leben wird schöner mit jedem Tag! –

10. Heute morgen bekam ich einen Brief von Frl. Hahn. Sie will unseren Briefwechsel abbrechen, um ganz und gar in dem Gedankenaustausch mit Herrn Sch. aufzugehen. Ich verstehe ihr Motiv, aber Folgerungen, die sie ziehen will, gehen mir schmerzlich nahe. Einsam – einsam – einsam – – –

11. Brief an Röpke.
Nachmittags mit Hildburg und Herrn Hummel zu Rad nach der Meisenburg. Abends kleine Jugend-Gesellschaft im Hause. Um 1/2 1 Uhr brachten wir zu mehreren die Zwillinge nach Hause. Frau Prof. Richter holte uns noch alle herein. In kleinem Kreise trugen gerade Herr Regierungsrat Dr. Tiburtius[211] und Herr Hummel aus Faust vor. Glänzend!

12. Mein Interesse an der Parteipolitik ist seit geraumer Zeit nur noch ein sehr vermindertes oder verändertes. Als nach dem Zusammenbruch 1918 die große innere Umgestaltung Deutschlands Platz griff, trat ich mit lebhaftem Anteil an alle politischen Fragen heran. Ich schloß mich der Demokratischen Partei an und glaubte, besonders während meiner ersten drei Marburger Semester durch eifrige Verfechtung ihrer Zielsätze zum inneren Neubau Deutschlands etwas beitragen zu können. Das völlige Scheitern des Überkommenen erfüllte mich mit einem lebhaften Glauben an neue politische Ideale. Tiefer und tiefer verwickelte ich mich in verbissenen Parteistreit und ich harrte lange genug darin aus. Aber schließlich brach sich die Erkenntnis durch, daß die parteipolitische Arbeit viel zu sehr bloße Augenblicksarbeit ist, daß alle die bewegten Fragen weit tiefer gehen und weit weniger eindeutig sind, als es der Kampf der Schlagwörter wahr haben will. Gleichzeitig damit drängte sich bei mir in wachsendem Maße etwas ganz anderes in den Vordergrund: ich erkannte mich selbst als eine, als meine Aufgabe. Ich ging an meine Auseinandersetzung mit der Welt heran, erkannte mich selbst als Gegenstand der Ausbildung und inneren Entwicklung. Mein

Interessenkreis erweiterte sich. Da, wo ich nach Betätigung suchte, verfiel ich zwar immer wieder auf solche politischer Art, aber meine parteimäßige Einstellung wurde abgeklärter. Jetzt will es mir mehr und mehr scheinen, daß die Arbeit an den Grundlagen menschlicher Willenseinstellung das Entscheidende ist.

Entsprechende politische Auffassungen ergeben sich dann aus ihnen mit ziemlicher Notwendigkeit von selbst. Ich bin heute aus wesentlich anderen Motiven Demokrat als vor 2 oder 3 Jahren. Aus der enttäuschten Abkehr von dem niedergebrochenen Alten und der ziemlich unbedenklichen Zuwendung an neue, meist gegenteilige Auffassungen, wird meine politische Stellungnahme mehr und mehr zu einer Konsequenz meiner grundsätzlichen Einstellung zum Leben. Ich bin Individualist und Vitalist und als solcher erscheint mir einmal die Demokratie für politisch interessierte und befähigte Menschen als diejenige Staatsform, welche den weitesten und ungehemmtesten Spielraum gewährt. Die Demokratie als Lebenselement des geborenen Politikers! (Vom Standpunkt eines Wissenschaftlers oder Künstlers würde ich, wie ich wohl empfinde, vielleicht zu ganz anderen Folgerungen kommen können.) Endlich bin ich als Freigeist und aller irrationalen Bindungen lediger Mensch Demokrat, weil bei der heutigen Konstellation die Masse des Volkes, oder richtiger bestimmte wesentliche Teile der Arbeiterschaft die Bundesgenossen im Kampf um eine freie Weltanschauung sind. Diese Konstellation ist sehr eigentümlich. Während die sog. Gebildeten wohl am ehesten berufen wären, eine freie Weltanschauung zu teilen, klammern sie sich aus egoistischen Befürchtungen bewußt oder unbewußt an alle Bindungen, welche die Flut der Masse nach ihrer Meinung noch zu bannen vermögen. Die Religion muß dem Volke erhalten bleiben, d. h.: Begehret nicht, laßt uns in Ruh und hofft auf eure Seligkeit! Die proletarische Freidenkerbewegung ist die typische Reaktion auf dieses Verhalten der Gebildeten und Besitzenden. Sie betrachtet den Kulturkampf als Bestandteil des Klassenkampfes. – Hier ist allerdings der Punkt, wo ich den stärksten Zweifel an meiner politischen Stellung empfinde. In ihr liegen gewisse *soziale* Konsequenzen, welche ich noch nicht aus voller Überzeugung bejahen kann. Ist eine aristokratische Geisteskultur mit einer sozialen, volksgemeinschaftlichen Wirtschaftsverfassung und demokratischen Staatsform vereinbar? Hier muß ich abermals eine Stufe tiefer steigen, um den Fragenkomplex ganz auszuschöpfen. Spaziergang mit Hildburg zum Isenberg.

14. Eine Angelegenheit hat man innerlich erst dann ganz überwunden, wenn man sie einmal einen ganzen Tag lang vergessen konnte.

15. Richters und Prof. Verweyen abends nach dem Vortrag bei uns.

16. (Ostersonntag) Der heutige Tag war selten schön! Morgens fuhr ich mit Mutter nach Altenessen, wo Verweyen um 10 Uhr einen Vortrag über »Der Triumph des Lichtes und der Menschlichkeit« hielt. V. sprach wunderbar, voll Idealismus und mit reichen positiven Gedanken. Damit trägt er etwas Aufbauendes und Neuschaffendes in die Freidenkerbewegung hinein, die sich seit der Revolution allzu sehr im Negativen erschöpft. –
Nachmittags und abends waren wir alle bei Richters. Auch Tissor's aus Düsseldorf waren zur freudigen Überraschung aller gekommen. Mit begeisternder Lust sang Verweyen aus Wagnerschen Opern (besonders Fliegender Holländer!!), Herr Tissor begleitete am Flügel, während Frau Tissor teilweise mitsang (Ortrud und Telramund). Abends brannten wir im Garten ein Osterfeuer ab und schauten lange singend und scherzend in die Glut. Schließlich fehlte es nicht am Tanz; Verweyen und Tissor saßen am Flügel. Leider mußten Tissors und Verweyen abends um 10 Uhr abreisen. Verweyen tat es mit dem lebhaften und befreienden Gefühl, einmal völlig aus sich heraus gegangen zu sein.

17. (Ostermontag) Morgens mit dem Monistenbund ein Ausflug über Ruhtermühle, Haus Öfte, Pastoratsberg nach Werden. Herr Koch war uns unterwegs abhanden gekommen, weshalb wir ihn zu mehreren suchten und erst in Werden auf dem Bahnhof wieder mit der Gesellschaft zusammenstießen. – Hildburg nachmittags bei uns. Abends bei Mosers.

19. Vortrag im D.u.Ö. Alpenverein über Alpine Jugendwanderbewegung.

20. Nicht so sehr die einzelne Tat, die ich als Fehltritt empfinde, vermag mir ein schlechtes Gewissen zu geben, als vielmehr das Gefühl, in der Überwindung meiner Schwächen und Unvoll-

kommenheit gar nicht oder nur ungenügend weitergeschritten zu sein.

21. Heute mittag reiste Vater mit Lore nach Weimar ab. Lores Pensionsjahr beginnt!
Die Lebenserinnerungen des Kardinals Retz[212] gelesen. Ein Intrigant aus Passion! Solch ein Charakter war mir noch nicht recht eigentlich zum Bewußtsein gekommen; ich kann ihn aber sehr wohl verstehen.

22. Es gibt keine gemeinere Aufgabe, die sich ein Mensch stellen könnte, als Werte in Unwerte zu verwandeln. Es gibt keine höhere und schönere, als Werte zu Wertvollerem fortzubilden. Das eine ist Vernichtung und Abstieg, das andere Veredelung und Befreiung. Die Gewalt der Dinge bringt es freilich immer wieder mit sich, daß der Weg der Befreiung nur über den Umweg der Vernichtung gehen will. Da ist es dann die Aufgabe großer Menschen, wach zu bleiben und das vorläufige Ziel des Umweges keinen Augenblick für das endgültige zu nehmen. – Abends im Schauspielhaus »Ab dafür«. Eine Zeitschnurre.

23. (Sonntag) Was der Verstand nicht mehr begreifen will,
ist dennoch wahr, wenn du es fühlst und tief bejahst!
Das ist das einzige Positive, das ich nach all dem langen Suchen heute in mir verspüre. Verstandesmäßig-wissenschaftlich lassen sich keine Antworten auf die letzten Fragen finden. Ich fange an, Max Weber zu verstehen.
Zwei trauliche Stunden mit H.

24. Im Stadttheater »Die Schauspieler« von Schmidtbonn. Ich konnte kein Gefallen an dem Stück finden.

25. Brief an Frl. Hahn. – Was alle Predigten und alles Studium nicht fertig bringen, erschließt sich zwei Menschen, die sich zugetan sind, immer wieder in Augenblicken einer vertrauten Aussprache (An H.).
Schauspielhaus: »Liebe« von Paul Apel. Erstaufführung. Ein liebeswütiges Weib umgarnt die Männer. Jeder große, überwindende Gedanke fehlt. – Schauspielerisch eine gute Leistung.

26. In der Demokrat. Jugendgruppe hielt ich heute abend einen Vortrag über die Entstehung der Volkswirtschaft.
Gregorovius' Lucrezia Borgia[213] gelesen. Ein herrliches Buch, welches den kolossalen Triumpf alles Faktischen, wie ihn die Renaissance gebar, in reichster Farbenfülle widerspiegelt. Ich bin

aufs neue von der ausgelassenen und wuchtigen Größe dieses Zeitalters begeistert. – Es fällt uns heute schwer, die Unterdrükkung der moralischen Maßstäbe zu verstehen. Wir, die wir tagtäglich eine »soziale Frage« empfinden und von Gedankengängen eines Gerechtigkeitsideals beherrscht werden, können ja noch nicht einmal mehr Nietzsches weithin hallenden Protest gegen das überall und ewig Sein-Sollende voll und ganz nachempfinden. Die Renaissance ist in ihrer extremen Ausschöpfung alles Seienden eine der großartigsten Konsequenzen der Abstreifung heteronomer Bindungen. Wir Heutige neigen trotz gleicher Ausgangspunkte zu wesentlich entgegengesetzten Folgerungen: Das Sein-Sollende ist uns zum Lebensinhalt geworden. Dieser Wandel birgt noch viele Rätsel.

27\. Vortrag von Prof. Richter über Nietzsche. Ich mußte einsehen, daß ich in vielen Punkten sehr wesentlichen Irrtümern verfallen war. Deshalb ein umso größeres Gefühl der Klärung.

28\. Schopenhauers Briefwechsel (Auswahl von Max Brahn, Insel-Verlag) zu Ende gelesen. Damit tritt wiederum eine neue große Gestalt in meinen Gesichtskreis ein. So wird es zwar immer belebter um mich herum, aber es steigert kaum das tiefere Verständnis und die verbindende Ordnung.

30\. (Sonntag) Morgens um 7 1/2 Uhr Radtour mit Hildburg nach Kettwig-Werden. Zurück im Regen.
Abschied von den Osterferien. »Vergiß die stillen Stunden nicht . . . Vergiß sie nicht, soviel sich drüber flicht an Schatten! Es war ja alles, was wir hatten . . .«
Nicht mit leichtem Herzen fahre ich morgen dem neuen letzten Semester entgegen. Dunkle Tore liegen vor mir, Stunden der Stille und traumvollen Selbstvergessenheit lasse ich hinter mir. Mit unruhigem Geiste stehe ich zwischen Beiden.

Mai 1922

2\. Seit gestern abend in *Göttingen*. Keinen einzigen Menschen – außer meinen Wirtsleuten – kenne ich hier. – Das letzte Semester: nur einmal noch Student! – Arbeiten muß ich, sehr viel arbeiten. Ob ich mich selbst dabei vergessen kann? Brief an Prof. Verweyen.

4. Göttingen gefällt mir! In die Umgebung bin ich zwar noch nicht vorgedrungen, da es immer noch nicht recht nach Frühling und Sonnenschein ausschaut (Im Sauerland lag Montag noch weithin Schnee), aber auch da wird mich Schönes erwarten. – Einstweilen suche ich die Dozenten erst einmal kennen zu lernen. Es ist mir stets ein eigenartiges Gefühl, wenn ich plötzlich den Mann vor mir sehe, von dem ich schon so manches gehört oder gelesen habe. Der Mensch und sein Werk gehören nun einmal zusammen.

5. Lily Braun's[214] »Memoiren einer Sozialistin« zu Ende gelesen. Ein großartiges Kulturdokument und ein ergreifendes Zeugnis des ewigen Kampfes zwischen dem Einzigen und der Gemeinschaft. Selten hat mich ein Buch so ergriffen. – Wenn schon manches von dem, was Lily Braun an frauenrechtlichen Postulaten bewegt, als mittlerweile zur Selbstverständlichkeit gewordene Tatsache nicht mehr recht verständlich ist – obwohl ich es in seinem Gewicht auf das tiefste nachempfinden kann –, so erscheint mir die Frauenbewegung doch auch heute noch als über den Rahmen ihrer eigenen Ziele an Bedeutung weit hinausgehend. Die Frauenbewegung dringt am tiefsten in das Grundsätzliche ein. In ihr wird recht eigentlich um ein Menschenrecht: um das Menschenrecht auf Eigenart gekämpft. Ihre Widersacher sind weit weniger positive Rechtsregeln öffentlichen oder privaten Charakters als vielmehr Gewohnheit und Sitte: zwei Mächte, welche dem Einzelnen wie keine anderen als erdrückende Übermächte mit tausenderlei feinen und unsichtbaren Fesseln gegenüberstehen. Ihnen ist nur eine große Idee gewachsen. Daß eine solche aber in der Frauenbewegung lebt, ist es, was sie vor allen anderen, die sich nur um Interessen drehen, auszeichnet.

6. Brief an Lore. – Zum ersten Mal im Göttinger Theater: Rose Bernd von Gerhart Hauptmann. – Alles zerbricht. Die Unschuld wird zur Sünde, der Glaube zum leeren Wahn. Alles ist Qual und Leid. Nur den gedankenlosen Alltagsmenschen läßt das Leben ohne Erschütterung, ohne Vernichtung seinen stumpfsinnig-heiteren Weg ziehen.
Mit Entsetzen ließ ich das Theater hinter mir und sah in mondheller Nacht hinauf zu den Sternen. »Überwinde und wachse!« rief es mir zu. Da wurde ich wieder ruhig und selbstbewußt.

7. (Sonntag) Brief an Röpke. – Nachmittags Spaziergang zum Hainholzhof und Bismarckturm. Jetzt weiß ich, wo ich bin!

9. Wenn ich so in die Nacht hineinlaufe, den Schatten und dem Mondlicht entgegen, dann ist's mir grad, als schritte ich in die ewige Endlosigkeit hinein. Hinter mir liegen die Stadt und die Menschen und der Alltag; ewig lockend ziehen mich etwas rätselhaft Großes und unstillbare Hoffnungen in die dunkelnde Ferne. Allein bin ich auf weiter Straße. Ja, allein ...

10. Operette »Die Fledermaus«. – Immer das Selbe, immer Augenblickswirkungen, selten geistvoll und doch zwingend in frappierender Schlagfertigkeit oder Situationskomik. Ein Inhalt ohne Inhalt. Am besten der letzte Akt.

12. Hatscheks Verwaltungsrechtspraktikum fiel heute nachmittag aus. Ich geriet stattdessen in Nelson's[215] Einführung in die Vernunftkritik. Es gefiel mir dort so gut, daß ich bedaure, diese Vorlesung nicht regelmäßig hören zu können. Die Philosophie ist und bleibt doch das einzig Zweckvolle, in sich selbst Wertvolle. Warum ist es nur Zufall, daß sie uns einmal mitten im Alltag begegnet?

13. Auf dem Weg zum Abendessen fiel es mir plötzlich ein, heute abend ins Theater zu gehen. Gerade noch kam ich zu rechter Zeit hin, um in einer Logenecke d'Alberts Tiefland über mich ergehen zu lassen. Herrlich war es – trotz des knurrenden Magens!

14. (Sonntag) Nachmittags nach Mariaspring und auf Umwegen durch Feld und Wald wieder zurück. Dann im Theater: Bettelstudent! Nur die lebhafte Musik hielt mich auf meinem Stehplatz munter. – Heute möchte ich das Leben umschlingen! Die ganze Nacht durch könnte ich tanzen – tanzen: In hellem Saal und auf glattem Parkett, erst einen leisen Walzer, das Glück im Arm, – dann immer toller und toller ... bis mich die Kräfte verlassen! – Ha, ich lache! – Was ist denn das Leben? Der Wahnsinnige kommt mir oft als der einzige vernünftige Mensch vor!

17. Abends als Gast beim Hebbelbund. Vortrag über »Versuch einer Erkenntnis a priori in der Ästhetik«. Daran anschließend in dem kleinen Kreis von Herren und Damen eine angeregte Aussprache.

19. National-sozialer Studentenbund Friedrich Naumann. Ganze sieben Besucher fanden sich zur ersten Versammlung des Semesters ein. Bei mehr als 3000 Göttinger Studenten ein mehr als trauriges Zeichen.

21. (Sonntag) In Eschwege. Vater auf der Durchreise nach Eisenach ebenfalls dort. Das Werratal in Sonne und Blütenpracht.
26. Uraufführung der beiden einaktigen Opern »Varuna« und »Der Tanz der Maja« von Stiebitz sen. und jun.
28. (Sonntag) Ich schrieb heute einen Aufsatz über die Frage »Akademisch oder Politisch«[216], welchen ich in der Deutschen Akademischen Rundschau veröffentlichen möchte.

Juni 1922

1. Nachmittags Röpke auf der Durchreise nach Schwarmstedt am Zuge gesprochen. Ich gehe jetzt ganz in meiner Arbeit unter. Von früh bis spät sitze ich hinter meinen juristischen Büchern und kümmere mich um nichts weiter in der Welt. Obwohl ich hier einsam und unbekannt fast wie ein Verbannter lebe, habe ich noch kaum jemals eine solch anhaltende innere Freude verspürt wie in dieser Zeit. Meine Begeisterung für die Jurisprudenz wächst Tag für Tag! Aber es ist das eine sehr eigentümliche Begeisterung: sie gilt nicht der ars boni et aequi, sondern dem Konstruktiven, der kristallhellen Klarheit und unendlichen Feinheit und Geschlossenheit der Rechtsordnung. Nur das Formale sehe ich und nur den juristischen Konstruktionen spüre ich nach. Sozial-ethische Erwägungen, Fragen nach der Interessenlage und Zweckmäßigkeit kommen mir dagegen vor wie Störenfriede, die ein feines Gewebe verzerren und zerreißen wollen. Ich weiß, daß das einseitig, vielleicht sogar entsetzlich ist. Und dennoch will mir's scheinen, als dürfte meine Freude eine reine sein, solange ich lerne und mir lediglich den riesigen Stoff anzueignen habe. Die Kunst der guten und gerechten Anwendung liegt erst hinter der Erkenntnis des kunstvollen Aufbaues.
2. Abends sprach in einer öffentl. Versammlung des Göttinger Lehrervereins Tews-Berlin über den Reichsschulgesetzentwurf. Tews machte den besten Eindruck auf mich. Langdauernde Aussprache.
3. Nachmittags zum Demokratischen Reichsjugendtag nach Cassel. Mit einer Sondervorstellung von Goethe's Egmont im Staatstheater wurde die Tagung eröffnet. Ich hatte einen sehr guten Platz, sog. Orchestersessel unmittelbar vor der Bühne;

neben mir Ernst Lemmer und zur anderen Seite, wie ich im Laufe des Abends erfuhr, Frl. Dr. Kiessner[217], von der mir Röpke bereits erzählt hatte. Die Aufführung war hervorragend. Egmont erntete reichen Beifall. – Hernach noch mit zahlreichen alten Bekannten im Restaurant »Zur Tante«.

4. (Pfingstsonntag) Nach zweistündigem Schlaf im unruhigen Massenquartier wanderte ich den ganzen Vormittag durch Cassel. Gemäldeausstellung in der Orangerie. Akademie (wo ich mit Alfried Richter[218] vergeblich Herrn Cauer suchte) u. a. – Nach dem Essen legte ich mich im Nürnberger Hof in Lemmers Bett und erwachte erst wieder um 7 1/4 Uhr. Abends in der Stadthalle Begrüßungsabend. Festreden von Prof. Fredrichs und Frau Dr. Bäumer. Zum Schluß ein Fackelzug durch die Stadt zum Friedrichsplatz. Da außer den etwa 1400 auswärtigen Gästen auch die Casseler Parteifreunde teilnahmen, hatte der Zug eine stattliche Länge. Jede Gruppe führte ihre schwarz-rot-goldene Fahne vorrauf. Ich hatte mich den Coblenzern angeschlossen und fand dort die Fahne wieder, die ich vor zwei Jahren in Thüringen der Marburger Volkskompanie vorangetragen hatte! Stolz trug ich sie jetzt noch einmal und als wir an der Infantriekaserne vorüberkamen, in der ich seiner Zeit inhaftiert worden war, rief ich ein Hoch auf die Weimarer Verfassung! – Auf dem Friedrichsplatz wurden die Fackeln zu einem großen Haufen aufeinandergeworfen; die schwarz-rot-goldenen Fahnen leuchteten über der Glut, wir alle sangen »Deutschland, Deutschland über alles«, das Demokratenlied und »Ich hab mich ergeben«. – Darnach zog ich noch mit Lemmer zum Coburger Hof und saß dort eine Weile mit Oberpräsident Dr. Schwander[219], Dr. Cohnstaedt (Frkft. Ztg.) und Landahl[220] zusammen.

5. (Pfingstmontag) Heute nacht schlief ich noch weniger als in der vorigen, sodaß ich bereits morgens auf der Fahrt im Sonderzug nach Weimar b. Cassel gegen meine Müdigkeit ankämpfen mußte. – In strahlendem Sonnenschein stiegen wir den Dörnberg hinauf; fast endlos war die Schlangenlinie. Oben erwarteten uns ein herrlicher Rundblick und ein kühlender Wind. Die Führer der Demokrat. Jugend hielten nacheinander kurze Ansprachen. Besonders gefielen mir Mühle und Julie Meyer. – Leider ließen uns die Feldküchen und das Wasser im Stich, sodaß wir ihnen um 3 Uhr entgegen gehen mußten. Rückmarsch nach

Weimar. Um 7 Uhr waren wir wieder in Cassel. Fast den ganzen Tag über war ich mit Frl. Dr. Kiessner und Herrn und Frau Würtz zusammen gewesen. – Auf der Heimreise nach Göttingen konnte ich in dem überfüllten Zug vor Müdigkeit kaum noch stehen. Hamburger waren bei uns und wir sangen ein Lied nach dem anderen mit ihnen, um die Zeit zu verkürzen.

6. Wenn ich heute an Cassel zurückdenke, so kann ich nicht anders sagen, als daß es eine erhebende Veranstaltung war [Anh. 10]. Nicht ein einziger agitatorischer Ton hat in allen Veranstaltungen gelegen. Alles war vielmehr durchdrungen von einem jugendlich sieghaften Willen zu neuer Tat, von einer Kraft zu eigenwüchsiger Gestaltung. Als vom hohen Dörnberg die verschiedenen Führer der demokratischen Jugend ihre programmatischen Worte sprachen, verstärkte sich in mir das Gefühl, das ich bereits vorher empfunden hatte, so oft ich nur von einer Gruppe unter die andere geriet, das Gefühl nämlich, daß zwar seltsam verschiedene Strömungen in der demokrat. Jugend zusammengeflossen seien, aber dennoch ein einziges Ziel sie alle überrage. Und ich empfand dieses Ziel als so groß und wertvoll, daß mir der Kampf um seine Gefolgschaft in seinem Ausgang nicht zweifelhaft blieb. Hier lebt etwas, das sich durchsetzt, war mein Gedanke. – So stark aber auch diese Empfindung in mir sein mochte, so konnte sie doch andrerseits nicht einen deutlich bewußten Bestand von Zweifeln in mir auslöschen, der sich immer wieder aus dem Gefühl vollständiger Vereinzelung gegenüber der Masse nährte. Je freudiger und lebhafter das Gemeinschaftsleben in vielen Augenblicken mannigfachster Art wurde, umso schärfer wehrte sich etwas in mir. Niemals würde ich für Unbekannte etwas getan oder geopfert haben (es hätte denn schon wirklich alles auf mich ankommen müssen); für Einzelne aber, die mir als solche irgendwie nahestanden, tat ich manches selbstverständlich und gern. Ich glaube, daß es bezeichnend für mich ist, daß ich mich keiner Gruppe (etwa der Göttinger oder Essener) fest anschloß, sondern daß ich bald hier, bald da länger oder kürzer Anschluß fand, wenn mich nur eben ein Einzelner aus der Gruppe anzog. – Warum bin ich eigentlich Demokrat? Ganz verschiedenes läuft noch in mir durcheinander.

7. Heute leitete die Deutsche Gruppe der Internationalen Kriminalistischen Vereinigung ihre diesjährige Zusammenkunft hier in

Göttingen mit einem Begrüßungsabend ein. Da ich mich zu einigen Kleinigkeiten zur Verfügung gestellt hatte, fand ich gute Gelegenheit, eine stattliche Anzahl bedeutender und berühmter Zeitgenossen kennen zu lernen oder zu sehen. Über 100 Herren von auswärts waren im Laufe des Tages gekommen; darunter Radbruch[221], Ebermayer, Kahl, Kohlrausch[222], Rosenfeld, Freudental, Kantorowicz, zahlreiche Richter, Staatsanwälte und Strafanstaltsdirektoren. Interessante Gesichter! Typische Juristen!

8. Verhandlung der I.K.V. über progressiven Strafvollzug und Strafbarkeit unbeeidigter falscher Aussagen.

9. Bedingte Verurteilung. Sehr feines Referat von Rosenfeld.

10. Besichtigung der Göttinger Verwahrungsanstalt gemeingefährlicher (meist krimineller) Geisteskranker und der Fürsorgeerziehungsanstalt. Es ist noch vieles faul im deutschen Vaterland! Die Frage des progressiven Strafvollzuges und die damit eng zusammenhängende der bedingten Verurteilung berührt eine ganze Fülle von wunden Punkten. Umso erfreulicher ist es, daß die Krim. Vereinigung in Anlehnung an die laufende Strafrechtsreform gerade hierüber ergebnisreiche Erörterungen gepflogen hat. Der Erziehungsgedanke im Strafvollzug hat sich gegenüber den Vertretern der Vergeltungslehre (GehR. Kahl, Reichsanwalt Dr. Feisenberger) durchgesetzt. –

11. (Sonntag) Ich las in den letzten Tagen Rudolf Otto: »Naturalistische und religiöse Weltansicht«[223] und bin erfreut, darin die Gedanken erkannt zu finden, die sich bei mir bereits mehr oder weniger als Ergebnis meiner eigenen Überlegungen aufdrängten. Otto versucht mit keinem Wort einen absoluten und alleinigen Wert religiöser oder gar einer bestimmten dogmatisch-gebundenen religiösen Weltansicht zu verteidigen, obwohl er selbst Theologe ist. Das Letzte und Höchste in der Frage nach der Weltanschauung ist auch für ihn freier Entschluß und eigene Wahl, welche letztlich davon abhängen, was für ein Mensch man ist (11). Ob Ottos Versuch, der religiösen Weltansicht einen naturwissenschaftlich unangreifbaren Platz gewonnen zu haben, gelungen ist oder nicht, kann und vor allem will ich gar nicht beurteilen. Ich bin mir hinlänglich bewußt, ein »religiös unmusikalischer« Mensch zu sein. Ich habe kein frommes Gefühl, kein tiefstes demutvolles Empfinden vollendeter Abhängigkeit und

Bedingtheit. Gerade das Bewußtsein meiner Unabhängigkeit und meines vor nichts sich beugenden freien Dastehens macht mich stark und erhebt mich. Ich kann nicht in Andacht ein Mysterium erleben, sondern ich will wissen und erkennen und seien es schließlich nur Grenzen, über die hinaus es kein Weiterdringen mehr gibt.

12. Sich selbst erkennen, heißt seine Aufgabe erkennen.

13. Ich war heute in Cassel. Vater weilt dort drei Tage, um an einer Tagung der deutschen Betriebskrankenkassen teilzunehmen. Er hatte mich eingeladen, ihn zu besuchen, und so fuhr ich heute morgen in der Frühe hinüber. Nach einem wundervollen gemeinsamen Spaziergang durch die Aue folgte ich ihm in eine Sonderversammlung von Vertretern der Versicherungsnehmer. Diese fordern gegenwärtig ihre paritätische Aufnahme in den bislang nur aus Arbeitgebervertretern gebildeten Verband zur Wahrung der Interessen der deutschen Betriebskrankenkassen. Die Arbeitgeber wollen sie indessen nur im Verhältnis 2:1 aufnehmen, weil unter den Arbeitern aus parteipolitischen Gründen immer noch grundsätzliche Gegner der *Betriebs*krankenkassen sind. Vater wollte an der Sonderversammlung der Versicherten teilnehmen, um sachliche Aufklärungen u. dergl. geben zu können. Aber nach einer längeren Geschäftsordnungsdebatte wurde er mit einigen anderen Krankenkassengeschäftsführern ausgeschlossen. Man war mißtrauisch und wollte unter sich sein. Das war zu verstehen, obwohl es kurzsichtig war. – Nach dem Mittagessen fuhren wir nach Wilhelmshöhe hinaus. Ganz herrlich ist's da draußen. Gegen abend suchten wir noch einmal die inzwischen versammlungsmüden Arbeitnehmer auf. Dann bin ich zurückgefahren.

Und nun sitze ich auf meinem Zimmer und suche in Worte zu fassen, was dieser eine Tag an Fragen in mir aufgeworfen hat. Als ich heute morgen unter den Arbeitervertretern saß, da sah ich viel leere Geschäftigkeit, viel Tagen-wollen und viel Redenwollen, viel Wichtigkeit und viel kleinlich Persönliches. Es ging sehr parlamentarisch zu und war doch nur so grenzenlos öde. Ich wurde spöttisch und geringschätzend. Und als ich heute abend zum zweitenmal in den raucherfüllten Versammlungssaal trat und die Bierglas-bedeckten Tische und die vielen kleinbürgerlichen Gesichter sah und ein langsam durchbrechendes Bewußtsein einer im Ganzen doch recht fruchtlosen Redearbeit empfand, da war es mir vollends, als regierte der Unsinn die Welt, als hätte die Masse wieder einmal das Unverstandene bedroht oder niedergetreten. Sollte das ein Stück Demokratie sein? Dieses Häßliche, Leere, unermüdlich Verkleinernde und Zerhackende? Ich wußte es nicht. –

Auf der Rückreise stand ich lange am Fenster des Zuges und schaute auf die weiten Felder, auf die Berge und ihre schweigenden, tiefen, tiefen Wälder hinaus. Abendröte lag über ihnen. Da ließ der sterbende Tag neuen Glauben in mir wachsen. Menschen sah ich, die sich aufbäumten. Menschen, die im Leeren standen und die Hände ausstreckten, Menschen, die durch seelenloses Tagewerk hindurch nach neuem Glauben rangen. Ich sah Menschen, die Menschen werden wollten! Aus all dem Kleinlichen trat das Bewegende, Suchende, qualvoll Ringende hervor. – Da dachte ich anders. Da fühlte ich wieder Wertvolles. Alle Urteile wandelten sich in Fragen. Begeistert konnte ich nicht sein, denn Glaube und Zweifel flossen noch zu sehr zusammen.

Die Dinge stoßen hart aufeinander. Chaos ist um uns. Eine ganze Vergangenheit zerbrach. Sie sah so groß und herrlich aus, und wir glaubten an das, was sie zu sein schien. Aber es war nur eine Maschine, die ihre Menschen zertrat. Jetzt liegt ihr Gestänge um uns herum. Die Masse ist frei geworden und will endlich zu sich selbst kommen. Sie, die namenlose, endlose, unfaßbare will neu bauen. Ganz neu und ganz anders. Herrlich ist das! Denn menschlich soll alles werden!

Aber das Namenlose, Endlose, Unfaßbare sieht irgendwo so grau aus. Es bringt bei allem befreienden Aufatmen etwas Erstickendes mit. Muß man nicht untergehen, wenn man da hineinspringt? Soll ich nicht mehr ganz und gar Ich bleiben?

14. Als ich gestern abend zu Bett gegangen war, dauerte es noch stundenlang, ehe ich Ruhe und Schlaf finden konnte. Zuviel an Gedanken und Fragen lagen mir im Kopf, weit mehr, als ich auf dieses Blatt hatte bannen können. Das Meiste entzog sich allen Worten, weil es noch aller Klarheit entbehrte. Nur fühlte ich immer wieder die beiden Gegenpole meines Bejahens aus allem hindurchklingen: hier der Glaube an den keimenden Menschengedanken in der Masse, dort das unbezwingbare Empfinden vom Wert der Individualität. Plötzlich stand ich vor der Frage:

Bist du Egoist, willst du nicht opfern, daß du immer wieder fragst, wo dein kleines Ich bleibt? Ist's Feigheit oder Selbstsucht? Ich konnte das nicht zugeben. Immer wieder stellte es sich mir geradezu als eine Aufgabe vor, in dieser Zeit mehr als zuvor die Rechte und Freiheiten der einzelnen Persönlichkeit zu betonen. Das halb absolutistische, klassen- und gesinnungsmäßig aufgebaute Deutschland der Vorkriegszeit hat wie kein anderes die Persönlichkeiten zurückgesetzt oder niedergehalten. Seine Menschen mußten fungibel sein, sie mußten sich einreihen lassen können. Das war der schlimmste Fehler des alten Systems, und das allein konnte genügen, seinen Zusammenbruch herbeizuführen. Wenn Demokratie einen Sinn hat und etwas Besseres bedeuten soll, so wird es an ihr sein müssen, *hier* in diesem springendsten Punkte ein Anderes zu gebären. Deshalb setze ich ihrem Ruf nach Gemeinschaft den Ruf nach Persönlichkeit entgegen. Wie sich's verträgt, das weiß ich nicht.

15. Alle Wissenschaft ist nüchtern; sie will erkennen, nicht aber werten. Weil das so ist, deshalb tauge ich nicht zum Wissenschaftler, und deshalb fällt es mir immer wieder so schwer, wissenschaftlich zu arbeiten, zumal das einstweilen für mich immer noch heißt zu lernen oder Erkanntes, nicht aber Unerkanntes auch meinerseits zu erkennen und mir anzueignen. Ich habe keine Freude am Seienden, sondern nur am Sein-Sollenden, keine am Gewordenen, sondern nur am Werdenden. Wenn ich gleichwohl gerne Jura studiere, so ist es darum, weil sich mir in der Rechtsordnung ein zwar unsichtbares aber dennoch großes Kunstwerk offenbart. Die Rechtsordnung ist zweckvolles Menschenwerk. Deshalb will sie nicht nur erkannt, sondern weit mehr noch verstanden werden. Der Aufbau der Rechtsordnung ist Gestaltung nach Wertideen, die Anwendung der Rechtssätze, ihre Lebendigmachung und damit Verwirklichung ihrer Wertideen.

Den stärksten Gegensatz hierzu verkörpern die Naturwissenschaften. Sie würden mir ein Greuel sein, wenn ich mich ihnen täglich widmen müßte. – Die Volkswirtschaftslehre kommt ihnen am nächsten. Zwar ist auch die Volkswirtschaft zweckvolles Menschenwerk, aber dennoch ist sie nichts Sein-Sollendes. Der Volkswirtschaftler steht etwas Fremdem gegenüber, der Jurist etwas Selbst-Eigenem. – Noch näher auszuführen.

16. Im Theater: Ibsen: »Die Frau vom Meer«. Die fabelhafte Gewalt eines Menschen über die Psyche eines anderen ist ausgezeichnet dargestellt. Leider wurde das Stück ganz miserabel gespielt. Nur Frau Rohn-Ressel in der Titelrolle war gut. –

17. Ich habe eine eigenartige Witterung dafür, daß ein langerwarteter Brief an mich endlich unterwegs ist. Heute mittag fand ich einen Brief von Hildburg vor, nachdem ich bereits den ganzen Vormittag in Gedanken mit ihr korrespondiert hatte. Am vergangenen Himmelfahrtstage war ich unmittelbar dabei, an Röpke zu schreiben, um zu erfahren, warum er nichts von sich hören lasse. Plötzlich hatte ich da die unabweisbare Empfindung, daß er gerade an mich schreibe. Der bald darauf ankommende Brief bestätigte, daß es in der Tat so war. –

Seitdem ich zu der Erkenntnis gekommen bin, daß Fragen der Weltanschauung, des Wertens und Sollens keine Angelegenheit des Verstandes, sondern des Willens und der ganzen Struktur eines Menschen sind, fühle ich mich unendlich weitergebracht. Das Niederdrückende des ewig Zweifelnden und Verneinenden beginnt zu weichen; ich sehe endlich Wege vor mir, die ins Unbedingte führen. Ich finde neuen Glauben. Merkwürdig kommt es mir nur vor, daß es überhaupt eines längeren Suchens bedurfte, ehe ich zu diesem Ende kam. Das Ergebnis scheint mir jetzt ebenso einfach wie naheliegend und hundertfach ist es schon von mir gefunden und ausgesprochen worden. Nur wollte oder konnte ich es nicht eher verstehen, bis es sich mir unwiderstehlich aufdrängte.

18. (Sonntag) Brief an Edwin Gild. Pfingstmontag traf ich ihn vor meiner Rückfahrt hierher zufällig auf dem Bahnhof.

21. Carmen! Großartig!!

24. Reichsminister Dr. Rathenau erschossen! Ich kann es nicht begreifen. Wut und Empörung, Ekel wechseln sich ab mit einem schauernden Entsetzen, daß ein Mensch wie R. auf solch eine Weise von Mitmenschen aus allem Schaffen und Streben herausgerissen wird. – Wie ist es möglich, daß armselige, unreife Burschen diesen umfassenden, edlen, schlechthin großen Geist vernichten können als wäre er sprödes Glas? Woran soll man denn noch glauben, wenn nicht an den Führermenschen, an den Schaffenden und Deutenden?

25. (Sonntag) Brief an Frl. Dr. Kiessner [Anh. 11].

28. Brief an Röpke [Anh. 12].
30. Gedächtnisversammlung für Rathenau. – Ich kann diese Tat nicht überwinden. Es zerrinnt ja alles. Der Wahnsinn triumphiert. Es ist, als zitterte der Boden unter uns.

Juli 1922

2. (Sonntag) Nach Wilhelmshöhe um Großmama und T. Anna Flöring zu besuchen. Nachmittags die Wasserspiele angesehen; herrlich, besonders die große Fontaine.
4. Lernen, lernen und wieder nur lernen. Meine Sehnsucht nach Tat und Leistung wächst mit jedem Tage. Zwar hindert mich niemand, heute am Tage noch die Welt aus den Angeln zu heben, und doch spannen einen Examensziele und geregelter Studiengang in gutbürgerliche Bahnen: denn immer wieder werden die Banausen nach der wohlerworbenen Legitimation fragen.
7. Mir ist es greulich elend zu Mute. Halsschmerzen, andauernde Müdigkeit, ewig allein in meinen 4 Wänden, tag aus und ein das Massenessen in der Studentenküche, dazu ein Berg von ärgerlichen Kleinigkeiten (nichts als zerrissene Strümpfe und ein Dutzend lose Knöpfe), keine Post und immer wieder keine Post – o, ich bin dieses Leben leid und renne wie ein wildes Tier im Zimmer umher. – Drüben singt eine Korporation »Studentsein, wenn die Veilchen blühen . . .«!!
9. (Sonntag) Gestern abend nach Eschwege. Johannisfest. Wenigstens einmal ein Tag unter pfleglicher Liebe.
Naumann, Briefe über Religion[224] gelesen. Immer wieder spricht Naumann das Bewußtsein aus, daß die christliche Sittlichkeit nicht die ganze Sittlichkeit ist. Das nüchterne Leben mit seinem Kampf ums Dasein, mit seiner Konkurrenz und Erwerbssucht, der Staat mit seiner Macht und seinem Zwang stehen außerhalb der christlichen Sittlichkeit und doch müssen wir auch ihnen dienen. Jesus und Caesar! Naumann sieht hier sehr klar, welche Aufgaben die evangelische Kirche hätte! Aber sie schläft und kann vom Toten nicht zum Lebendigen kommen. –
Immer wieder klingt in N.'s Briefen das Problem von Persönlichkeit und Gemeinschaft an, ohne daß es bewußt ausgeführt wird.

10. Scheidemanns Buch »Der Zusammenbruch«[225] zu Ende gelesen. Es liefert manch nette Einzelheit aus dem Zusammenbruch des alten Regimes der ewigen Halbheiten und Weltfremdheiten. – Sieht sich heute das vaterländische Verhalten der Sozialdemokraten zur Frage der Kriegskredite nicht anders an als in den Kriegsjahren selbst? Dieser Gedanke ging mir oft durch den Kopf. Aber ich mußte immer wieder nein sagen. Es ist und bleibt eine große Tat dieser Partei, daß sie sich einsetzte für Deutschland. Eine Selbstverständlichkeit war es leider Gottes nicht. Mit Unverständnis, ja geradezu mit Wortbruch wurde ihr geantwortet. – Es würde mir heute als ein Wunder erscheinen müssen, wenn der Ausgang des Krieges für uns ein anderer geworden wäre. – Scheidemanns Stellung zum Versailler Diktat finde ich sehr gut. – Leider kann Scheidemann seine Eitelkeit nur zu schlecht bezähmen. Immer wieder dringt sie auch in seinem Buch durch. Eine heilige Scheu der Problematik hat ihn unberührt gelassen. Ich halte ihn nicht für eine Größe.

11. Hörst Du es, daß ich immer zu Dir spreche? Empfindest Du es wohl, daß ich immer bei Dir bin? Meine Gedanken wandern allezeit zu Dir, sie suchen Dich und wissen immer, daß Du da bist. Ja, ich sehe Dich. Eine Welle der Freude geht zwischen uns hin und her. Aber sie kann das nimmer schweigende Sehnen nicht erfüllen. Ohne Grenzen strömt es aus mir heraus. Emportragen möchte ich Dich, denn über allen Menschen sollst *Du* stehen. Willst Du nicht lachen und mir ein Wort der Liebe sagen? Ich sehe Dich. Ja . . . ja . . . Warum schweigst Du?

12. In Dransfeld.

14. Meine Wirtin kann es nicht begreifen, daß ich abends öfter ganz allein einen Spaziergang mache. Ganz allein – ja! Traurig, daß es Menschen gibt, die niemals mit sich allein in guter Gesellschaft sein können.

16. (Sonntag) Auch hier in Göttingen habe ich wieder die Beobachtung machen können, daß diejenigen Studenten, die ich als eigenwillige, selbstsuchende Menschen kennen lernte, zumeist Demokraten oder doch politisch alles andere als rechts gerichtet waren. Während sich die große Masse der Studentenschaft von Traditionen und gesellschaftlichen Herkömmlichkeiten nicht losmachen kann, sich vielmehr immer wieder von ihnen festhalten und umgarnen läßt, finden sich die wenigen Ungebundenen

geradezu instinktiv zur Demokratie als der natürlichsten Basis persönlicher Unabhängigkeit. Ist das nicht das untrüglichste Zeichen ihres Wertes? Der leider nur zu erfolgreiche Versuch der alten zusammengebrochenen Gewalten und Gewalthaber, die neue Jugend durch Judenhetze, Flaggenfrage und monarchistische Agitation von einer eigenen Entwicklung abzuhalten, ist angesichts des Elends, das sie über Deutschland haben kommen lassen, geradezu verbrecherisch. Mein größter Schmerz ist immer wieder, daß sich die Deutsche Studentenschaft in solch ungeheurem Maße betören läßt. Die Deutsche Studentenschaft zeigt sich dieser Zeit nicht gewachsen. Was das für die Rolle der geistigen Arbeiter und Akademiker im neuen Deutschland bedeuten wird, werden wir in immer stärkerem Maße drückend zu empfinden haben. –

23. (Sonntag) 23 Jahre alt! Und noch nichts geleistet.

25. Eine ebenso lange wie reiche Unterhaltung mit Dr. Kraft. Fries'sche Schule, Nelson. Soziologie. – Was ist Klassenkampf?

26. In Dransfeld. Spaziergang mit Frl. Meinheit zum Gaußturm auf dem Hohen Hagen. Wundervolle Aussicht.

August 1922

10. Seit dem 29. Juli abends wieder zu Hause. Als ich entgegen meiner ursprünglichen Absicht, bis Ende Sept. in Göttingen zu bleiben, um meine Referendararbeit zu erledigen, als Wächter unseres Hauses nach Essen beordert wurde, war meine Ruhe in Göttingen vorüber! Es trieb mich fort aus meiner Verbannung; Großstadtluft, Leben und Liebe zogen mich mit aller Gewalt nach Essen. Als ich in Göttingen nachmittags den D.Zug bestieg (morgens wollte ich noch zum Seminar!) und dann vom Fenster aus die Stadt an mir vorüberziehen ließ, als der Zug immer schneller und leichter dahinglitt, da sank ich tiefatmend und beseligt auf meinen Platz. Was hatte mir Göttingen getan, daß ich mit solcher Unruhe von ihm Abschied nahm? – Nein, ich bin Göttingen um nichts böse; es hat mir viel gegeben. Freilich war es nur Arbeit, aber es war ja auch mein letztes Semester, und ich habe sie mit viel Freude und Befriedigung getan. Mit großen Schritten bin ich in die Rechtswissenschaft eingedrungen, so tief,

daß ich schon jetzt sage, es würde mir Unrecht geschehen, wenn mir das Examen nicht glücken sollte. – Von den Dozenten habe ich nur wenige ganz schätzen gelernt. Am unausstehlichsten war mir der langweilige Höpfner, dessen Strafrechtspraktikum ich über mich ergehen lassen mußte, um 3 schlechte Arbeiten zu liefern. Der geschäftige Oertmann hat mir als Mensch in seiner Eitelkeit und inneren Haltlosigkeit gar nicht gefallen. Auch Hatschek mit seiner genialen Oberflächlichkeit erschien mir nicht als ein Charakter. Als Pädagoge und Mensch schätze ich Schulz am meisten. Ferner gefiel mir sehr das Handelsrechtspraktikum von Müller-Erzbach; er arbeitet mehr mit induktiver Methode und lebenswahrer, anschaulicher Praxis. Meine Freude an der Digesten-Exegese galt mehr dem Stoff als dem unausgeglichenen und burschikosen Dr. Niedermeyer. Das Strafrechtspraktikum von Dr. Honig war sehr gut; darüber konnte man Honigs kriecherischen Charakter hin und wieder ganz vergessen. – Das sind die Juristen, die ich kennen lernte.

Von anderen Dozenten erregte nur Nelson meine Aufmerksamkeit. –

Meine Ferientage in Essen sind mir bis jetzt gar schnell verflogen. Am 3. ds. war ich zu Liselottes Hochzeit in Barmen; tags darauf in Wermelskirchen.

Mit Hildburg war ich nicht oft zusammen. Gestern abend trat sie ihre Ferienreise nach Hamburg an.

11. Heidi ist vorgestern ins Solbad Rotenfelde abgereist. Eine Dame holte sie bei uns ab, um sie zusammen mit 30 anderen Kindern zu begleiten. Heidi verließ freudestrahlend das Haus; der Gedanke, mehrere Wochen ganz unter fremden Menschen zu sein, hatte für sie nichts Beunruhigendes! Eine glückliche Kinderseele! – Die Schule läßt sie mit Freuden hinter sich. Das Lernen fällt ihr nicht schwer; nur ist sie viel zu flüchtig und unlustig zur Arbeit. Das meiste Kopfzerbrechen verursacht ihr die Religionsstunde; die biblischen Geschichten erscheinen ihr gar zu unglaubwürdig, sodaß sie zu Hause ihren Zweifeln in ebenso klaren wie eindringlichen Fragen Luft zu machen versucht.

12. Thomas Mann: Buddenbrooks[226] gelesen. Sehr fein.

14. Karl Scheffler[227]: Idealisten gelesen. Eine scharfe Kritik der deutschen Verhältnisse, unseres öffentlichen Lebens und seiner Tendenzen. Das Buch ist mehrere Jahre vor dem Krieg geschrieben.

Wie kommt es, daß es ebenso wie viele nicht aufrüttelte? – Wenn man die gleichgültige Trägheit sieht, mit der selbst heute noch die große Mehrzahl zumal der »Gebildeten« an diesen Dingen vorübergeht, so kann man freilich Vieles verstehen. Haben es die Menschen jemals verdient, daß es ihnen gut geht? – – Schefflers Kritik der Freireligiösen und besonders der Monisten ist zumindest einseitig; es fehlt die verständnisvolle Würdigung ihres wirklichen Wollens. Das neue Lebensgefühl, das in diesen Kreisen wach wird, hat Scheffler nicht erkannt.

15. Ich besinne mich allmählich darauf, daß ich in 3 Wochen ins Examen steigen will. Sohms[228] Institutionen habe ich mir vorgenommen und erfreue mich wiederum an der wundervollen Klarheit und feinen Technik der römischen Jurisprudenz. Sohms Darstellung ist glänzend! – Die Herausarbeitung der römischen Rechtsordnung als Kunstwerk erscheint mir als die Tat der Postglossatoren mit ihrer scholastischen (deduktiven) Methode. Die Römer lebten allein der Praxis, sie arbeiteten induktiv. Das Entfalten und Ausschöpfen des einzelnen Falles, das feinfühlende Herauslesen der Rechtsregel aus dem Tatbestand war ihre große Kunst. Die Darstellung der Rechtsordnung als geschlossenes Ideengebäude war nicht ihr Werk. Unsere Zeit drängt zur römischen Rechtstechnik zurück; der scholastische Begriffskultus, die einseitig deduktive Arbeitsmethode sind es, die unser Recht volks- und lebensfremd gemacht haben.

16. Allein zu Hause. Die Eltern sind in den Teutoburger Wald gefahren. Ich bin Hausherr, Koch und Kammerdiener zugleich!

17. Augenblicklich ist wieder eine besonders traurige politische und wirtschaftliche Lage. Die Franzosen stellen unverschämte Forderungen, die Mark fällt von Tag zu Tag um Hunderte von Dollarpunkten, alle Preise schnellen wahnsinnig in die Höhe. Immer ärger werden Verelendung und Verzweiflung. Der bereits seit Jahr und Tag vorhandene, aber durch die Geldinflation noch verschleierte Kapitalmangel bricht jetzt mit unwiderstehlicher Gewalt durch. Bereits werden zahllose Neubauten eingestellt, kein Arbeitgeber kann den Lohnforderungen seiner Arbeitnehmer auch nur noch entfernt gerecht werden, die Bankkredite werden knapp, der Zinsfuß steigt. Wer wird bei dem ewig schwindenden Geldwert noch einen Pfennig zurücklegen? Wer wird noch ausländische Rohstoffe und Lebensmittel bezahlen

können? Deutschland wird ausverkauft; es verarmt. – Bezeichnend ist, daß jetzt viele Theaterabonnements von Familien, die dieselben bereits seit Jahren in Händen haben, nicht mehr erneuert werden. Der gebildete Mittelstand kann es nicht mehr; Schieber und ähnliche Kreise werden ihre Nachfolger sein. – Ist das Chaos unvermeidbar? Immer zahlreicher werden die Stimmen, die bereits jedes Auflehnen und Ankämpfen als zwecklos ansehen und jeden noch so geringen Zukunftsglauben mit höhnenden Phrasen verächtlich machen. »Es wird uns gehen wie Österreich!« ist das Wort jedes Dritten. Meist sind es diejenigen, die im Kriege gar nicht siegesgewiß und vorlaut genug sein konnten, die heute so reden.

19. Ein Einsiedlerleben inmitten von Hunderttausenden von Menschen! Ich arbeite viel, kein Mensch stört mich. – Meine Gedanken wandern oft in die Ferne und ich unterhalte mich im Stillen mit Menschen, die mir lieb und wert sind. Immer wieder muß ich an Hildburg denken; ein verzehrendes Sehnen packt mich. In schlaflosen Abendstunden habe ich mich immer wieder gefragt: »Darfst du ihr sagen, daß du sie liebst, daß dein Herz mit jedem Gedanken an sie aufs tiefste erschauert? Darfst du es ihr sagen, ihr, die sie so jung ist und mit aller Unbefangenheit erst ins Leben hineingeht? Was würde sie mir antworten können?« – Lange und innig drückte ich ihr die Hand zum Abschied; aber ich schwieg stille, kein Wort konnte ich sagen. Zwischen Dürfen und Müssen fand ich keine Entscheidung, ein Taumel von Hoffnung und Zweifel verschloß mir vollends den Mund. – Arbeiten will ich, nur arbeiten.

20. (Sonntag) Die Verführten, Roman von Hans Hyan[229], gelesen. Ein Blick in die Welt der Verbrecher und Prostituierten. Tragische Verknüpfungen ziehen Manchen in ihren Sumpf hinein, ohne daß wieder ein Empor möglich wäre. Die Charaktere sind gut, teilweise außerordentlich fein, gezeichnet.

21. All unser Wissen ist und bleibt nur ein Stückwerk. Niemals werden wir die Welt auch nur annähernd ausschöpfen mit unserem Verstande. Das Beste und Tiefste erschließt uns allezeit ein intuitives Fühlen, ein erschauerndes Ahnen. Wohl uns, wenn unsere Seele so fein gestimmt ist, daß sich in ihren Regungen und Strebungen das Größte offenbaren kann.

22. Ein Zufall überzeugt mich davon, daß es jetzt beinahe drei Jahre

her sind, seit ich nach längerer Unterbrechung dieses Tagebuch anfing. Ein mannigfarbiges Bild ist in diese Seiten hineingeflossen; das Kleine und das Größere stehen bunt durcheinander. Viel Wirrnis liegt über allem und doch habe ich die Empfindung, als zeichnete sich eine einheitliche Linie der Entwicklung darin ab. Aber immer wieder betrübt es mich, daß die einzelnen Töne oftmals nur gar zu blaß anklingen. Warum habe ich diese Scheu vor mir selber, *ganz* wahr zu sein?

24. Brief an Frl. Dr. Kiessner, Hamburg [Anh. 13]. – Lore kam gestern in Ferien.

25. Brief an Röpke.

Es gibt keine Vollkommenheit und es darf keine geben. Denn nur das ewige Streben ist sinnvoll und lebenswert. So wenig aber die vielleicht nimmer endende Reihe der menschlichen Generationen zur Ruhe der Vollkommenheit gelangen wird, so wenig wird auch jeder Einzelne jemals das erfüllen, was er an idealem Wollen in sein Leben hineinlegt. Was ist da der Sinn des Todes? Warum bricht er plötzlich gewaltsam ab, was seinem einzigen Sinn nach endlos, aber doch niemals ziellos ist? Lebensmüde werden heißt strebensmüde werden, heißt klein sein und seiner Aufgabe unterliegen. Da, wo der Tod Erlösung bedeutet, hat er in seiner bloßen Negation des Lebens einen Sinn, weil er das nicht mehr Zweckvolle endet. Aber da, wo der Mensch mitten im Kampfe steht, wo er wachsend seine Kräfte entfaltet, wo er gestaltet und formt und all sein Sehnen an die unerreichbaren Sterne knüpft, da hat der Tod nur dann einen Sinn, wenn er die Flügel zu einem erdbefreiten Weiterstreben löst. Das wäre ein hohes und wahrhaft göttliches Wort, das da spräche: »Du, der du im Kampfe fielst, sollst auferstehen. Dein Leben sei endlos wie dein Wollen. Walhalla!«

26. Tante Emmi ein Abend hier, um morgen nach Berlin weiter zu reisen.

27. (Sonntag) Mit Herrn Koch, Frau und Frl. König zur Platte.

28. Solange wir alte Werte prüfen, kritisieren, vernichten, folgen wir hauptsächlich unserem Verstande.

Sobald wir neue Werte suchen und bejahen, folgen wir unserem Wollen und Fühlen.

Der Verstand kann nur *einen* positiven Wert erkennen: das Ich. Nach Überwindung des rein negativen Stadiums der vernichtenden Kritik muß notwendig der Scheideweg kommen: Positivierung der Negation, d. h. Behauptung der Freiheit im negativen Sinne um ihrer selbst willen (Max Stirner), oder Schaffung neuer Werte, Suchen nach neuem Glauben, d. h. nach neuer, selbstbejahter Gebundenheit.

31. Gestern morgen fuhr ich früh um 6 Uhr nach Detmold, wo mich Vater und Mutter um 9 1/2 Uhr in Empfang nahmen. Nach kurzem Aufenthalt in Detmold machten wir uns auf den Weg nach Hiddesen und zum Hermannsdenkmal. Ich war überrascht über den herrlichen Wald, insbesondere über die wundervollen knorrigen Eichen. Die Aussicht vom Denkmal war bei klarem Wetter sehr schön. Nach dem Mittagessen lag ich eine Weile allein und ungestört im Walde. Dann machten wir einen gemeinsamen Spaziergang zum Forsthaus Hartröhren. Immer wieder erfreute uns der herrliche Wald mit seinen uralten Eichen und himmelstürmenden Tannen. Einmal scheuchten wir zwei Hirsche auf, während uns sonst stunden- und stundenlang weder Mensch noch Tier begegneten. Am Abend saß ich lange allein auf der Veranda unseres Zimmers; ein ganz feiner Regen fiel in die schweigende Nacht hinein, bis sich der Mond eine Bahn durch die Wolken brach. Muß ich's noch sagen, daß meine Gedanken aus sehnsüchtigem Herzen weit in die Ferne schweiften? Warum sind wir Menschen der Stadt der Natur und dem Natürlichen so fern? –

Vater fuhr heute früh von Hiddesen aus nach Berlin, während ich mit Mutter erst mittags nach Detmold zurückkehrte. Dort pilgerten wir durch die Straßen und dann durch den Park des alten Palais. Detmold macht den Eindruck einer überaus artigen, kleinbürgerlich-ruhigen Stadt. Der Titel eines Hoflieferanten scheint der Gipfel allen Ehrgeizes zu bedeuten.

Abends um 12 Uhr wieder zu Hause.

September 1922

1. Heute meldete ich mich bei der Prüfungskommission des Oberlandesgerichtes Cassel zum Referendarexamen. Meine ganze Hoffnung geht dahin, noch vor Weihnachten mit allem fertig zu werden.

Röpke schickte mir heute seine bei Fischer in Jena im Druck erschienene Habilitationsschrift über »Die Konjunktur«. Erst jetzt, da ich sie im Zusammenhang lesen kann, werde ich mir der Kühnheit des ganzen Versuches, den diese Arbeit darstellt, voll bewußt. Das kräftige, tatenfrohe Lebensgefühl, das immer wieder aus dem Stil der Arbeit hervorbricht, wirkt geradezu begeisternd. Sachlich kann ich wenig zu der Arbeit sagen. Daß sie Neuland erschließt, ist bereits Lob genug.

2. Bis tief in die Nacht hinein las ich Lily Braun's »Im Schatten der Titanen«[230] zu Ende. Selten sind mir Blätter mit solch tief empfundenem Inhalt begegnet; eine Alles zum Idealen, Guten und Freudigen verklärende Atmosphäre steigt aus ihnen empor. Viel Tragik und Schmerz spiegeln sich in ihnen, aber ein tätiger Glaube überwindet sie. Kulturgeschichtlich und sozial ist das Buch von eminentem Interesse. Wie kein anderes zeigt es, was wahre Aristokratie ist: gelöstes Ichbewußtsein und Ruhe mit großer Tendenz zur Abgeklärtheit, vorurteilslose Sachlichkeit, ein selbstverständliches Bestreben, in allem das Gute anzuerkennen, ihm selbst zu dienen und andere ihm dienen zu lassen. Dazu nicht zuletzt eine durch tiefen Ernst geläuterte Weltfreudigkeit. Kurzum in allem ganz und gar positiv. – Die in den letzten Kapiteln anklingende Abkehr der jungen Generationen von der geistigen, poetisch-gefühlvollen Welt Weimars läßt den unglückseligen Ausgang der durch die wirtschaftliche und politische Entwicklung geförderten Vernichtung des wahrhaft Menschlichen vorausahnen. »Was nützet es, wenn ihr die ganze Welt gewinnt, und nehmet doch Schaden an eurer Seele?« Heute kämpfen wir um neue Beseelung. Und doch kann uns Weimar im Ganzen kein Vorbild sein, weil die soziologischen, insbesondere die wirtschaftlichen Grundlagen vollkommen verschoben sind. Was aber seine einzelnen Menschen waren, das sollen und können wir auch heute wieder werden.

3. (Sonntag) Zweierlei Menschen: Die Einen im begrenzten Aufgabenkreis verankert, ihn voll ausfüllend und zu robuster, ruhiggeschlossener Größe strebend; die Anderen unstet und ewig beweglich, bald diesem und bald jenem ergeben und stets von Aufgaben erfüllt, ohne jemals selbst eine große Aufgabe ganz zu erfüllen. Den Schmetterlingen gleich vermögen diese nur zu befruchten, wo jene, sich selbst erschöpfend, das Neue wirklich

schaffen. Wertvoll sind beide; wertvoller aber sind die, welche ihr Leben der Sache widmen und darüber zur höchsten Persönlichkeit reifen.

Lasset den Sturm des Eishauches durch eure Seelen gehen! Verschließt sie nicht seiner erstarrenden Kälte, die eure Trugbilder zerstört, eure Götzen herabwirft und die süßen Nebel um euch her unwillig zerreißt. Jauchzet dem Sturz des Ewig-Gestrigen und seiner Unterdrückung.

Lasset den Sturm des Feuers durch eure Seelen gehen, der eure Kräfte zu gewaltiger Leidenschaft anfacht. Aus glühendem Herzen läßt er die Flamme der ureignen Tat zum ewig Unmöglichen emporlodern. Jauchzet der Entfesselung des himmelstürmenden Menschengeistes!

4. Mutters 49. Geburtstag. Abends eine sehr fidele Gesellschaft. Ich trat als Komiker auf.

5. Schließt den Zwiespalt, der zwischen euch und eurem Gotte klafft: werdet selbst Gott und Mensch in einer Person, werdet göttergleiche Menschen!

Habt den Mut der Größe und des Selbstgenügsamen! In euch selbst binden und lösen sich die Welt und ihre Ewigkeit! Seid freudig, denn ein Leben ohne Freude ist gar keins!

Morgen früh fahre ich nach Marburg. Vielleicht finde ich die Examensarbeit bereits vor.

Auf in den Kampf . . .!
Stolz in der Brust . . .
Siegesbewußt . . .!

Anhang

1. Persönliche Aufzeichnungen

Im Sommersemester 1919 ging ich zum ersten Mal nach *Marburg a/d Lahn*. Diese kleine Universität in geruhsamer Stadt barst geradezu von der Fülle der Studenten, die, aus dem Krieg zurückgekehrt, nun ihr Studium absolvieren wollten. Zwei Ordinarien, Geheimrat Prof. Dr. Troeltsch (Vetter des bekannteren Theologen) und Prof. Dr. Köppe, versahen die Nationalökonomie, der ich mich in erster Linie zuwendete.

Zu einigen Kommilitonen entwickelten sich Freundschaften, die über die Studienzeit hinausgriffen.

Ich nenne zuerst Wilhelm Röpke, Arztsohn aus Schwarmstedt in der Lüneburger Heide. Er war ein Überflieger, promovierte sehr schnell mit einer ausgezeichneten Arbeit, wurde Assistent am Staatswissenschaftlichen Seminar und habilitierte sich alsbald als Privatdozent. Wir wurden enge Freunde und besuchten uns auch in den beiderseitigen Elternhäusern. Röpke lernte, ebenso wie ich, unter den Marburger Studentinnen seine Frau (Eva Fincke aus Stettin) kennen. Über Professuren in Marburg und Jena führte ihn sein Weg 1933 in die Emigration nach Österreich und in die Türkei, weil er sehr schnell mit den Nationalsozialisten kollidierte. Heute lebt Röpke in Genf und ist aller Welt als großer Wissenschaftstheoretiker bekannt.

Ernst Lemmer, 1 1/2 Jahre älter als Röpke und ich, war Leutnant d. R. und studierte ebenfalls Nationalökonomie. Aber mehr noch bewegte ihn die Politik. Er leitete eine Studentengruppe der Deutsch-Demokratischen Partei. Ich wurde sein Stellvertreter. An den Wochenenden zogen wir nicht selten über die hessischen Dörfer und hielten dort in den Wirtshausstuben politische Versammlungen ab, wobei wir uns als Versammlungsleiter und Redner abwechselten. Die uns in Marburg politisch nahestehende »Hessische Landeszeitung« versorgte ich gegen ein Zeilenhonorar von 10 Pfg. mit Berichten. Ehe noch das Studium zu Ende war, ließ Lemmer sich bereits als damaliger Benjamin in den Reichstag wählen. Unsere Wege haben sich in den späteren Jahren, zumal nach dem zweiten Weltkrieg oft gekreuzt, als Lemmer zunächst mit Jakob Kaiser die CDU der Ostzone leitete und späterhin Bundesminister in Bonn wurde.

Über Lemmer kam ich in nähere Bekanntschaft mit Viktor Agartz.

Beide stammten aus Remscheid und kannten sich von der Schule her. Viktor Agartz organisierte und führte eine sozialistische Studentengruppe, mit der wir anderen Demokraten vielfältig, z. B. im Allgemeinen Studentenausschuß (Asta), zusammenarbeiteten, um uns des Übergewichtes der schwarz-weiß-roten Korporationsstudenten erwehren zu können. Agartz wurde nach dem zweiten Weltkrieg Leiter des Zwei-Zonen-Wirtschaftsamtes in Minden sowie vor allem der Programmatiker oder Chefideologe der wieder erstandenen Gewerkschaften, geriet aber dann sowohl mit der SPD als auch mit dem DGB in Konflikt. 1957 bat er meinen Sozius Dr. Posser und mich um die Verteidigung vor dem Bundesgerichtshof in Karlsruhe, als er wegen seiner Beziehungen zu den Machthabern der DDR angeklagt war. Die zehntägige Verhandlung endete mit Freispruch.

Auch der Kommilitone Bleek, der zum Marburger Freundeskreis zählte, begegnete mir später wieder in der hohen Politik, und zwar als Staatssekretär des Bundespräsidialamtes zur Zeit von Prof. Heuss.

Andere schlugen den Weg in die Verwaltung ein, wie Paffrath (zuletzt Oberstadtdirektor in Wilhelmshaven) oder Heinz Scheller (zuletzt Bürgermeister von Butzbach) oder Tegethoff (zuletzt Polizeipräsident in Bonn). Nur Henning Duderstadt beschloß früh sein Leben. Er hieß der »Rote Fähnrich«, weil er sich als Fähnrich im Bremer Infanterieregiment am Ende des Krieges zum Armee-Soldatenrat aufgeschwungen hatte.

Marburg war zu jener Zeit (1919) politisch sehr bewegt. Einige namhafte Professoren spielten in den Parlamenten eine Rolle, darunter vornehmlich der Völkerrechtler Walter Schücking als Mitglied der Nationalversammlung und der Versailler Friedensvertragsdelegation. Zur preußischen Landesversammlung gehörten die Theologen Rudolf Otto und Martin Rade, Schwager von Friedrich Naumann, des Herausgebers der »Hilfe«. Parlamentarier der Wirtschaftspartei war der Jurist Viktor Bredt. Nicht wenige andere Universitätslehrer beteiligten sich am Tagesgeschehen, indem sie den politischen Studentengruppen zur Seite standen.

Ein besonderes Kapitel knüpft sich an den Juristen Geheimrat Prof. Traeger. Er hielt im Sommersemester 1919 eine Vorlesung über »Grundlagen der Politik«, in der er in einer rüden Weise seinem stockreaktionären Herzen über die Weimarer Republik und ihre verantwortlichen Männer Luft machte. Redensarten wie diese: »Friedrich Ebert und seine Frau Luise, – Königin Luise! . . .«, oder:

»Herr Erzgaun – Verzeihung, Herr Erzberger, – man kommt zu leicht in Versuchung, den ersteren Ausdruck zu gebrauchen », . . .« kennzeichnen, was er unter einer akademischen Vorlesung verstehen zu dürfen glaubte. Die in der großen Mehrzahl schwarz-weiß-rot gesinnten Hörer gaben ihm jeweils tosenden Beifall, wenn er dem neuen Staatswesen eins auswischte. Uns demokratisch gesinnten Studenten gingen diese ständigen Diffamierungen allmählich unter die Haut, zumal da niemand den »Vorlesungen« dieses Geheimrates Einhalt tat. Umso gründlicher kam es eines Tages zum Krach.

Auf einem Parteitag der Deutsch-Demokratischen Partei in Berlin, an dem Ernst Lemmer als Delegierter teilnahm, packte Lemmer aus, was in Marburg vor sich ging, was zur Folge hatte, daß der Studentenausschuß in Marburg sich öffentlich gegen ihn wandte und die Universitätsbehörden ihn wegen »unakademischen Verhaltens« mit dem consilium abeundi, d. h. mit der Androhung der Entfernung von der Universität bei weiterer Betätigung in dieser Sache, disziplinarisch bestraften. Das setzte allem die Krone auf. Nun gab ein Wort das andere. Berliner Zeitungen, vor allem der »Vorwärts« und das »Berliner Tageblatt« nahmen sich jetzt der Sache an. Von Marburg aus fütterten wir sie mit Material. Jakob Altmaier, damals Redakteur beim »Vorwärts«, schrieb am 25. November 1919 einen Artikel »Das Wirtshaus an der Lahn«; Traeger erwiderte auf diesen und andere Artikel am 5. Dezember 1919 in der deutsch-nationalen »Täglichen Rundschau«. Er versuchte den Spieß umzudrehen, indem er die akademische Lehrfreiheit als bedroht und uns, seine Kritiker, als Hetzer bezeichnete, die »nur aus einem krankhaften, an Verfolgungswahn grenzenden Seelenzustand« zu verstehen seien. Bei allem flotten Bestreiten der ihm zur Last gelegten Äußerungen mußte er seine Aussage über Erzberger immerhin in der Version eingestehen, daß er »bei dessen Namensnennung eine – kaum eine Sekunde währende – Pause hinter der ersten Silbe machte, als ihm, in schmerzlicher Erinnerung an die das Reich schädigenden Handlungen dieses Mannes, die vielgebrauchte Bezeichnung ›Erzschädling‹ durch den Kopf fuhr«.

Auch in Marburg gab es eine Pressekampagne und Erklärungen der Studentengruppen an den Anschlagtafeln in der Universität hin und her, an denen ich mich lebhaft beteiligte. Viermal lud mich der Universitätsrichter dieserhalb zu Vernehmungen vor mit dem Vorwurf, daß auch ich mich »unwürdig« benähme. In einer Presseerklärung hatte ich z. B. gesagt, daß Anpöbeleien demokratischer Studenten durch Anzeigen beim Universitätsrichter »festgestellt« seien. Daraus wollte er mir einen Strick drehen; denn nicht ich, sondern allein er habe das Recht zu erklären, daß etwas »festgestellt« sei. Darin mochte er formal Recht haben, obwohl es nicht den Kernpunkt betraf. Es zeigte aber, wie sehr man uns, die wir zur Weimarer Republik standen, unter Druck hielt, wenn wir uns auch nur eine kleine Blöße gaben.

Der preußische Kultusminister Haenisch hob im Dezember 1919 das Disziplinarurteil gegen Lemmer auf. Gegen Geheimrat Traeger aber leitete er kein Verfahren ein. Das war die Schwäche der Weimarer Republik, die ihre Feinde schonte, bis sie darüber unterging.

Als ich mich nach 1957, d. h. nach meiner Wahl als sozialdemokratischer Abgeordneter des Deutschen Bundestages in Bonn, sonderlich mit jenem Jakob Altmaier befreundete, der 1919 den Artikel im »Vorwärts« über »Das Wirtshaus an der Lahn« geschrieben hatte, und ihm eines Tages ein Original dieses Artikels mit nach Bonn brachte, gingen ihm Tränen über das Gesicht. Ihn, zumal als Juden, hatte das Dritte Reich um alles gebracht, um alle Angehörigen und allen Besitz. In Jugoslawien, Griechenland und Ägypten hatte er das bittere Brot der Emigration gegessen. Und da war eines Tages ein Stücklein seines früheren, schon im Kaiserreich begonnenen Kampfes für deutsche Demokratie wieder vor seinen Augen, das bei mir die Zeiten überlebt hatte. Das brachte ihn, der in der Adenauer'schen Politik zum dritten Mal ein Unheil heraufziehen sah, um seine Fassung. Am 8. Februar 1963 ist Jakob Altmaier in Bonn als 73jähriger einem Herzschlag erlegen.

2. Brief an den Vater

Marburg, den 15. Oktober 1919

Lieber Vater!

Für Deine Karte sowie die gestrige Postsendung Drucksachen meinen besten Dank! Letztere habe ich mit großem Interesse gelesen. Der Zeitungsstreit um die Ludendorff'schen Artikel[231] zieht immer größere Kreise. Er zeigt einmal wieder die entsetzliche Weltfremdheit dieser politisierenden Generale. Der Scheidung in nationale und nichtnationale Volkskreise und Parteien, die von rechtsstehender Seite immer wieder versucht wird, kann gar nicht scharf genug entgegengetreten werden! Diese rechtsstehenden Kreise können sich immer noch nicht damit abfinden, daß sie nicht mehr den Staat verkörpern wie ehedem und daß sie in ihrer Opposition gegen die heutige Staatsform ebenso unnational sind, wie früher die Sozialdemokraten in ihrer Opposition gegen den alten Staat. Dabei immer vorausgesetzt, daß man den Staat mit den ihn jeweilig beherrschenden Parteien gleichsetzt! Davon aber wollen wir uns heute doch endlich einmal freimachen und den Staat in uns allen sehen. Es wird freilich viel Mühe kosten, dieses den Deutschnationalen beizubringen. Mancher lernt es nie, nicht zuletzt Ludendorff und – viele Studenten!– – –

Am vergangenen Sonnabend hat die hiesige Deutsch-Demokratische Ortsgruppe eine Trauerfeier für Friedrich Naumann veranstaltet. Neben gesanglichen Darbietungen und einigen Rezitationen aus Naumann's Werken gestaltete besonders die hervorragende Gedächtnisrede von Prof. Bousset-Gießen, eines persönlichen Freundes von Naumann, die Feier zu einer sehr eindrucksvollen. Neben dem Rednerpult war ein lebensgroßes Porträt Naumanns aus dem Besitz von Abg. Prof. Rade, Naumann's Schwager, ganz von Grün umrahmt aufgestellt.

. . . Der Artikel – »Die Reaktion an den Universitäten« überschrieben – wird wohl in den nächsten Tagen im Berliner Tageblatt erscheinen und zweifellos großes Aufsehen erregen! Vielleicht achtest Du einmal auf den Artikel! – Es ist schade, daß Prof. Schücking auch in diesem Semester keine Gelegenheit hat, hier in Marburg zu sein und zu lesen; es wäre bitter nötig, hier einmal ein Gegengewicht gegen die einseitig rechtsgerichteten Einflüsse zu schaffen. Der Studentenschaft kann es unmöglich zum Guten ausschlagen, in ähnlicher Weltfremdheit wie Ludendorff und Genossen aufgezogen und unterrichtet zu werden. Wir wenigen Demokraten und Sozialisten versuchen unser Bestes. Nächste Woche wird der demokr. Abg. und Universitätsprofessor Herrmann-Posen[232] auf unsere Veranlassung hier sprechen. –

Mein Referat über das Betriebsrätegesetz ist gestern abend gestiegen. Geh. Reg. Rat Prof. Troeltsch, Nationalökonom und einer der wenigen demokratischen Docenten, war als sehr seltener Gast unserer Staatswissenschaftlichen Arbeitsgemeinschaft erschienen. Mein Referat dauerte ungefähr 40 Minuten. An Hand des Konceptes habe ich fast frei gesprochen und ich glaube, die Sache ganz glücklich dargestellt zu haben. Ich bin natürlich in der Hauptsache für den Entwurf eingetreten, nicht gerade im Sinne vieler Zuhörer. Als erster Diskussionsredner unterstützte Geh. Rat Troeltsch meine Ausführungen sehr weitgehend und nachdrücklich. Die Aussprache dauerte über eine Stunde. Nach meinem Schlußwort drückte mir Geh. Rat Troeltsch seine vollste Anerkennung aus. Er hatte von einem anderen Kommilitonen gehört, daß Du an den Verhandlungen unmittelbar beteiligt seist, und er erkundigte sich daher noch nach einigem . . .

3. Persönliche Aufzeichnungen

Die politische Bewegtheit des Marburger Freundeskreises fand auch in dem großen Studentenulk ihren Ausdruck, zu dem wir uns eines Tages verstiegen. Als wir an einem Abend zu Mehreren vom Marburger Schloß auf die schlafende Stadt heruntersahen, warf einer die Frage auf, wie diese Bürger da unten einmal tüchtig munter gemacht werden könnten. Die Antwort war, – ich weiß nicht mehr, wer sie gab – »Wir müssen einmal eine Zeitung fabrizieren, mit der wir Marburg auf den Kopf stellen!« Das wurde die Geburtsstunde der »Marburger Stadtbrille«.

Wir, d. h. vornehmlich Röpke, Lemmer, Duderstadt und ich, machten uns an die Arbeit und fertigten ein Manuskript von vier Druckseiten voller Phantasiegeschichten um allerlei stadtbekannte Marburger Bürger. Das war aber nur der erste und leichteste Teil des Unternehmens. Ich ging mit dem Manuskript zu dem Schuhkaufmann und Verleger der »Hessischen Landeszeitung« Euker mit der Bitte, alles in seiner Druckerei zu drucken. Wir handelten eine Auflage von 2000 Exemplaren aus. Als ich Euker um die Zusage bat, nichts über die Verfasser verlauten zu lassen, wurde er bedenklich. »Ich muß doch einen Verantwortlichen in Ihrer Stadtbrille nennen. Wer soll das denn sein?« An diese presserechtliche Vorschrift hatten wir jungen Semester nicht gedacht. Da mußte erst Kriegsrat gehalten werden. Duderstadt, der Rote Fähnrich, wußte eine Lösung. Er sagte: »Ich kenne eine Bardame in Lübeck, die macht das.« Duderstadt telegrafierte nach Lübeck und prompt kam die Antwort: »Henning, für Dich tue ich alles.« Ich konnte also wieder zur Druckerei gehen und setzte die Bardame als verantwortlich ein. Euker war befriedigt und druckte. Den Verkauf besorgten Schuljungen im Straßenverkauf, das Exemplar zu 30 Pfennigen. Auch Kioske übernahmen Exemplare in Kommission. Ich wohnte damals im »Alten Ritter« am Marktplatz, wo die angeheuerten Jungen unauffällig ein- und ausgehen konnten und nicht erfuhren, mit wem sie es zu tun hatten. Sie lieferten das Geld ab, indem sie es in meinen Kleiderschrank schütteten, erhielten ein Entgelt und neue Exemplare. Der Verkauf war binnen Kurzem abgewickelt.

Die erste Ausgabe erschien am 28. Januar 1920. Die Schlagzeile auf der Titelseite lautete: »Attentat auf Geheimrat Traeger«. Prof. Dr. jur. Traeger stand damals wegen seiner reaktionären Brandreden und als scharfer Gegner der Weimarer Republik im Mittelpunkt von Auseinandersetzungen. Sodann hatten wir auf der ersten Seite einen Regierungswechsel zu melden, der etwa 30 Marburger, angefangen von Professoren und pensionierten Generalen bis zu Kellnern und Dienstmännern, in mehr oder minder kuriose Ämter versetzte. Mein erster Marburger Hauswirt, der Briefträger Ludwig Weltecke, Weidenhausen 16 1/2, avancierte »zum Reichspostkutschenminister unter gleichzeitiger Versetzung nach 16 3/4«, was ihm als treuherzigen Beamten als eine Ungeheuerlichkeit vorkam. Er hat aber nie erfahren, wer mit seiner Beamtenehre so schmählich umging.

Das Motto der »Marburger Stadtbrille« war: »Angehörige aller Parteien veräppelt Euch!« Auch uns selber schonten wir nicht in den vielerlei Affären, von denen wir zu berichten wußten, um uns umso intensiver an dem Rätselraten nach den Urhebern beteiligen zu können.

Wir lenkten systematisch den Verdacht der Urheberschaft auf einige Studenten, die uns völlig fernstanden, und hatten dabei das Glück, daß einer der so Verdächtigten sich offenbar gern den Anschein gab, die »Marburger Stadtbrille« verfaßt zu haben. Wir bescheinigten ihm darauf zwei Wochen später in der nächsten Nummer »In eigener Sache«, daß er sich im Irrtum befände, wenn er glaube, Mitglied unserer Redaktion zu sein.

Das Aufsehen, das dieser Studentenulk erregte, war ungeheuer. Uns war ein Volltreffer gelungen. Allerwärts, in Kneipen, Hörsälen und Stehkonventen wurde über unsere Stadtbrille geredet. Einzelne humorlose Zeitgenossen fühlten sich bemüßigt, den Universitätsrichter oder das Amtsgericht in Anspruch zu nehmen, um die Verfasser zu verklagen. Als sie belehrt wurden, daß sie sich dann an Frl. Thea Dietrichs in Lübeck, Holstenstraße, halten müßten, ließen sie es bleiben. Ein Eisenbahner wußte sich zu helfen. Er randalierte bei Euker, dem Inhaber der ebenfalls in der Stadtbrille genannten Druckerei, und kündigte ihm den Bezug der »Hessischen Landeszeitung«.

In einer Zeitungsanzeige gaben wir bekannt, daß Zuschriften an die Redaktion an ein nur mit einer Nummer bezeichnetes Postfach zu richten seien. Das hatte zur Folge, daß uns nun mehr oder minder wahre Begebenheiten über Marburger Bürger zuflossen, sodaß die nächste Ausgabe gehaltvoller und die Auflage gesteigert werden konnte. Für den Abgang von unserem Unternehmen, das wir ja nicht zu einer Lebensstellung machen konnten, fiel uns noch etwas Besonderes ein. Zu jener Zeit kaufte der deutsch-nationale Abgeordnete und frühere Generaldirektor von Krupp, Geheimrat Hugenberg, allerlei Zeitungen auf. Wir schrieben ihm einen Brief und boten ihm »die zur Verbreitung der deutsch-nationalen Sache in Stadt und Land bestens geeignete Marburger Stadtbrille« zum Kauf an. Als Referenzen gaben wir sämtliche Abgeordnete aller Parteien aus Marburg in der Nationalversammlung und im Preußischen Abgeordnetenhaus an. Wer aber sollte diesen schönen Brief unterschreiben? Wie immer in solchen Situationen wußte Duderstadt eine Lösung. Er sagte: »Meine Zimmerwirtin, Frau Kappes, hat einen dreijährigen Jungen, den Heinz. Der spektakelt morgens, wenn ich noch schlafen will, immer mit offener Hose in der Wohnung herum. Dessen Namen setzen wir darunter.« So geschah es. Es vergingen vierzehn Tage, bis Herr Heinz Kappes, Marburg, Lahntor 5 II, einen Brief von Hugenberg mit der Mitteilung erhielt, daß ihn das Angebot interessiere und daß seine Firma weitere Nachricht geben werde. Wir hörten aber nichts mehr.

Zum Abschluß blieb ein Überschuß, den wir fröhlich durch die Kehlen rinnen ließen.

4. Brief an die Eltern

Eisenach, 26. III. 1920

Liebe Eltern!
Seit gestern morgen sind wir feldmarschmäßig unterwegs. Um 8 Uhr vormittags wurde unser Bataillon verladen in einem endlosen Extrazug. Feldküchen, Bagage- und Maschinengewehrwagen auf Güterwagen hinten angehängt. Über Treysa-Mansfeld-Bebra gings weiter über Eisenach nach Gotha. In Bebra wurden wir aus unseren Feldküchen verpflegt. Die Fahrt durch das alte Hessenland war wunderschön, Eschwege lag in unmittelbarer Nähe.

Unsere Kompanie hatte große schwarz-rot-goldene Fahnen aus dem Zuge wehen zum Zeichen, daß wir nur Republikaner sind und nicht Reichswehrtruppen im alten üblen Sinne. – Als wir in Gotha ankamen, abends 8 Uhr, konnten wir nur feststellen, daß alles ruhig war. Unser Bataillon wurde deshalb sofort nach Eisenach zurückgeführt. In einer Schule haben wir auf Stroh übernachtet und werden nun heute Wachtdienst ausüben. Von einem Weitertransport ist uns noch nichts bekannt.

Heute morgen haben wir zu mehreren erst einmal ganz feudal gefrühstückt. 2 Eier, Schinken, Weißbrötchen, Butter usw. Unsere tägliche Löhnung von 15 M bei freier Verpflegung, Bekleidung usw. gestattet uns ja auch entsprechende Ausgaben. Und wenn man Soldat ist, denkt man ja weniger an Sparen als an ein möglichst gutes Leben!

... Ruhe, Frieden und Vernunft müssen doch die Menschen lehren, daß es ein Wahnsinn ist, durch Gewaltmaßnahmen Deutschland weiter zu beunruhigen und in seinem Wiederaufstieg zu stören. Die Republik und die Demokratie werden sich durchsetzen und sie müssen es, weil sie die einzige Möglichkeit zu einer Zusammenfassung aller Kräfte am Wiederaufbau unseres Vaterlandes bieten ...

5. Brief an Anneliese Hahn

Essen, den 19. August 1921

Liebes Frl. Hahn!

. . .Wieviel Dekadenz, wieviel schmerzvoller Widerwille gegen das Leben aber eigentlich in mir steckt, das habe ich erst in diesen Tagen erfahren, als mir das Buch »Die Kultur der Dekadenz« von Eckart v. Sydow in die Hände fiel. Ich habe es bereits zweimal gelesen und finde es fabelhaft anregend. v. Sydow gibt in diesem Buch eine ausführliche Analyse des Dekadenten, d. h. lebensverneinenden Menschen. Er schildert trefflich die innerliche Zerrissenheit dieses Menschen zwischen himmelhochjauchzendem Lebenwollen und unüberwindbarer zu Tode betrübter Wehmut über die Nichtigkeit alles Lebenden. Stets wieder siegt das Negative, das Verzweifelnde, das Entsagende und keine Betäubung ist stark genug, um den Dekadenten nicht immer zu, oft lustvoll empfundener, neuer Seelenqual erwachen zu lassen. Kein Entrinnen! – Ich war entsetzt über die vielen verwandten Saiten, die ich da anklingen sah. Aber ich las das Buch noch einmal, um mich noch heftiger sträuben zu müssen gegen all das Verneinende, das es in mir bloßlegte. Ausbrennen will ich es! Um endlich ganz bejahen zu können! – Ich verstärkte diese Kur noch durch Shakespeares Hamlet, Michelangelos Gedichte, einige Schriftsteller der Romantik u. a. Um aber der Gefahr, gegen meinen Willen in den Bann dieser Lebensverneiner gezogen zu werden, zu begegnen, las ich dazwischen z. B. Otto Braun »Nachgelassene Schriften eines Frühvollendeten« und Burckhardts »Kultur der Renaissance« . . .

Über v. Sydow könnten wir uns z. B. lange unterhalten. Er stellt das, was wir so oft im Einzelnen empfunden haben, in den Zusammenhang des Ganzen und macht dadurch vieles so oft Widersprechende verständlich. Wenn Sie dann alte Tagebücher u. dergl. durchblättern, wird es Ihnen gehen wie mir: Sie werden Sinn und Bedeutung vieler Empfindungen erkennen. So habe ich ein Drama, das ich vor Jahren, im Winter 1915/16 als Sechzehnjähriger schrieb, erst jetzt richtig verstehen gelernt. Dieses Drama hieß »Konradin, der letzte Hohenstaufe«[233] und hatte etwa folgenden Inhalt: Konradin zieht voller Begeisterung, aber ohne rechte Überlegung der Dinge nach

Italien, um das Erbe seiner Väter anzutreten. Schier unüberwindliche Schwierigkeiten stellen sich ihm in den Weg, und die einzige Möglichkeit das Ziel zu erreichen, ist die Bereitwilligkeit, Katharina v. Kastilien durch Heirat zur Bundesgenossin zu gewinnen. Aber Konradin hat sich an eine Jugendgeliebte versprochen und ein schmerzvoller Seelenkampf entbrennt in ihm. Die große Aufgabe lockt, seine Freunde und Ratgeber treiben ihn, Rom jubelt ihm als Befreier zu und erwartet den Sieg von ihm – und auf der anderen Seite brennt seine alte Liebe und die Verlockung, zum Kleinen und Beschaulichen zurückzukehren. Endlich siegt der Held in ihm; seine Jugendgeliebte selber gibt ihn frei. Klagend über den Schmerz des Lebens, widmet sich Konradin seiner Aufgabe. Aber der Seelenkampf wütet so verzehrend in ihm, daß er die Schlacht mit dem Feinde unter den ungünstigsten Bedingungen so schnell wie möglich sucht, um sich im Kampfe zu betäuben, zu vergessen. Diese Unvorsicht bringt ihm die Niederlage. Er hatte sich nicht ganz bezwungen und mußte deshalb scheitern! Er fällt in die Hände des Feindes, und wie er zum Tode geführt wird, da ist er zur Reife des Lebens geläutert. – In diesem Konradin hatte ich mich sozusagen selbst gezeichnet. Sie sehen nun, wie tief alles wurzelt und wie langsam man weiterkommt. Der Kampf ist lang und hart; aber er soll zum Siege führen! Das werden Sie sich auch immer sagen! Stark und froh allezeit! . . .

6. Brief an Ernst Lemmer

Essen, den 1. September 1921

Mein lieber Ernst!

Es hat mich schon lange gequält, daß unsere einstige Marburger Studien-, Kampfes- und Lebensgemeinschaft so gänzlich abgerissen ist. Zwar hat das Wort: »Aus den Augen, aus dem Sinn« bei mir keinen Augenblick gegolten, denn oft genug habe ich an Dich gedacht, von Dir gesprochen und stets mit Freude von Dir in den Zeitungen gelesen, – aber gleichwohl konnte es doch nicht ausbleiben, daß ich lange Zeit keine Verbindung mit Dir suchte, wie es mir wohl obgelegen hätte. Ich kann die Erklärung dafür nur darin finden, daß das, was den größten Berührungspunkt zwischen uns beiden abgegeben hatte, das gleichlaufende politische Interesse, bei mir notwendigerweise einmal in den Hintergrund treten mußte. Das ist jedoch nicht so zu verstehen, als wäre ich zur Partei der Parteilosen abgeschwenkt, als wäre auf die rege politische Betätigung vollkommene Gleichgültigkeit gefolgt, wie bei so vielen anderen, – nein, ganz und gar nicht. Es ist aber auch nicht so zu verstehen, als wäre ich alten und gemeinsam verfochtenen Idealen untreu geworden – niemals habe ich daran gedacht –, aber gleichwohl mußte gerade hier nach der Betätigung und dem Eifer einmal eine Zeitspanne der ruhigen und friedlichen Überlegung und Selbstbesinnung kommen. – Ich war mir in vielen Stücken selbst vorausgeeilt und mußte erst einmal wieder die Nachzügler sammeln. In solchen Zeiten der Selbstbesinnung will man ganz und gar unbeeinflußt bleiben und seine alte Umgebung wenigstens vorübergehend ausschalten. So kam es, daß ich mich von politischer Betätigung tunlichst, wenn auch keinen Augenblick ganz, zurückgehalten habe und gewissermaßen nur noch nebenher ging. Trotz allem hätte ich bestrebt sein können, außerhalb jeder Politik mit Dir in Verbindung zu bleiben. Aber hätte sich das trennen lassen? Wohl schwerlich. – Zu alle dem kommt noch, daß mich endlich die Erfordernisse des Studiums gefangen nahmen und mich vollends auf andere Dinge hinlenkten.

Heute glaube ich sagen zu können, daß ich fester als je zuvor an unseren gemeinsamen politischen Idealen festhalte, und je mehr ich Aussicht habe, meine Doktorarbeit über die Spartätigkeit der Krupp-

'schen Werksangehörigen demnächst fertigzustellen, um noch vor Weihnachten das Examen machen zu können, umso mehr drängt es mich wieder, aktiv mitzumachen. Innerhalb der Universität bin ich es ja schon; aber darüber hinaus wird es davon abhängen, in welche Umgebung mich das Schicksal verschlagen will, wenn ich das Examen, wahrscheinlich auch noch das Referendarexamen, glücklich hinter mir habe. Sei das, wie es will – heute stelle ich mich Dir als der Alte vor und würde mich freuen, wenn wir künftig öfter und regelmäßig von einander hören könnten! Am schönsten wäre es wohl, könnten wir uns einmal irgendwo zu mündlicher Aussprache treffen. Vielleicht kannst Du Vorschläge machen; ich bin bis Ende Oktober in Essen, dann in Marburg. Beiderseits hätten wir uns gewißlich viel zu erzählen! Allein das letzte Marburger Semester würde mir unendlichen Stoff bieten. Für heute sei mit herzlichem Gruß meiner alten Freundschaft versichert!

7. Brief an die Eltern

Marburg, den 9. Dez. 1921

Liebe Eltern!

... Ihr erwartet nun besonders Nachrichten über mein Examen. Nun, gewesen ist es noch nicht und doch komme ich mir so vor, als ob ich durchgefallen wäre. Gerade heute morgen hat mich der Universitätspedell das Gutachten von Troeltsch über meine Arbeit einsehen lassen. Da bin ich nun in mehrfacher Beziehung außerordentlich überrascht gewesen. Troeltsch bezeichnet die Arbeit mit »Gut«, während ich ganz entschieden mit einer besseren Zensur gerechnet hatte. Auch das sehr ausführliche Gutachten hat mich nicht von der Unhaltbarkeit meiner Auffassung überzeugen können. Auf Grund meiner doch nunmehr sechs semestrigen Marburger Erfahrungen sehe ich die Erklärung nur in Folgendem: Troeltsch legt großes Gewicht auf Fleiß, oder vielleicht richtiger gesagt: auf einen Anschein von Fleiß. Diesen aber hat er bei meiner Arbeit wahrscheinlich vermißt. Daß ich die Arbeit sozusagen von August bis Oktober fertigstellte, daß ich auf über hundert Seiten nicht ein Zitat brachte, hat bei ihm anscheinend den Eindruck erweckt, als ob ich meine Arbeit in Essen nur irgendwo hätte abschreiben brauchen, als wenn mir die Arbeit allzu leicht gemacht gewesen wäre. Auffällig ist eben, daß er in seinem Gutachten nichts über diesen Punkt sagt, während er sonst gerade die Schwierigkeit einer Arbeit und die darauf verwandte Mühe besonders stark hervorzuheben pflegt. – Endlich kommt noch dieses hinzu: Bei der ersten Besprechung mit Troeltsch über meine Arbeit rügte er meine Gegenüberstellung von Spartätigkeit und Stundenlohn als unmethodisch, indem er sagte, es käme nicht auf den möglichen sondern auf den tatsächlich verdienten Lohn, also auf den Monatslohn an. Nachdem ich mir diese Sache noch einmal überlegt hatte, sagte ich ihm am anderen Tage, daß ich meine Statistik doch für richtig hielte, weil die monatliche Spareinlage im Voraus feststünde, also gar keine Gelegenheit wäre, sie von Monat zu Monat dem jeweilig tatsächlich verdienten Lohn anzupassen. Die monatliche Spareinlage würde vielmehr an dem einigermaßen feststehenden durchschnittlichen Stundenverdienst orientiert sein. Troeltsch sah das ein und war damit einverstanden, daß ich unter stärkerer Betonung meines Gesichtspunktes alles beim Alten ließe. – –

Ich glaubte also die Sache erledigt. Umso erstaunter war ich aber, als mir Troeltsch in seinem Gutachten einen Fehler aus der Sache macht. Er schreibt darin ungefähr: Die Untersuchung über Einkommen und Spartätigkeit ist nicht recht gelungen, teils weil dem Verfasser nicht das erforderliche Material zur Verfügung stand, *teils weil er das benutzte nicht in seiner Unzulänglichkeit hinreichend erkannte.* – Hier weiß ich nicht, was ich weiter sagen soll.

Das Bitterste ist nun, daß ich dem Ganzen machtlos gegenüber stehe. Ich darf ja das Gutachten gar nicht kennen! Trotzdem die Professoren nachgerade selber wissen, daß es noch keinen Doktoranden gegeben hat, dem sein Gutachten unbekannt geblieben ist.

Wenn ich es von vornherein nicht darauf angelegt habe, Troeltsch die Ohren darüber vollzuhängen, daß meine Dissertation allerhand Arbeit verursacht hat, wenn ich vielmehr stets ehrlich anerkannt habe, daß mir das Material von Krupp entgegenkommend zur Verfügung gestellt wurde, so hat es keinen Zweck mehr, nachträglich Mitleid erregende Lieder über dieses Thema anzustimmen. Und was den anderen Punkt betrifft, so kann ich bestenfalls nach dem Examen so ganz von ungefähr einmal daran rühren.

Das Ende vom Lied ist, daß ich mein Examen nur mit gut bestehen werde, daß ich also das erreichen werde, was ein jeder andere auch erreicht. Wenn ich dem aus dem Wege gehen will, bleibt mir nur übrig, meine Arbeit zurückzuziehen und irgendwo anders, jedenfalls nicht in Marburg, mit einer neuen Arbeit von vorne anzufangen . . .

8. Brief des Vaters

Essen, am 10. Dezember 1921

Lieber Gustav!

Deinen lieben Brief erhielt ich heute morgen am Tor und habe ihn noch schnell vor dem Gange nach der Fabrik gelesen. Die Beurteilung Deiner Arbeit durch Deinen Ordinarius hat mich zwar auch enttäuscht, ich bin aber keineswegs so aus den Wolken gefallen darüber, wie Du es zu sein scheinst. Deine Arbeit ist hinsichtlich ihrer Güte auch nach meiner Ansicht nicht ganz einheitlich zu bewerten. Sie erhebt sich hinsichtlich der wichtigsten Punkte zu einer hervorragenden, ausgezeichneten Leistung, fällt aber, so wie ich die Sache beurteile, in Nebenpunkten etwas ab. Du hast das nicht genügend beachtet, was der Herr Professor Richter gesagt hat, nämlich die Arbeit fertig machen und dann immer wieder daran feilen. Dieser letzte Schliff fehlt etwas, wäre aber eigentlich kein Grund, sie deshalb mit einer geringeren Note zu zensieren. Dann war es zweifellos ein Fehler, daß Du nicht genügend auf die Änderungsvorschläge von T. eingegangen bist. Du hast ja recht, es nicht zu tun, wenn Du anderer Meinung bist, denn es ist Deine Arbeit, Deine Meinung. Hier offenbart sich ein häufig im Leben eintretender Gewissenskonflikt. Wer charaktervoll an dem als richtig Erkannten festhält, gerät in Gefahr Nachteil zu haben, wenn er sich der Meinung eines anderen, höher Stehenden, von dem er in irgendeiner Beziehung abhängig ist, widersetzt. In eine solche Lage, lieber Junge, wirst Du noch oft kommen, wenn Du hohen Herrn gegenüber Deine abweichende Ansicht standhaft zur Geltung bringst. Die Beurteilung aller Verhältnisse und Dinge ohne Unterschied ist stets subjektiv gefärbt. Der Menschen Meinungen sind sehr verschieden. Wie kannst Du also T. einen Vorwurf machen? Er hat Dir doch die *gute* Note: gut gegeben. Vor allem aber, mach keine Geschichten, nimm die Sache ruhig hin, raffe Dich noch etwas zusammen für das mündliche Examen, vielleicht kann dann Deiner verletzten Eigenliebe Genugtuung werden und im Gesamtergebnis Deiner Prüfung noch eine höhere Bewertung herauskommen. Lasse nur T. nichts merken, daß Du sein Urteil gelesen hast, sonst bringst Du den Pedell in eine üble Lage und Deine Sache besserst Du damit auf keinen Fall. Im übrigen nehme ich die

Sache nicht tragisch. Wer fragt denn im Leben danach, ob der Herr Doktor seine Arbeit mit gut oder weniger gut gemacht hat, sein Fortkommen ist von seinen Leistungen und seiner Tüchtigkeit abhängig und nicht von dem Werturteil eines Dritten. Im übrigen halte ich die ganze Promotion junger Dachse, die das Leben noch nicht kennen, für einen groben Unfug. Also, lieber Gustav, nimm die Sache nicht tragisch . . .

9. Brief an Anneliese Hahn

Essen, 28. 12. 1921

Liebes Frl. Hahn!

... Von meinen Neuerwerbungen will ich Ihnen in Kürze aufzählen: Briefsammlungen von Rousseau, Napoleon I., Gregorovius, J. M. R. Lenz, Nietzsche, Flaubert, Biographien über Lassalle, Mirabeau, v. Schill, Fichte, Byron, Haeckel, D. F. Strauß. Ferner Chodowiecki Reisetagebuch, Bismarcks 3. Band, v. Bethmann Hollwegs 2. Band. Alles das steht zu Ihrer Verfügung. Gelesen habe ich erst sehr wenig davon, sodaß ich noch nichts besonders empfehlen kann. Ich freue mich unendlich, jetzt nach dem Examen mit einiger Ruhe an all die schönen Sachen herangehen zu können. Ich werde mich für lange Zeit ganz auf solche Lektüre, die ja in sich doch wieder unendlich mannigfaltig ist, konzentrieren. Den bedeutsamen und einzigartigen Menschen, wie er gewesen ist und wie er sich selbst gegeben hat, will ich kennen lernen. Dabei stelle ich zwei Fragen ganz besonders in den Mittelpunkt der Beobachtung. Politisch: wie verhalten sich Führer und Masse zueinander? Wo liegen die Schwerpunkte staatspolitischen Handelns? Welche Wechselwirkungen spielen? – Philosophisch: die Stellung der großen Menschen zum Unerklärlichen; Monismus und Dualismus; die Frage des Göttlichen in der Welt. – Oder anders gefaßt: Wo lag der große Mensch verankert und wie handelte und wirkte er in der Welt? – Ich glaube, Sie empfinden sogleich, warum ich gerade diese Fragen besonders herausschäle. Sie wissen, daß ich mit anerzogenen religiösen und politischen Gedankengängen scharf gebrochen habe und nach eigener Fundierung suche. Wenn ich mich einstweilen religiös und politisch noch ziemlich in der Mitte halte, so geschieht es mehr aus bloßer Negation der Extreme. Ich weiß noch nicht endgültig, so sehr ich auch schon zu gewissen bestimmteren Auffassungen neigen mag, wo ich hingehöre. Bin ich erst so weit, so werde ich mich auch vor Extremen nicht fürchten, weil ich infolge meiner volkswirtschaftlichen und juristischen Bildung schon vor dem Utopischen bewahrt bleiben werde. Einstweilen treibt mich das Unbefriedigende vorwiegender Negation zu rastlosem Suchen. Wenn ich dabei nicht den historischen oder systematischen Weg einschlage, sondern den oben angedeuteten, so tue ich es ziemlich instinktiv. Jeder bedeutsame Mensch hat zu den aufgeworfenen Fragen Stellung nehmen müssen; irgendwo mußte er sich verankert fühlen und irgendwie mußte er handelnd ins Leben hinausstrahlen. Seine Beobachtung wirkt am Natürlichsten und Überzeugendsten. Die Verfolgung gerade des politischen Auswirkens bedeutsamer Menschen, anstatt etwa des künstlerischen oder wissenschaftlichen, wird Sie nicht weiter Wunder nehmen, da Sie meine Neigung zu solcher Betätigung kennen. – Systematische Bücher, wie v. Sydow, schätze ich insofern, als sie rätselhafte Einzelheiten durch den großen Zusammenhang erklärlich machen und einen Überblick über die Möglichkeiten geben. Die Geschichte ist die große Illustration und das Reservoir, in dem wir nach Typen und nach dem Ergebnis des Zusammenwirkens der verschiedenen Kräfte suchen können. Auf die Beobachtung des einzelnen Menschen lege ich also nur den Schwerpunkt, ohne die anderen Wege vernachlässigen zu wollen . . .

10. Anna Margarete Kiessner
Reichsjugendtag in Cassel

Gegenwart ist Erleben, Vergangenheit ist Mahnen, Zukunft ist Fordern. Zwischen Vergangenheit und Zukunft steht das Jetzt, und aus diesem Erleben muß durch das Bewußtsein einstigen Geschehens, muß durch das Herauswachsen von Zukünftigem und Gegenwärtigem Handeln entstehen. So wird jeder Augenblick, der bewußt erlebt wird, ein Tun, ein schöpferisches Werde. Nicht nur der einzelne Mensch ist diesem Gebote schaffenden Lebens gegenübergestellt, um seine Bestimmung darin zu erfüllen, ganze Völker als Zusammenschluß all ihrer Volkselemente müssen in der restlosen Erfassung der Forderung ureigenster Wesenskräfte sich den klaren Blick vorwärts und zurück bewahren können, um das zu schaffen, was vor dem Richterstuhl der Zeit wahren Wert besitzt. Wenn ein Teil unseres Volkes aus der qualvollen Zeit heraus nur allzu sehr an vergangenen Ruhm und Größe sich anklammert, um die alten Formen aus Schutt und Trümmern auszugraben, es ist Sisyphusarbeit; wir bedürfen neuer Formen. Denn darin liegt das Schwerwiegende, nicht nur rückwärts zu schauen, sondern auch vorwärts, nicht nur blindlings das Neue erfassen, nicht seine Grundlagen verleugnen. Mahnen der Vergangenheit und Fordern der Zukunft müssen sich verschmelzen, um das Wirken der Idee, die von Zeitepoche zu Zeitepoche immer wieder kraftvoll zur Erfüllung drängt, der Erfüllung näher zu bringen in immer entwickelterer Form. Die Idee bleibt dieselbe, aber in der Art ihrer Auswirkung ändert sie ihren Charakter entsprechend den Völkern, Zeiten, Generationen, an denen sie arbeitet. Und diese Idee heißt *Freiheit.* Von Frankreich aus flammte die Lohe über den europäischen Kontinent und einte die Völker unter der Macht jener Idee, die Volkstum und Menschentum als Gabe brachte. Unseren Vorkämpfern von 1832 und 1848 reichen wir Kämpfer von 1922 die Hand in dem festen Willen, ihr Vermächtnis zu erfüllen. Von diesem Geiste beseelt, Vergangenheit und Zukunft einend, legte die demokratische Jugend der gesamten deutschen Gebiete zu Pfingsten auf dem ersten Reichsjugendtag zu Cassel ihr Treuegelöbnis zum republikanischen Deutschland ab.

Wundervolle lachende Pfingsttage lagen über dem lieblichen Hessenlande. Die Natur atmete den Geist des Werdens und emsigen Schaffens der Frucht entgegen. Und derselbe Geist einte die jungen Scharen, die in Cassel von Nord und Süd, von Ost und West zusammenströmten in einem starken Wollen und heiligen Ja-Sagen. Strahlende Sonne über den Fluren, urdeutscher Lichtwille in den Herzen der Jungen. So kamen sie aus weiter Ferne, kamen aus dem abgetrennten Ostpreußenlande, den schlesischen Grenzmarken, den besetzten Gebieten des Westens, ja selbst aus den einstigen österreichischen Staaten. Jeder Zug brachte am Sonnabend vor Pfingsten neue Trupps; bis spät in den Abend wogte ein buntes Leben vom Bahnhof in die Stadt hinein.

Den Auftakt der Feier bildete eine »Egmont«-Sonderaufführung im Staatstheater am Sonnabend in den Abendstunden; es war der Willkommensgruß der Casseler Jungdemokraten ihren Freunden aus dem Reich. An Sportwettkämpfe, die am Sonntag in aller Frühe stattfanden, schlossen sich vaterländische Feiern der Arbeitsgemeinschaft Ost, Pommern, Ostpreußen, Brandenburg, Schlesien, Oberschlesien und der Gruppen im besetzten Gebiet an. Dort betonten Straßmann-Breslau und Werner Elsner-Liegnitz die Aufgabe der demokratischen Jugend im Osten, unbedingtes Eintreten für den Neuaufbau des Vaterlandes, restlose Hingabe an die Idee des demokratischen Staates, hier knüpfte Lemmer-Wiesbaden von neuem das Band engster Zusammengehörigkeit aller Reichsteile, das feindliche Intrigen zu zerreißen sich bemühen. Im Anschluß daran wurden in Gau- und Landtagungen interne Fragen behandelt.

In den Vormittagsstunden war den Jungdemokraten das Kunstausstellungsgebäude Orangerie geöffnet. Unter der Führung von Professor Düllberg entfaltete sich vor den Beschauern das Erleben und Bestreben der modernen Kunst in ihren verschiedenartigen Richtungen, in ihrer Forderung nach Persönlichkeitsauswirkung und individueller Selbstbestimmung. Während dann am Nachmittag ein großer Teil der Jugend auf Wanderungen durch die Altstadt, Gemäldegalerie und Wilhelmshöhe, die Schönheiten und Reize der Stadt Cassel kennenlernte, tagten die Vertreter in der Stadthalle unter der Leitung des ersten Vorsitzenden Landahl. Hier klang zum ersten Male jener Ton an, der dann weiterhin durch die Festtage hallte, und in der Harmonie des Festsanges die Grundmelodie bildete: Demokratie ist ethische Gemeinschaft, ist sittliche Tat, ist tiefstes Verantwortungsbewußtsein, ist Persönlichkeitsstreben, ist Hintansetzen eigener Vorteile um des Vaterlandsgedankens willen. – Vorstandswahlen schlossen die Versammlung ab.

Den Höhepunkt der Tagungen bildete der Festabend in der Stadthalle am Abend des ersten Pfingsttages. Es war der Tag der Jugend, und während die brausenden, jubelnden Orgelklänge des Hochzeitsmarsches aus dem »Sommernachtstraum« sieghaft den weiten Raum füllten, drang etwas von dem Kraftvollen der jungen Herzen in den Tönen herüber zu allen denen, die diesen Tag der Jugend feiernd ehren wollten. Von allen Seiten winkten schwarz-rot-goldene Fahnen, und neben frischer Gegenwart kam es wie fernes Grüßen tatenfroher Vergangenheit aus dem alten, erinnerungsreichen Freiheitsbanner von 1832, das sich inmitten des Tannenschmuckes in heiliger Majestät entfaltete. Und alles Fühlen und Denken einte sich um dieses Wahrzeichen deutschen Geistes in dem einen Bekenntnisschwur: Du Vaterland – –

Tief hinein in die Wurzeln deutschen Wesens griff Dr. Friedrich-Cassel als erster Festredner. Er betonte die innige Verknüpfung zwischen dem Hessenlande und der Freiheitsbewegung und begrüßte die Jugend auf dem Boden, von dem Geisteshelden wie Jordan und Dingelstedt die Ideale eines einheitlichen freien Vaterlandes in das Land hinausriefen, auf dem Boden, da um die Ideale der Freiheit gekämpft wurde in heißer Liebe für die deutsche Heimat. Von diesem Boden sollte auch jetzt die Jugend, wenn sie heimwärts zöge, den Willen zu innerer Ertüchtigung, zu wahrem, edlen Menschentum mitnehmen als würdige Nachkommen jener hessischen Freiheitskämpfer. – Als Vertreterin der Reichtagsfraktion ergriff Frau Dr. Gertrud Bäumer das Wort in der zweiten Festrede. Wie mit Runen schrieb sie in die Herzen der aufhorchenden Jugend jene tiefen Worte Huttens, die, aus deutschem Herzen stammend, deutsches Wesen in so wunderbarer Weise wiedergeben: »Ob ich nit mag gewinnen, doch soll man spüren Treu.« Das war ihre Gabe an die demokratische Jugend, und sie wurde verstanden. Frau Dr. Bäumer gab als Zielpunkt demokratischen Bestrebens den demokratischen Volksstaat in einer aus deutscher Kultur erwachsender, aus deutschem Geist sich schaffender Form, dessen Inhalt nicht in schwärmerischer Haltlosigkeit sich verflachte, sondern der in lebendiger Schöpferkraft auf Wahrhaftigkeit, Überzeugungstreue und Weitsichtigkeit fußend, sittlichen Einheitswillen formte. Demokratie ist nicht nur Form, Demokratie ist Wille, Tat, Wahrheit, Kraft. Das Führerproblem entwickelte sie in der Weise, daß es Persönlichkeiten, nicht Personenkultus gälte, daß es sich nicht um eine Führerschaft handelte, die mitreißt, sondern um eine solche, die befreit und erlöst, so daß aus den Tiefen der befreiten Volksseele jene Mächte selbsttätig emporsteigen könnten, die allein zu entschlossenem Handeln fähig sind.

Zwischen diesen beiden Festreden schoben sich Volkstänze der Casseler Jugendgruppe und ein Schwäbner Bauerntanz, dann kurze, aber von freudigem Einheitswillen getragene Ansprachen der Vertreter der bedrohten Gebiete im Osten und Westen und der Vertreter der tschechoslowakischen Deutschen, die auch die Sudetendeutschen und Deutschösterreicher vertraten. Ebenso richtete Oberpräsident Schwander einige herzliche Worte an die Jugend. Er legte ein persönliches Bekenntnis seines Glaubens an Jungdeutschland ab, in dem er den Baumeister eines neuen, freien und starken Vaterlandes ahnt.

Kaum waren die letzten Töne des Arndtschen Liedes »Was ist des Deutschen Vaterland« verklungen als jubelnde Antwort den Rednern, und schon einte ein festlicher Fackelzug die Teilnehmer der Feier im Umzug durch die Straßen Cassels. Immer wieder erklangen Vaterlandslieder und formte sich von neuem das Bekenntnis zur demokratischen Republik.

In festlich froher Stimmung zogen am Pfingstmontag die Jungscharen durch die grünen Fluren des Hessenlandes zum Dörnberg hinauf, einem unbewaldeten Bergplateau inmitten tannenverdunkelter Bergkuppen. Der Fernblick ringsum ins Land hinein bis weit hinten am Horizont zu den blauen Bergketten bot ein köstliches, liebliches Bild und wirkte auf die jungen Herzen frei und erhebend. Hier auf der Höhe sprach Jugend zu Jugend. In Gruppen gelagert lauschte man den Worten der Führer, die alle denselben Weg zum Ziele wiesen, ohne Haß, ohne Verbitterung den Menschen und der Zeit gegenüber, klaren Auges den Nöten der Gegenwart standhaltend und aus der Not heraus die Forderung unbedingten Schaffens, völliger Hingabe des einzelnen für das Gesamte heraushebend, die Würde des Menschen zu schaffen und zu achten. Und man hatte das Bewußtsein, daß dies nicht nur Worte waren, die da gesprochen wurden, sondern daß hinter diesen Worten Persönlichkeiten standen, die befreien und erlösen konnten. Es war eine einzige Gedankenreihe, die sich durch die Reden der einzelnen Führer hindurchzog. Ernst Lemmer begann mit einem Rückblick in die jüngste Vergangenheit und stellte noch einmal die Ideale jener Tage von 1914 vor seine jugendlichen Hörer, jene Ideale, die, auf unsicherem Boden gewachsen, zusammenbrechen mußten, als es ihnen an Stütze mangelte. Damit hatten sich jene Ideale als Schein und Trug gezeigt; nun gälte es, ein neues Haus zu zimmern und diesen Bau zu schützen mit der Macht des deutschen Idealismus. Hans Mühle begann den Bau: zu der Meißener Formel, die nur das Menschliche an sich betrifft, fügte er die Pflicht des politischen Wollens des deutschen Menschen. Heinrich Landahl führte den Gedanken weiter aus und faßte dieses politische Wollen in dem Willen zur Gemeinschaft und zu der Aufgabe des Dienstes am Vaterlande, die jeder seinen Kräften entsprechend erfüllen muß. Dr. Julie Meyer behandelte wirtschaftliche Fragen und die Gefahren, die im Innern des Reiches gerade hier durch eigene Volksgenossen drohen. Unvergeßlich wird wohl allen ihre Deutung des Holzschnittes von Dürer »Ritter, Tod und Teufel« bleiben. Sie nannte den Tod die Macht der äußeren Feinde, den Teufel das Ungesunde in unserem eigenen Volkskörper; mitten hindurch aber reitet, nicht rechts noch links schauend, der Ritter, der deutsche Idealismus, nicht als Don Quichote, sondern als deutsches Tatmenschentum. Dr. Mommsen gedachte der Deutschen in den besetzten Gebieten und der Zeit, da auch für sie die Stunde der Freiheit schlagen sollte und müßte. Sie dürften nicht vergessen werden, sondern sollten ein Ansporn zum Handeln und Wirken sein. Otto Stündt als letzter Redner betonte noch das religiöse Element im Freiheitsgedanken. Dann zogen die Scharen wieder den Dörnberg hinab, um weiter unten im schattigen Walde zu rasten. Hier, unter dem Blätterdach deutschen Laubwaldes, fand der Jugendtag einen wunderbar weihevollen Abschluß. Ehe die einzelnen Gruppen wieder in alle Lande sich zerstreuten, gab Walter Würtz den Fahnen ihre Weihe. Als Symbole des deutschen Freiheitsgedankens sollten sie fortan die Idee wahren, beitragen zur Verwirklichung edlen Deutschtums; er beschwor die Geister der Ahnen, daß sie in heiliger Stunde segnend sich um die Farben der Freiheit scharten, daß diese leuchtender Kraft, Mut, Begeisterung, Opferfreudigkeit sprechen könnten. So faßte er Vergangenheit und Zukunft und bannte sie in das Schwarz-rot-gold der stolz aufsteigenden Flaggen.

Das war das Pfingstbekenntnis der demokratischen Jugend der deutschen Staaten. Ein Werde unserem Vaterlande, ein ernstes, starkes und frohes Dennoch. Der Deutsche ist kein Träumer, er ist erwacht und am Werke, seinen Traum von edlem Menschentum in

die Tat umzusetzen und aus eigenster Kraft heraus seiner Heimat zu neuem Blühen zu verhelfen. Und über aller Not hinaus schwingt sich der Idealismus der deutschen Jugend mit dem tatenfrohen Bekenntnis: Es ist eine Lust, zu leben.
(aus: Die Hilfe 28, 1922, 260–262)

11. Brief an Anna Margarete Kiessner

Göttingen, 25. Juni 1922

Sehr geehrtes Fräulein Kiessner,
Der höflichen Anfrage, ob Ihnen die Casseler Pfingstwoche auch weiterhin gut verlaufen ist, bin ich wohl schon in etwa enthoben, nachdem ich zu meiner Freude Ihren schönen Aufsatz über den Reichsjugendtag in der »Hilfe« [s. Anh. 10] fand und daraus entnehmen konnte, daß Sie mit großer und hoffnungsfroher Befriedigung auf die Casseler Ereignisse zurücksehen. Immerhin würde ich mich freuen zu hören, daß Sie einen angenehmeren Rückweg nach Hamburg gefunden haben, als ich nach Göttingen. Meine Übermüdung war so grenzenlos, daß mir die Rückfahrt in dem überfüllten Zug geradezu eine Qual war. –

Wenn ich jetzt auch meinerseits an die Pfingsttage zurückdenke, so muß ich Ihnen vollauf Recht geben, wenn Sie Ihren Aufsatz mit dem Wort ausklingen lassen: »Es ist eine Lust zu leben.« Was in Cassel überall und immer wieder einen Ausdruck suchte und fand, das war jugendlich-sieghafter Wille zu neuer Tat; zu einer Tat, die uns allen, die wir junge Demokraten sind, als Dienst an einem wenigstens für unser Empfinden neuen Ideal innerer und äußerer Lebensgestaltung erscheint. In Cassel erlebten wir Demokratie nicht als eine Frage von Organisationen und Verfassungen, sondern als eine nimmer endende große Aufgabe, als eine Angelegenheit der Gesinnung und des ganzen Wollens. Daß Derartiges trotz aller Nöte der Zeit einen solch überzeugenden Ausdruck finden konnte, zwingt uns gerade zur Lebenslust und Bejahung. Wir, die wir jung sind, sehen keine zur Verzweiflung drängende Welt der Trümmer und Wirrnisse um uns, sondern wir sehen in allem nur eine Welt voller Aufgaben und haben dabei die Empfindung, daß diese Aufgaben gerade uns zur Lösung gestellt sind. Das kann gar nicht anders als begeisternd wirken! Nur glaube ich, wir machen uns dieses gerade unserer Bewegung so stark zu Grunde liegende Gefühl der Begeisterung viel zu wenig bewußt, und vollends sagen wir es nicht laut und oft genug, daß wir an selbstbewußte Tat glauben! Es würde das nicht nur uns selbst über manchen Augenblick der Beklemmung und Verneinung schneller hinwegbringen, sondern ebenso sehr aufrüttelnd wirken können und damit in allem Wirrwarr etwas Positives von ebenso verläßlichem wie unaufdringlichem Charakter aufzeigen. In den immer wieder rasch zu einseitigen und darum zu Übertreibungen und Überheblichkeiten irgendwelcher Art neigenden politischen Bewegungen der Jugend zu unserer Rechten und Linken vermag ich kaum jemals etwas Derartiges zu erkennen.

Demokratie ist Aufgabe und damit zugleich Problem. Ebenso lebhaft wie mir das Eine in Cassel zum verstärkten Bewußtsein kam, tat es auch das Andere. Aber es war nicht die viel umstrittene Frage nach dem Verhältnis von Führer und Masse, die sich mir unter neuen Gesichtspunkten aufdrängte, sondern die nach dem Verhältnis von Persönlichkeit und Gemeinschaft. Ist Demokratie eine absolute Forderung oder nur eine relative? Können wir allen Menschen die Entwicklung zu freier, nur in sich selbst gefestigter Persönlichkeit als Lebensziel stecken? Volkskultur oder – aristokratische Kultur? In solchen und ähnlichen Wendungen stehe ich immer wieder vor der gleichen Frage. Und ebenso oft komme ich dahin, daß alle Demokratie vor der Persönlichkeit halt machen muß, weil doch nur der Einzelne kulturelle Werte schafft. Demokratie ist für mich letztlich nur eine für alle gleiche Basis der persönlichen Entwicklungsmöglichkeit, sozusagen eine Rennbahn, in die alle zu gleichen Bedingungen eintreten. Der Versuch, die große Masse selbst emporzuführen und zu Trägern kultureller Werte zu machen, will mir immer wieder unmöglich erscheinen. Stets drängt die Masse nach Freiheit; aber niemals weiß sie, wozu sie frei sein will. Das kann nur der Einzelne wissen. Der Geist, der stets verneint, der geradezu ein Behagen daran findet, im Kleinen stecken zu bleiben und das Große herabzuziehen, anstatt es zu tragen, ist unausrottbar, weil er zugleich der unsterbliche Geist der Trägheit ist. Ich glaube nicht daran, daß einmal jeder Mensch sich selbst die Fehde ansagt, sich selbst als eine Aufgabe erkennt und unablässig über sich selbst hinausdrängt. Da, wo wir solchen Geist wecken können, sollen und wollen wir es tun. Aber ich glaube eben, wir müssen uns dabei bewußt bleiben, daß dieses Ziel nur ein relatives sein kann.

Aus solchen Auffassungen ergeben sich vielerlei Konsequenzen. Sie im einzelnen zu ziehen, fällt mir sehr schwer. Hochhaltung des Wertes geistiger Arbeit, wesentliche Differenzierung der Einkommen und manches andere fallen gewiß darunter. Andere Dinge, wie etwa die Frage einer sittlichen Bindung der Menschen, Stellung zur

Kirche, sind verwickelt und vielseitig. Oft will es mir scheinen, als hieße es, Gerechtigkeit im Sinne der Gleichheit ist nur ein Ideal der Statik, der Beharrung. Die Entwicklung aber, die wir doch wollen, derentwillen wir leben und uns einsetzen, verlangt Ungleichheiten.

Ich frage mich oft, ob es nicht bloßer Pessimismus ist, daß ich es so sehe. Das würde mir nicht gefallen. Warum ich subjektiv so zu denken gezwungen bin, verstehe ich auf Grund meiner persönlichen Entwicklung und Erfahrung sehr wohl. Habe ich aber auch objektiv Recht? – Vielleicht sind diese Dinge viel zu sehr Glaubenssache, nicht Gegenstand allgemein gültiger Erkenntnis und Überlegung, als daß sie sich eindeutig entscheiden ließen.

Haben Sie Lust, sich hierüber in einen Gedankenaustausch einzulassen? Ich würde mich außerordentlich freuen zu erfahren, wie Sie diese Dinge ansehen. –

Über den gräßlichen Mord an Walter Rathenau will ich ganz schweigen. Meine Erregung beim Bekanntwerden der Tat war derartig, daß ich gezittert und gebebt habe. Welche Abgründe tuen sich da auf! – . . .

12. Brief an Wilhelm Röpke

Göttingen, den 28. Juni 1922

Lieber Willi!

... Ich bin hier in Verbannung. Über einige flüchtige Bekanntschaften hinaus sind mir alle Menschen so fremd wie am ersten Tage. Selbst Maria-Spring hat mich noch keinen Nachmittag gekostet. Ich finde, daß man mit sich selbst durchaus in guter Gesellschaft sein kann, ohne sich zu langweilen. Ja, es ist mir manchmal so, als müßte ich mir die Ohren zuhalten und fortlaufen, weil ich mich viel zu vielstimmig unterhalte. Und je später am Abend, umso hartnäckiger wollen die Zwiegespräche ausgefochten sein, so daß es stundenlang dauert, bis ich endlich zum Einschlafen komme. Du meinst, ich hätte mich im letzten Vierteljahr geistig besonders stark entwickelt. Teilweise habe ich ein gleiches Gefühl. Mir scheint, als hätte ich jetzt endlich einigen Boden unter meine Füße gebracht. Als liefe ich nicht mehr ganz im Dunkeln umher. Materiell habe ich wohl nur wenig Neues gefunden. Aber das war es ja auch gar nicht, was ich suchte. Ich wollte nur erst einmal einen Halt finden, einen nicht mehr angreifbaren Punkt, an den ich das, was ich hatte, anknüpfen und von dem aus ich das, was ich nicht hatte, ableitete, in einigermaßen befriedigender Weise scheiden und abgrenzen konnte. Mit meinen Versuchen, alle letzten Fragen rein verstandesmäßig zu lösen, habe ich Schiffbruch gemacht. Biologie und Ethik sind zweierlei und Denken und Wollen sind es nicht minder. Das kommt mir jetzt beinahe als eine fabelhaft banale Feststellung vor; und doch habe ich mich lange dagegen gewehrt. Das Dasein eines Gottes konnte mir niemand beweisen, ebensowenig wie die Unsterblichkeit der Menschenseele oder die absolute Gültigkeit bestimmter ethischer Gebote. Aber ich konnte auch meinerseits nicht beweisen, daß es keinen Gott gibt, keine Unsterblichkeit usw. So schloß ich denn endlich im Zeichen Kants und der Erkenntniskritik den Waffenstillstand ab. Auf dem Kampfplatz reiner Erkenntnis waren diese Dinge nicht auszutragen. Ich fühlte mich nicht besiegt, aber ich wurde mir bewußt, daß ich ebenso wenig jemals würde Sieger sein können. – Für den zünftigen Philosophen war dieses Ergebnis vielleicht schon lange ausgemacht und darum unter seinem Gesichtswinkel eine banale Sache. Für mich ist es mehr als eine Schulweisheit geworden.

Die Konsequenz meines Waffenstillstandes ist ein gewisser Relativismus: die Fragen des letzten Wollens sind eine Angelegenheit der Wahl, über die niemand rechten kann. Mancher Mensch wählt niemals: er nimmt nur entgegen, was ihm gegeben wird. Vielleicht verliert er auch das noch, um gleichgültig oder frivol, um leer oder negierend durchs Leben zu gehen. Die Mehrzahl der Kirchengläubigen wie auch die Mehrzahl der Nicht-Kirchengläubigen gehören in dem einen oder anderen Sinne hierhin. Die einen haben etwas, wenngleich sie nicht immer wissen, wo es herkommt und wie es zu ihnen paßt. Die anderen aber haben nichts; sie stehen auf der Grenze: sie haben das Eine, das nicht das Ihre war, verloren, ohne das Andere, das wirklich Ihre, gefunden zu haben. Nur wenige von ihnen suchen nach dem Neuen, das ihnen gehören soll und das sie bejahen wollen. Diese Wenigen aber sind die Wählenden. Vielleicht kehren sie zurück. Dann bejahen sie jetzt, was ihnen gegeben wurde, als wäre es nie etwas Fremdes, sondern immer etwas Ureigenes gewesen. Sie werden wirklich religiöse Menschen. Sie glauben an Gott als die ewige überweltliche Macht, sie ergeben sich ihrem Gefühl der schlechthinnigen Abhängigkeit, sie vertrauen auf die göttliche Vorsehung. Und sind auf ihre Weise wohl geborgen. – Andere finden keinen neuen Himmel über sich. Zu diesen bin ich, wie ich glaube, jetzt endgültig gekommen. Warum? Das kann ich verstandesmäßig allein nicht begründen. Erziehung und persönliche Veranlagung, Notwendiges und Zufälliges mögen dabei eigentümlich durcheinanderfließen. Was soll ich anders sagen als: »ich bin nun einmal so«? Religiös im eben angedeuteten Sinne *kann* ich nicht sein; ich bin »religiös unmusikalisch«.

Welche Konsequenzen sich von diesem zunächst ja wiederum nur negativ bestimmten Standpunkt aus ergeben, weiß ich im Einzelnen nicht zu sagen. Wenigstens jetzt nicht. Nur fühle ich immer deutlicher, daß die Welt und das Leben von diesem Gesichtspunkt aus – gleichfalls! – ihre eminent positiven Seiten haben können. Eigentlich möchte ich jetzt noch gar nicht versuchen, sie anzudeuten. Nur das, was sich mir als das Überragende und Entscheidende aufdrängt, will ich sagen. Es ist ein sieghaft strebendes Lebensgefühl der Unabhängigkeit und des Sich-Entfaltens; es ist der Wille, den guten Menschen in uns über den schlechten und trägen siegen zu lassen, ihn frei werden zu lassen zu allem Großen und Schönen, was uns unser Leben nur bieten kann. Dieses Lebensgefühl und dieser Wille überwinden alles Kalte und oft genug Niederdrückende, das eine Welt an sich trägt, welcher wir ohne den Glauben an eine göttliche Vorsehung und an eine ausgleichende, jenseitige Gerechtigkeit gegenüberstehen. – –

Nun habe ich Dir in einigen flüchtigen Strichen angedeutet, was aus mir geworden ist. Daß das Bild unvollständig ist, wirst Du ebenso empfinden wie ich. Auch will ich mich auf keine Einzelheiten des Gesagten festnageln lassen. Gerne möchte ich mich einmal mit ganzer Kraft diesen Fragen widmen. Jetzt aber kann ich ihnen nur soweit nachgeben, wie es mir die Juristerei vor dem Examen gestattet. – Noch sind wir jung! . . .

13. Brief an Anna Margarete Kiessner

Essen, den 24. 8. 1922

Liebes Fräulein Kiessner!

... Über Ihren Brief habe ich mich außerordentlich gefreut; haben Sie vielen Dank. Ich kann nur sagen, daß wir uns in der Auffassung des Verhältnisses von Persönlichkeit und Gemeinschaft weitgehend einig sind. Die Aufgabe der Masse ist es, sich selbst in einigen großen Individuen zu verkörpern. Das bedingt, daß die Masse bereit ist zu tragen. Das bedingt aber auch ferner, daß die Masse lebendig und reif genug ist, um aus sich heraus führenden Geist wachsen lassen zu können. – Wenn so das Ziel ist, so kann das Mittel wohl nur eines sein: Erziehung zu einer in diesem Sinne demokratischen Geistesverfassung. Das kann zunächst nur Selbsterziehung bedeuten, denn noch müssen wir Vorkämpfer sein. Freilich haben wir bereits große demokratisch eingestellte Parteien und doch entspricht nicht einmal die, der wir selbst angehören, ganz unserem Wollen. Auf der Linken, d. h. unter der Arbeiterschaft, fehlt es an der Bereitwilligkeit zu tragen. Die Tendenz des Niederreißens und Verneinens überwiegt. Die Gesichtspunkte sind klassenmäßig beschränkt, es fehlt das tief eingewurzelte Gefühl des Wertes der durchgebildeten und verantwortungsbewußten Persönlichkeit. Guter Wille, Geschäftigkeit und parlamentarisch aufgezogenes Spielen wollen sie noch immer ersetzen können. Aber so sehr auch im Einzelnen nur zu oft der Wille, das Höherstehende nur durch eigene Entwicklung auszugleichen, noch fehlen mag, so soll doch nicht verkannt werden, daß er wach ist und sich eigenartig genug dokumentiert. Ihn zu entfalten und zu festigen wird eine Aufgabe gegenüber der Arbeiterschaft sein. – Das Zentrum, d. h. die Kirche, bindet den Menschen religiös-dogmatisch. Diese geistige Fesselung lehne ich unbedingt ab, wenngleich ich zugebe, daß ihre vollkommene Ersetzung durch sittliche Selbstverantwortlichkeit ein schweres Werk ist. – Auf unserer Rechten, d. h. in den Kreisen des sog. gebildeten Bürgertums, finden wir einmal vollkommene Verständnislosigkeit gegenüber der Demokratie und damit natürlich auch mangelndes Vertrauen zu ihr als dem besten Boden immer erneuter Herausbildung geistiger Aristokratie. Nicht zuletzt fehlt es aber auch auf der Rechten an der Bereitwilligkeit, alle

Macht und allen Besitz einer unablässigen Rechtfertigung zu unterziehen. Demokratie ist riskant, denn wo Aufstieg ist, kann es nicht an Abstieg, und sei es nur ein relativer, fehlen. – Das Arbeitsfeld ist also nach allen Seiten groß; ja geradezu endlos. – – Das, was wir bei den Rechtsparteien erleben, ist immer wieder typisch: in allem lebt die Tendenz, die errungene Macht des Geistes, des Besitzes, der Wirtschaft, des Amtes zugunsten eng begrenzter Kreise zu verewigen. An diese Tatsache knüpft besonders die bolschewistische Theorie an. Harald v. Hörschelmann's Broschüre »Person und Gemeinschaft, Grundprobleme des Bolschewismus«[234] belehrte mich eingehender darüber. Die Broschüre ist sehr gut und ich empfehle sie Ihnen, sofern Sie sie noch nicht kennen. Da es mir meinerseits noch nicht möglich war, mir die von Ihnen genannte Mommsen'sche Broschüre zu besorgen, knüpfe ich einiges an Hörschelmann an. (Um die Mommsen'sche Schrift werde ich mich gleichwohl weiter bemühen).

Nach Hörschelmann ist es das letzte Ziel des Bolschewismus, eine innerlich gewandelte Generation von Menschen zu züchten, in der der Wille zur Macht derart sublimiert ist, daß er sich ausschließlich auf die Macht des Geistes und nicht mehr auf die des Besitzes, des Amtes oder der Geburt richtet. Jedem sollen alle materiellen Güter soweit zur freien Verfügung stehen, als er sie schöpferisch verwerten kann. Die Trennung alter Machtmöglichkeiten von Amt und Besitz soll das psychologische Motiv des Habenwollens um der Macht willen ertöten. (Hier vergißt Hörschelmann das Motiv des Habenwollens um des Genusses willen.) Als Mittel zum Zweck ergeben sich: Auflösung jedweder staatlichen Organisation; Staat und Gemeinschaft sollen identisch sein. Soweit Ämter notwendig bleiben, werden sie nur mit sofortiger Widerrufbarkeit besetzt. Wirtschaftlich soll sich die Umgestaltung in der Richtung auf produktive Konsumgenossenschaften vollziehen. Ausgehend von der natürlichen Ungleichheit der Menschen soll sich auch auf dieser Basis eine weitgehende Differenzierung ergeben, wobei die kulturelle Leistungskraft des Einzelnen den einzigen Maßstab darstellt. Gleichzeitig soll es aber die oben angedeutete Basis vollkommen unmöglich machen, daß die Differenzierung erstarrt und unsachlich, d. h. nicht mehr kulturell gerechtfertigt wird. Als letztes Ergebnis wird sich ein neu erwachtes Souveränitätsgefühl des Menschen gegenüber der Natur und des Geistes gegenüber dem Mechanismus ergeben. Der Wille einer persönlichen und gemeinschaftlichen Lebenssteigerung wird den ganzen

Inhalt des menschlichen Lebens ausmachen. – Dieses Ideengebäude ist ebenso ideal wie auch von konsequenter Durchführung. Und ich kann nicht anders sagen, als daß es in Vielem die letzte und höchste Folgerung demokratischer Zielgedanken enthält.

Was die praktische Durchführung solcher bolschewistischer Gedanken an äußeren Umgestaltungen erfordert, läßt sich am ehesten übersehen, weil sich alles auf dem Gebiet des Berechenbaren hält. An vielen Zweifeln über die Möglichkeit einer Durchführung wird es nicht fehlen; aber darnach fragt das Ideal ja zunächst gar nicht. Besonders bemerkenswert erscheint mir die in der bolschewistischen Theorie enthaltene Absage wie an den Staat überhaupt, so auch insbesondere an den parlamentarisch regierten. Ständische Ideengänge und damit zahlreiche Verknüpfungen mit wirklichem Konservatismus klingen nicht nur durch, sondern sind geradezu vorherrschend.

Aber sehen wir von all diesen sekundären Umständen einmal ab, so bleibt die größere Frage, ob das bolschewistische Ideal wirklich die höchste Verkörperung dessen ist, was sich uns als das Wesen der Demokratie darstellt. Insoweit die Verwirklichung der bolschewistischen Theorien eine Sublimierung aller Machtgelüste und eine Ausschaltung aller Machtfaktoren, die den Einzelnen in seiner Entfaltung und Durchsetzung zu hemmen geeignet sind, mit sich bringen würde, könnte sie wohl eine ideale Basis für den Aufstieg großer Persönlichkeiten bedeuten. Das ewige »Zu spät!«, das gerade über unserer deutschen Geschichte geschrieben steht, liegt ja nicht zum wenigsten darin begründet, daß die bestehenden Gewalten den Aufstieg neuer Kräfte unterbunden haben, daß die Differenzierung, die da sein muß und bleiben wird, erstarrt war. Die bolschewistische Theorie erkennt diese Tatsache unter allgemeinen Gesichtspunkten sehr richtig und ihre Postulate für eine Änderung solcher Zustände erscheinen mir recht diskutabel, soviel auch letzten Endes vom bloßen Glauben an das bolschewistische Ideal und seine Konsequenzen abhängen wird. – Aber ich frage mich ein anderes: Die Möglichkeiten, daß Persönlichkeiten, welcher Art sie nur sein mögen, sich ungehindert durch unsachliche Faktoren durchsetzen können, ist noch nicht identisch mit der Voraussetzung, daß uns überhaupt eigenartige Menschen erwachsen. Dazu tragen familiäre und gesellschaftliche Umgebung, Erziehung und Tradition, Studienmöglichkeiten u. dergl. in ungewöhnlichem Maße bei. All diese Umstände aber sind von solch intimem und individuellem Charakter, daß ich mir nur schwer oder gar nicht vorstellen kann, wie eine kommunistische Gesellschaftsordnung sie bieten will.

Sie kennen gewiß Lilly Braun: »Im Schatten der Titanen«, und werden empfinden, was ich mit diesem Hinweis bezeichnen will. Freilich werden solche Lebensumstände, die ich nur aristokratische nennen kann, oft genug an Menschen verschwendet, die ihrer nicht würdig sind. Andrerseits aber können wir sie uns aus dem Lebensweg derer, die sie zu nutzen verstanden, nicht fortdenken. Es ist doch so, daß aus den Kreisen eines gewissen Wohlstandes und einer überdurchschnittlichen Kulturhöhe mehr Persönlichkeiten hervorgehen, als aus denen, die darunter stehen. Jede kommunistische Gesellschaftsordnung, welche unsachliche Differenzierungen im Interesse allgemeiner Aufstiegsmöglichkeiten unterbinden will, ist aber implicite darauf angelegt, solche Ausbildungsmöglichkeiten, die nur auf dem Boden einer gar nicht einmal eng begrenzten feststehenden Differenzierung gegeben sind, zu vernichten. – Um diese Schwierigkeit in der kommunistischen und damit auch bolschewistischen Gesellschaftslehre komme ich noch nicht herum . . .

Anmerkungen

1. Naumann, Friedrich, 1860–1919, evang. Theologe, Publizist und Politiker. Begründer (1895) der Zeitschrift »Die Hilfe«, Zeitschrift für Politik, Literatur und Kunst. Am 24. 8. 1919 war N. gestorben.
   (»Briefe über Religion«, 1903, 1916. »Das Blaue Buch. Von Vaterland und Freiheit«, 1913. »Gestalten und Gestalter. Lebensgeschichtliche Bilder«, 1919)
2. Bousset, Wilhelm, 1865–1920, evang. Theologe.
3. Schücking, Walther, 1875–1935, Völkerrechtler und Pazifist, s. Anhang 1.
4. Agartz, Viktor, 1897–1964, Gewerkschafter, s. Anhang 1.
5. Lemmer, Ernst, 1898–1970, Journalist u. Politiker (DDP), nach 1945 Bundesminister (CDU); s. Anhang 1.
   Aus Lemmers Buch »Manches war doch anders. Erinnerungen eines deutschen Demokraten«, Frankfurt/M. 1968, vgl. für den Marburger Freundeskreis u. die Affäre Lemmer-Traeger: S. 53–61, zum Kapp-Putsch, zur »Marburger Volkskompanie« u. zu den Morden von Mechterstädt: S. 62–81.
6. Troeltsch, Walter, 1866–1933, Nationalökonom (Vetter des bekannter gewordenen Berliner Theologen Ernst Troeltsch, vgl. Anm. 94), s. Anhang 1.
7. Dreigliederung des sozialen Organismus: Bezeichnung für die Theorie einer grundlegenden Gesellschaftsreform von Rudolf Steiner, 1861–1925, Begründer der Anthroposophie. (»Die Kernpunkte der sozialen Frage«, 1919)
8. Deutsche Demokratische Partei (DDP), Nov. 1918–1930, 1931–1933: Deutsche Staatspartei; s. auch S. 14 f.
9. Der Aufsehen erregende 3. Band von Bismarcks »Gedanken und Erinnerungen« war 1919 erschienen.
10. Deutsch-Nationale-Volks-Partei (DNVP), Nov. 1918–1933 (Karl Helfferich, Karl Graf Westarp); s. auch S. 15 f.
11. Rade, Martin, 1857–1940, Evang. Theologe und Publizist.
12. Röpke, Wilhelm, 1899–1966, Nationalökonom, s. Anhang 1.
13. Natorp, Paul, 1854–1924, Philosoph u. Sozialpädagoge.
14. Fichte, Johann Gottlieb, 1862–1814, Philosoph. (»Der geschlossene Handelsstaat«, 1800)
15. Traeger, Ludwig, 1856–1927, Prof. d. Rechte. Zur Affäre Lemmer-Traeger s. Anhang 1.
16. Sozialdemokratische Partei Deutschlands (SPD). Sie trägt ihren Namen seit Ende des Sozialistengesetzes (1878–1890). Nach Spaltung 1917 nannte sich die linke Minderheit *USPD,* die Mehrheit *MSP.* Die USPD löste sich 1922 auf; ein Teil ihrer Mitglieder ging zurück in die SPD, ein anderer Teil in die KPD; s. auch S. 13 f.
17. Altmaier, Jakob, 1889–1963, Politiker (SPD), s. Anhang 1.
18. Köppe, Hans, 1861–1946, Nationalökonom und Finanzwissenschaftler.

19. Hermelink, Heinrich, 1877–1958, evang. Theologe.
20. Otto, Rudolf, 1869–1937, evang. Theologe u. Religionswissenschaftler. (»Naturalistische und religiöse Weltansicht«, 1904, [2]1909)
21. Busch, Wilhelm, 1861–1929, Historiker, 1919/20 Rektor der Universität Marburg.
22. Siehe Anm. 1.
23. Vgl. Anm. 7.
24. Verband der Deutschen Freien Studentenschaft, 1901 aus Zusammenschlüssen nichtkorporierter Studenten (»Finken«) gebildet, suchte deren Gleichberechtigung mit den Verbindungsstudenten zu erkämpfen, was mit der Umwälzung von 1918 erreicht war, schuf ein hochschulpolitisches Reformprogramm und engagierte sich in sozialen Aktivitäten, z. B. Arbeiterunterrichtskursen.
25. Helfferich, Karl, 1872–1924, Volkswirtschaftler und Politiker (DNVP).
26. Siehe S. 16.
27. Unabhängige Sozialdemokratische Partei (USPD), 1917–1922, vgl. Anm. 16.
28. Kommunistische Partei Deutschlands (KPD), 1919–1933, vgl. Anm. 16.
29. Scheidemann, Philipp, 1865–1939, Politiker (SPD), 1919 Ministerpräsident, dann Oberbürgermeister von Kassel. (»Der Zusammenbruch«, 1921).
30. Zentrum, katholische Partei, 1870–1933.
31. Olpe, Martin, politisch tätiges Mitglied der SPD in Marburg.
32. Werner, Ferdinand, geb. 1876, Studienrat und Politiker (DNVP), Vorsitzender des Deutschvölkischen Bundes und zeitweise Reichstagsabgeordneter.
33. Duderstadt, Hermann Henning, s. Anhang 1; in Lemmers Erinnerungen, S. 57. Aus einem Tonband-Interview G. Heinemanns mit Brigitte und Helmut Gollwitzer vom Juli 1975: »Henning Duderstadt gehörte zu unserer Volkskompanie, war Fähnrich gewesen bei dem Bremer Infanterieregiment und hatte es 1918 in Rußland bis zum Armeesoldatenrat gebracht. Er hat dann diese ganze Sache später literarisch dargestellt mit all den Prozessen.«
(»Der Schrei nach dem Recht. Die Tragödie von Mechterstädt«, Marburg/Lahn 1920. »Vom Reichsbanner zum Hakenkreuz. Wie es kommen mußte. Ein Bekenntnis«, Stuttgart, Berlin, Leipzig 1933).
34. Zu einer ähnlichen Duell-Forderung s. E. Lemmers Erinnerungen, S. 82–84.
35. Jacobsohn, Hermann, 1879–1933, Sprachwissenschaftler. Er warf sich am 27. 4. 33 vor einen Zug, nachdem er als Jude das Dekret seiner Absetzung erhalten hatte.
36. Bamberger, zeitweise Geschäftsführer und Redakteur bei der Hessischen Landeszeitung.
37. Noske, Gustav, 1868–1946, Politiker (SPD), 1919/20 Reichswehrminister.
38. Haenisch, Konrad, 1876–1925, Politiker (SPD), 1918–1921 preuß. Kultusminister.
39. Knoeckel, Werner, Redakteur bei der Hessischen Landeszeitung, später Regierungsrat in Koblenz.
40. Liebegut, Karl, Buchbinder und Gewerkschafter, später Angestellter der Ortskrankenkasse in Marburg.
41. Feder, Ernst, 1881–1964, Publizist, war damals stellvertretender Chefredakteur des Berliner Tageblatts (BT).
42. Siehe Gustav W. Heinemann: »Es gibt schwierige Vaterländer . . . Aufsätze und

Reden 1919–1969«. Reden und Schriften, Band III, 1977, S. 13–16.

43. Deutsche Volkspartei (DVP), Dez. 1918–1933.
44. Heitmüller, Wilhelm, 1869–1926, evang. Theologe.
45. Vgl. die Eintragung vom 27. November.
46. Hirsch, Paul, 1868–1940, Politiker (SPD), 1918–1920 erster preuß. Ministerpräsident.
47. Bredt, Johann Victor, 1879–1940, Jurist, Kirchenrechtler und Politiker (erst freikonservativ, dann Wirtschaftspartei).
48. Davidsohn, Georg, 1872–1942, Redakteur am »Vorwärts«, 1919/20 Abgeordneter der Nationalversammlung (SPD).
49. Barbusse, Henri, 1873–1935, franz. Schriftsteller. (»Das Feuer«, Zürich 1918).
50. Bornhak, Konrad, geb. 1861, Staatsrechtler und Historiker.
51. Vgl. 1. den faksimilierten Brief des nach Amerika geflohenen Urgroßonkels in: Joachim Braun: »Der unbequeme Präsident«, Karlsruhe 1972, S. 20 ff; 2. Carola Stern: »Zwei Christen in der Politik«, München 1979, S. 17–21; 3. Helmut Lindemann: »Gustav Heinemann. Ein Leben für die Demokratie«. München 1978, S. 22–25; 4. Hermann Vinke: »Gustav Heinemann«, Hamburg 1979, S. 12–17.
52. Kästner, Hans, ein im Tagebuch öfter erwähnter Schulkamerad.
53. Goebel, Axel, 1910–1971, Sohn von Eduard Goebel, 1876–1961 und Carola G. geb. Walter, 1885–1973, Schwester der Mutter G. Heinemanns.
54. Grießbach, Liselotte verh. Gebhardt, geb. 1900, Tochter von Otto Grießbach, 1861–1946, und Laura G. geb. Walter, 1873–1948, Schwester der Mutter G. Heinemanns.
55. Kautsky, Karl, 1854–1938, Politiker (SPD). (»Wie der Weltkrieg entstand«, 1919).
56. Richter, Franz, 1862–1946, Gymnasial-Prof. f. Deutsch, Geschichte, Geographie. Kinder: Isabel R. verh. Koch, Zwillinge Alfried R. und Hildburg R.
57. »Am 13. Januar 1920 blieben vor dem Reichstag, wo sich die noch nicht auseinandergegangene Nationalversammlung mit dem Betriebsrätegesetz beschäftigte, 42 tote linkssozialistische und kommunistische Arbeiter zurück, nachdem preußische Polizei gegen eine Massendemonstration vorgegangen war, die für die Räte größere und nicht nur sozialpolitische Rechte gefordert hatte« (Helmut Heiber: »Die Republik von Weimar«, dtv-TB 4003, München 1966, S. 68).
58. Becker, Carl Heinrich, 1876–1933, Orientalist, 1921 Unterstaatssekretär, 1925–1930 preuß. Kultusminister.
59. Nuschke, Otto, 1883–1957, 1918 Mitbegründer der DDP, nach 1945 Mitbegründer u. Vorsitzender der CDU (DDR), seit 1949 stellvertretender Ministerpräsident der DDR.
60. Traub, Gottfried, 1869–1956, evang. Theologe u. Politiker (DNVP).
61. Erzberger, Matthias, 1875–1921 (fiel am 26. 8. 21 einem Attentat zum Opfer), Politiker (Zentrum); s. auch S. 16.
62. Simmel, Georg, 1858–1918, Philosoph. (»Aus Georg Simmels nachgelassenem Tagebuch« in: »Logos. Intern. Zeitschrift für Philosophie der Kultur«, Bd. VIII, 1919/20, S. 121–151. Zitate: S. 140, 130)
63. Mennicke, Carl, 1887–1959, Religiöser Sozialist (Kreis v. Paul Tillich).

64. Rathenau, Walther, 1867–1922 (am 24. 6. 22 ermordet), Industrieller u. Politiker (DDP), Reichsaußenminister. (»Die neue Gesellschaft«, 1919).
65. Zur Forderung im Versailler Vertrag, daß mit Wilhelm II. an der Spitze die »Kriegsverbrecher« von deutscher Seite auszuliefern seien, wurden Ende Januar 1920 von den Alliierten Listen bekanntgegeben, die an die 900 Namen umfaßten.
66. Hugenberg, Alfred, 1865–1951, Politiker (DNVP).
67. Stinnes, Hugo, 1870–1924, Großindustrieller.
68. Vermutlich nicht fertiggestellt, Manuskript nicht vorhanden.
69. Damaschke, Adolf, 1865–1935, Volkswirt, Bodenreformer.
70. Nordmann, Karl, gest. 1925, Arzt in Lollar, verh. mit Laura geb. Dickoré, Tochter von Karl Dickoré, Arzt in Lollar, und Caroline geb. Walter, Schwester des Großvaters Gustav Walter; deren ältester Sohn: Walter Dickoré, gest. 1947.
71. Lore Heinemann, verh. Jacob, geb. 1904, Schwester von G. Heinemann.
72. Kapp, Wolfgang, 1858–1922, Landwirt und Politiker, Initiator des »Kapp-Putsches« im März 1920. Zum *Kapp-Putsch* vgl. E. Lemmers Erinnerungen; s. auch S. 17.
73. Schwander, Rudolf, geb. 1868, 1906–1918 Bürgermeister von Straßburg, 1919–1930 Oberpräsident der preuß. Provinz Hessen-Nassau.
74. Titius, Arthur, 1864–1936, evang. Theologe.
75. Vgl. E. Lemmers Erinnerungen, S. 68–72.
76. Hörsing, Otto, 1874–1937, Politiker (SPD).
77. Bader, Paul, 1865–1945, Chefredakteur der »Volksstimme« in Magdeburg, Abg. der Nationalversammlung und 1924–1932 des Reichstags (SPD).
78. Siehe Anm. 5.
79. Baumgarten, Otto, 1858–1934, evang. Theologe.
79a. Troje, Paul, gest. 1942, 1907–1924 Oberbürgermeister von Marburg.
80. Vgl. zum Mechterstädter Arbeitermord: 1. Heinrich Hannover/Elisabeth Hannover-Drück: »Politische Justiz 1918–1933«. Hamburg 1. Aufl. 1966, 2. Aufl. 1977, S. 98–104; 2. Henning Duderstadt: »Der Schrei nach dem Recht. Die Tragödie von Mechterstädt«, Marburg/L. 1920; 3. Erich Kuttner: »Warum versagt die Justiz?«, Berlin 1921.
81. Haas, Ludwig, geb. 1875, Politiker (DDP), vgl. in E. Lemmers Erinnerungen, S. 76.
82. v. Lützow, Major, Kommandeur des 1. Marine-Regiments; Lichtschlag, Otto, Hauptmann; beide führten gleichnamige Freikorps an, die beim Kapp-Putsch in Berlin sowie an Einsätzen im Ruhrgebiet und in Bayern beteiligt waren.
83. Vgl. H. Hannover, aaO., S. 45–52: »Der Fall Marloh«.
84. Großdeutsche Freiheitspartei: rechtsstehende Gruppe, die sich ab 1922 mit einer Abspaltung aus der DNVP als deutschvölkische Freiheitspartei konstituierte und 1924 als nationalsozialistische Freiheitspartei in den Reichstag einzog; später schloß sie sich der NSDAP an.
85. Nationalsozialistische Deutsche Arbeiterpartei (NSDAP), gegr. 1919. Siehe auch S. 17.
86. Nach dem Münchener Adreßbuch von 1920 kann es sich wohl nur um den Sanitätsrat Dr. Hermann Conrads handeln.
87. Hamm, Eduard, 1879–1944, Politiker (DDP).

88. Brentano, Lujo, 1844–1931, Nationalökonom.
89. Weber, Max, 1864–1920, Soziologe und Politiker (DDP). (»Politik als Beruf«, »Wissenschaft als Beruf«, 1919).
90. Schiffer, Eugen, geb. 1860, Politiker (DDP), 1919 Reichsfinanzminister, dann Reichsjustizminister.
91. Gerlich, Fritz, Chefredakteur der »Münchner Neuesten Nachrichten«, ab 1930 Schriftleiter vom »Illustrierten Sonntag«, 1932 umbenannt in »Der gerade Weg«. Am 1. Juli 1934 im KZ Dachau ermordet.
    Lent, Friedrich, 1882–1960, Nationalökonom und Politiker (DNVP), 1924–1932 bayr. Landtagsabgeordneter.
92. Petersen, Carl, 1868–1933, Politiker (DDP).
93. Ledebour, Georg, 1850–1947, Politiker (USPD).
94. Unterleitner, Hans, Schlosser und Politiker (SPD), Schwiegersohn von Kurt Eisner, Sozialminister in dessen Kabinett 1918/19, beteiligt an der Ausrufung der Bayerischen Räterepublik im April 1919, nach deren Scheitern in die USA emigriert.
95. Troeltsch, Ernst, 1865–1923, evang. Theologe, Philosoph und Historiker, 1919–1921 Staatssekretär für evang. Angelegenheiten im preuß. Kultusministerium.
96. Heisenberg, August, 1869–1930, Kulturhistoriker.
97. Müller, Hermann, 1876–1931, Journalist und Politiker (SPD), 1919/20 Reichsaußenminister, 1920 und 1928–1930 Reichskanzler.
98. Im belgischen Kurort Spa, wo gegen Ende des Krieges die deutsche Oberste Heeresleitung stationiert war, sollte am 5. Juli die erste Konferenz beginnen, bei der zwischen den Siegermächten und Vertretern der deutschen Reichsregierung über die endgültige Höhe der im Versailler Vertrag erhobenen Reparationsforderungen zu verhandeln war. Vgl. auch Anm. 149.
99. Auer, Erhard, 1874–1945, Politiker (SPD), am 21. 2. 1919 durch Attentat schwer verletzt.
100. Hergt, Oskar, 1869–1967, Politiker (DNVP), 1927/28 Reichsjustizminister.
101. Heinemann, Heidi verh. Henrich, 1916–1979, Schwester von G. Heinemann.
102. Stresemann, Gustav, 1878–1929, Politiker (DVP), 1923 Reichskanzler, dann bis 1929 Reichsaußenminister.
103. Heinze, Rudolf, 1865–1928, Politiker (DVP), 1918 sächs. Justizminister, 1920–1923 Reichsjustizminister.
104. Kahl, Wilhelm, 1849–1932, Kirchen- und Strafrechtler, DVP-Abgeordneter.
105. Trimborn, Karl, 1854–1921, Politiker (Zentrum), 1918 Staatssekretär des Innern.
106. Fehrenbach, Konstantin, 1852–1926, Politiker (Zentrum), 1920/1 Reichskanzler.
107. Vgl. H. Hannover, aaO. und E. Lemmers Erinnerungen, S. 78 ff.
108. Blüher, Hans, 1888–1955, Schriftsteller (»Wandervogel. Geschichte einer Jugendbewegung«, 1912).
109. Vgl. Anm. 98.
110. Keynes, John Maynard, 1883–1946, engl. Nationalökonom, s. auch S. 18 (»Die wirtschaftlichen Folgen des Friedensvertrags«, 1920).
111. Geiger, Moritz, 1880–1937, Philosoph, während der Münchener Jahre u. a. mit Thomas Mann in Verbindung, emigrierte 1933 in die USA.

112. Eine Volksabstimmung, die das südliche Ostpreußen und die angrenzenden westpreußischen Kreise östlich der Weichsel betraf, erbrachte fast 97 Prozent der Stimmen für Deutschland.
113. Quidde, Ludwig, 1858–1941, Historiker u. pazifistischer Publizist, 1927 Friedensnobelpreis.
114. Foch, Ferdinand, 1851–1929, französischer General.
115. Hué, Otto, 1868–1922, sozialistischer Gewerkschafter.
116. Simons, Walter, 1861–1937, Jurist, 1920–1921 Reichsaußenminister.
117. Bayerische Königspartei, gegr. Nov. 1919, ab 1921: Bayer. Heimat- und Königsbund.
118. v. Bothmer, Karl, Reichsgraf, geb. 1881, Politiker und Schriftsteller. (»Bayern den Bayern«, 1919).
119. Bayerische Volkspartei, gegr. Nov. 1918 (Abspaltung vom Zentrum) –1933.
120. 1919 hatte die Weimarer Nationalversammlung die 1871 Bayern zugestandenen Reservatrechte, darunter auch eigene Diplomatie, abgeschafft.
121. Hoffmann, Johannes, 1867–1930, Pädagoge und Politiker (SPD), 1918–1920 bayr. Kultusminister, 1919/20 bayr. Ministerpräsident.
122. Dorten, Adam, 1880–1963, Staatsanwalt, gründete 1919 in Wiesbaden mit franz. Unterstützung die Rheinische Republik, endgültig gescheitert 1924.
123. Nawiasky, Hans, 1880–1961, Jurist.
124. Leipzig 1869, 2. Aufl. 1872. Mathy, Karl, 1806–1868, bad. Staatsmann, mußte 1834 wegen seiner politischen Betätigung den Staatsdienst verlassen, seit 1842 im bad. Landtag Führer der liberalen Opposition, ab 1864 bad. Handelsminister.
125. Hoffmann, Margarete geb. Walter, 1888–1956, Schwester der Mutter G. Heinemanns, verh. mit Emil H., 1877–1933.
126. Braun, Otto, 1897–1918. (»Otto Braun – Aus nachgelassenen Schriften eines Frühvollendeten«, hrsg. v. Julie Vogelstein, Leipzig 1921).
     Sohn von Braun, Heinrich, 1854–1927, sozialdemokratischer Publizist, und Braun, Lily, geb. v. Kretschmann, 1865–1916, Schriftstellerin. (»Im Schatten der Titanen«, 1908. »Memoiren einer Sozialistin«, 1909–1911).
127. Bellamy, Edward, 1850–1898, Journalist u. Sozialreformer. (»Ein Rückblick aus dem Jahr 2000 auf das Jahr 1887«, deutsch 1890).
128. Vgl. Anm. 7.
129. Steinach, Eugen, 1861–1944, Physiologe, versuchte durch Verpflanzung von Geschlechtsdrüsen eine Verjüngung des Menschen zu erreichen.
130. Richter, Eugen, 1838–1906, freisinniger Politiker. (»Lebenserinnerungen« 1892).
131. Vgl. Anm. 1.
132. Ludendorff, Erich, 1865–1937, General. (»Meine Kriegserinnerungen«, 1919).
133. Lassalle, Ferdinand, 1825–1864, sozialistischer Politiker. (»Über Verfassungswesen«, Berlin 1862. Stefan Großmann: »Ferdinand Lassalle«, 1919).
134. Erkelenz, Anton, 1878–1945, Politiker (DDP).
135. Vgl. Anm. 89.
136. Monistenbund: Philosophische Vereinigung zur Verbreitung der monistischen Weltanschauung, 1906 von Ernst Haeckel gegründet, 1933 aufgelöst, 1946 neu gegründet.
137. Vgl. Anm. 70.

138. Bartsch, Rudolf Hans, 1873–1952, österreichischer Schriftsteller. (»Vom sterbenden Rokoko«, 1909)
139. Goetz, Walter, 1867–1958, Historiker und Politiker (DDP).
140. Tegethoff, Alfons, s. Anhang 1.
141. Herron, George Davis, 1862–1925, vormals amerikanischer Geistlicher, seit 1914 in Genf ansässig und politisch sowie publizistisch tätig. Galt in Europa als authentischer Interpret des Präsidenten Wilson und entwickelte sich nach dem Kriege zu einem scharfen Kritiker der Pariser Verträge. (La paix de Paris et la jeunesse européenne, Lausanne 1920, deutsch: Der Pariser Frieden und die Jugend Europas, Berlin 1920)
142. Pegel, Ernst, geb. um 1895, damals stud. rer. pol.
143. v. Kardorff, Siegfried, 1873–1945, Politiker (DVP).
144. Bäumer, Gertrud, 1873–1954, Politikerin (DDP) und Schriftstellerin. (»Studien über Frauen«, 1. Aufl. 1921, 2. Aufl. 1924)
145. Euker, Karl, Schuhkaufmann in Marburg, zugleich Gesellschafter und Drucker der »Hessischen Landeszeitung«, die er allerdings 1922 an die »nationale« Konkurrenz verkaufte. Diese Zeitung hatte eine große Vergangenheit, als einst Hellmut von Gerlach ihr Herausgeber war. Schriftleiter an ihr waren u. a. auch Kurt Eisner und Otto Nuschke.
146. Maurenbrecher, Max, 1874–1930, evang. Theologe und Publizist.
147. Lind, Heinrich, geb. 1878, Landwirt und Bürgermeister in Niederessigheim, Kr. Hanau, 1920–1932 Landtagsabgeordneter (DVP).
148. Gessler, Otto, 1875–1955, Politiker (DDP), 1920–1928 Reichswehrminister.
149. In Fortsetzung der Konferenz von Spa (s. S. 70 ff) legten Anfang März in London die Alliierten erstmals ihre konkreten Forderungen an Reparationskosten (226 Milliarden Goldmark) auf den Tisch. Die deutsche Delegation wollte angesichts der katastrophalen wirtschaftlichen Lage nur 30 Milliarden anbieten. »Der weitere Verlauf dieses Konferenz-Disputs war so, wie es in jener Zeit üblich wurde: ein Ultimatum und Androhung von Sanktionen, zunächst kein deutsches Nachgeben, Durchführung der Sanktionen – hier Besetzung der Rheinhäfen Düsseldorf, Duisburg und Ruhrort unter Beschlagnahmung der dortigen Reichseinnahmen. Damit war die Konferenz gescheitert, die deutsche Delegation reiste ab und wurde zu Hause entsprechend gefeiert. Noch im gleichen Monat, am 27. April, setzte dann die Reparationskommission ohne deutsche Beteiligung die Höhe der deutschen Schuld verbindlich auf 132 Milliarden Goldmark fest. Am 5. Mai überreichten die Alliierten ein neues, schriftliches Ultimatum, befristet auf sechs Tage und gekoppelt mit der Drohung, andernfalls das Ruhrgebiet zu besetzen . . .« (Helmut Heiber, »Die Republik von Weimar«, S. 93).
150. Vgl. Anm. 149.
151. Spengler, Oswald, 1880–1936, Geschichtsphilosoph. (»Untergang des Abendlandes«, 2 Bde. 1918–1922)
152. Siehe S. 18 f.
153. »In einem letzten (von kleineren Aktionen in Hamburg und an der Ruhr begleiteten) Aufstand radikaler Arbeiter in Mitteldeutschland, der von lokalen Ereignissen im Mansfelder Revier ausgelöst und für den der im Jahr zuvor im Vogtland bewährte Revolutionsspezialist Max Hölz hinzugezogen worden war,

hatte sich die kommunistische Stoßkraft im März 1921 vorläufig erschöpft ... der zunächst ziemlich gefährlich aussehende, bis nach Halle und Leuna übergreifende Aufstand war durch Innenminister Severing mit Polizei und Reichswehr innerhalb von wenigen Tagen unterdrückt worden« (Helmut Heiber: »Die Republik von Weimar«, S. 101).

154. Möser, Justus, 1720–1794, Staatsmann, Schriftsteller und Geschichtsschreiber. (»Patriotische Phantasien«, 1774. Rupprecht: »Justus Mösers soziale und volkswirtschaftliche Anschauungen«, Stuttgart 1892)
155. Vgl. Anm. 154.
156. Vgl. Anm. 101.
157. Verweyen, Johannes-Maria, 1883–1945 († im KZ Bergen-Belsen), Philosoph. (»Der religiöse Mensch und seine Probleme«, 1922)
158. Deutsche Friedensgesellschaft, pazifistische Vereinigung, 1892–1933.
159. v. Gerlach, Hellmut, 1866–1935, politischer Publizist, Vorsitzender der Deutschen Friedensgesellschaft (s. Anm. 158).
160. Vgl. Anm. 56.
161. Vgl. Anm. 149.
162. v. Degenfeld-Schonburg, Graf Ferdinand, geb. 1882, Nationalökonom, zu jener Zeit Privatdozent, später Prof. in Wien.
163. Hochschulring Deutscher Art, rechtsstehender Studentenverband, gegr. 1920 als Zusammenschluß der lokalen »Hochschulringe Deutscher Art« (Arierparagraph).
164. Fincke, Eva verh. Röpke, geb. 1901, damals stud. phil.; Fincke, Ilse, 1902–1977, damals stud. phil.
165. Hahn, Anneliese, geb. um 1902, damals stud. med.
166. Boldt, Isa verh. Einstein, geb. um 1900, damals stud. med.
167. Das Neuwerk, sozialistisch orientierter Teil der evang. Jugendbewegung, 1919–1935.
168. Brachmann, Albert, 1871–1952, Historiker.
169. v. Papen, Franz, 1879–1969, Politiker, 1921–1932 Abg. im Preuß. Landtag (Zentrum), 1932 Reichskanzler.
170. Stadtler, Eduard, geb. 1886, Schriftsteller u. Politiker (DNVP).
171. Kuttner, Erich, 1887–1942, († KZ Mauthausen), Politiker (SPD) und Publizist. (»Warum versagt die Justiz?«, Berlin 1921)
172. Arndt, Adolf A., 1849–1926, Staatsrechtler.
173. Deutschbein, Max, geb. 1876, Anglizist, zeitweise Vorsitzender der Staatspartei in Marburg.
174. Keller, Paul, 1873–1932, schlesischer Schriftsteller. (»Ferien vom Ich«, 1915)
175. Rabener, Gottlieb Wilhelm, 1714–1771, Steuerbeamter und Satiriker.
176. v. Sydow, Eckart, gest. 1942, Schriftsteller u. Kunsthistoriker, s. Anh. 5. (»Die Kultur der Dekadenz«, 2. Aufl. 1922)
177. Vgl. Anm. 61.
178. erschienen 1909.
179. Carlyle, Thomas, 1795–1881, engl. Schriftsteller. (»Helden und Heldenverehrung«, 1841)
180. Goltz, Emmi, geb. Walter, 1882–1966, Schwester der Mutter G. Heinemanns, verh. mit Konrad Goltz, 1882–1957.

181. Hamsun, Knut, 1859–1952, norwegischer Schriftsteller. (»Kinder ihrer Zeit«, 1914)
182. Vgl. Anm. 144.
183. Vgl. Anm. 125.
184. Bethge, Hans, 1876–1946, Schriftsteller. (»Hölderlin«, Essay, Berlin 1904)
185. erschienen 1914.
186. Höpker, Alexander, 1865–1921, verh. mit Elli geb. Walter, gest. 1943, Schwester der Mutter G. Heinemanns.
187. »Das Leben Michelangelos«, 1920.
188. Foscolo, Ugo, 1778–1821, italienischer Schriftsteller. (»Die letzten Briefe des Jacopo Ortas«, 1802, deutsch 1847)
189. Lindner, Auguste, geb. Heinemann, Schwester des Vaters G. Heinemanns. Sohn: Gustav L.
190. Wirth, Joseph, 1879–1956, Politiker (Zentrum), 1921/22 Reichskanzler.
191. Vgl. Anm. 186.
192. Strauß, David Friedrich, 1808–1874, evang. Theologe. (»Der alte und der neue Glaube. Ein Bekenntnis«, Leipzig 1872, danach viele weitere Auflagen. Adolph Kohut: »David Friedrich Strauß als Denker und Erzieher«, Leipzig 1908)
193. Vgl. Anm. 133.
194. Vgl. Anm. 9.
195. Oncken, Hermann, 1869–1945, Historiker.
196. erschienen 1969: Otto Heinemann: »Kronenorden Vierter Klasse. Das Leben des Prokuristen Otto Heinemann (1864–1944)«, hg. von Walter Henkels, Düsseldorf.
197. Vgl. Anm. 56.
198. Vgl. Anm. 163.
199. Haeckel, Ernst, 1834–1919, Zoologe u. Naturphilosoph. (3 Bde. »Jugendbriefe« ab 1921. »Der Monismus als Band zwischen Religion und Wissenschaft«, 1892. »Gott-Natur-Theophysis«, 1914)
200. schwarze Verbindungen = nicht Farben tragende Studenten-Verbindungen.
201. Vgl. Anm. 199.
202. Vgl. Anm. 192.
203. Gogarten, Friedrich, 1887–1967, evang. Theologe. (»Offenbarung und Zeit« in: Von Glauben und Offenbarung, 1923, S. 20–40)
204. 3. Aufl. Leipzig, 1898.
205. Foerster, Friedrich Wilhelm, 1869–1966, Pädagoge u. politischer Publizist. (»Lebensführung«, 1909)
206. Vgl. Anm. 157.
207. Lüders, Marie Elisabeth, 1878–1966, Politikerin (DDP).
208. Burckhardt, Jacob, 1818–1897, Kulturhistoriker. (»Die Kultur der Renaissance in Italien«, 1860)
209. »Briefe der Dunkelmänner« (»Epistolae obscurorum Virorum«) v. Crotus Rubianus und Ulrich von Hutten, 1515–1517.
210. Gregorovius, Ferdinand, 1821–1891, Schriftsteller. (»Briefe an H. v. Thile«, 1894. »Briefe an Th. Heyne«, 1899. »Briefe an Gräfin Lovatelli«, 1896. »Lucrezia Borgia«, 2 Bde. 1874)
211. Tiburtius, Joachim, 1889–1967, Referent im Reichsarbeitsministerium, später Senator für Volksbildung in Berlin.

212. de Retz, Jean-François-Paul, 1613–1679. (»Mémoires«, 1717)
213. Vgl. Anm. 210.
214. Vgl. Anm. 126.
215. Nelson, Leonhard, 1882–1927, Philosoph, Begründer der Neu-Fries'schen Schule (benannt nach Jakob Heinrich Fries, 1773–1843).
216. Deutsche Akademische Rundschau v. 14. 6. 1922, wieder abgedruckt in: »Es gibt schwierige Vaterländer . . .«, S. 16–22.
217. Kiessner, Anna Margarete, Dr., politisch tätiges Mitglied der DDP in Hamburg.
218. Vgl. Anm. 56.
219. Vgl. Anm. 73.
220. Landahl, Heinrich Peter Wilhelm, geb. 1895, Pädagoge und Politiker, 1933 Reichstagsabgeordneter (DStP), nach 1945 Mitglied der Hamburger Bürgerschaft (SPD) und Schulsenator.
221. Radbruch, Gustav, 1878–1949, Jurist und Politiker (SPD), 1921/22 Reichsjustizminister.
222. Kohlrausch, Eduard, 1874–1948, Jurist.
223. Vgl. Anm. 20.
224. Vgl. Anm. 1.
225. Vgl. Anm. 29.
226. Berlin 1901.
227. Scheffler, Karl, 1869–1951, Kunstschriftsteller. (»Idealisten«, 1909)
228. Sohm, Rudolf, 1841–1917, Rechtslehrer und Kirchenrechtler.
229. Hyan, Hans, 1868–1944. (»Die Verführten«, Berlin u. München 1911)
230. Vgl. Anm. 126.
231. General Ludendorff hatte in der rechtsstehenden Deutschen Zeitung vom 2. 10. 1919 einen Aufsehen erregenden Artikel gegen Noske über die ideale Dienstauffassung des früheren deutschen Offiziers geschrieben. Dagegen richtete sich der erste Zeitungsartikel des Studenten Gustav Heinemann in der Hessischen Landeszeitung v. 8. 10. 1919, wieder abgedruckt in: »Es gibt schwierige Vaterländer . . .«, S. 10–12.
232. Herrmann, Alfred, 1879–1960, Historiker, Abg. der Nationalversammlung (DDP) und polit. Redakteur am Hamburger Fremdenblatt.
233. Dieses Drama, von dem fünf Akte fertiggestellt wurden und der sechste, der Schlußakt fehlt, ist erhalten und wurde von einer studentischen Gruppe zu Heinemanns 72. Geburtstag am 23. 7. 1971 in der Villa Hammerschmidt in Bonn in Gegenwart des Ehepaars H. und geladener Gäste uraufgeführt (vgl. 1. Joachim Braun: »Der unbequeme Präsident«, 1972, S. 20 ff; 2. Hermann Vinke: »Gustav Heinemann«, 1979, S. 23).
234. erschienen 1919.

Namenregister

Bildernachweis

97 Bildarchiv Foto Marburg; 98 oben, im Tagebuch eingeklebt, pers. Nachlaß; 100, 106, 110 oben, 111 unten, aus dem pers. Nachlaß; 98 unten, Peter J. Heinemann, Essen; 99 oben und unten, Bilderdienst Süddeutscher Verlag München; 101, 102/103, 104, 105, 110 unten, Archiv der sozialen Demokratie Bonn; 107 oben, Societäts-Verlag Frankfurt; 107 unten, Bildarchiv Preußischer Kulturbesitz Berlin; 108/109 Bayer. Staatsarchiv München; 111 oben, 112 oben, 112 unten, Frau Eva Röpke, Genf.